U0527656

大地上的中国史

藏在地理里的历史

A History of
China
on Earth

葛剑雄·编著

民主与建设出版社

◎ 民主与建设出版社，2024

图书在版编目（CIP）数据

大地上的中国史：藏在地理里的历史 / 葛剑雄编著. -- 北京：民主与建设出版社，2024.3
ISBN 978-7-5139-4491-5

Ⅰ.①大… Ⅱ.①葛… Ⅲ.①历史地理-研究-中国 Ⅳ.①K928.6

中国国家版本馆CIP数据核字（2024）第007696号

大地上的中国史：藏在地理里的历史
DADI SHANG DE ZHONGGUOSHI CANGZAI DILI LI DE LISHI

编　　著	葛剑雄
责任编辑	郭丽芳　周　艺
出版发行	民主与建设出版社有限责任公司
电　　话	（010）59417749　59419778
社　　址	北京市朝阳区宏泰东街远洋万和南区伍号公馆4层
邮　　编	100102
印　　刷	嘉业印刷（天津）有限公司
版　　次	2024年3月第1版
印　　次	2025年3月第1次印刷
开　　本	880mm×1230mm　1/32
印　　张	8.75
字　　数	188千字
书　　号	ISBN 978-7-5139-4491-5
定　　价	68.00元

注：如有印、装质量问题，请与出版社联系。

编著说明

一、本书内容为中国历史地理，即中国历史上的人文和自然地理现象，时间下限一般为 20 世纪前期。个别情况延伸至 20 世纪中叶。

二、本书据已出版的研究或编纂成果编著。限于体例，不便在正文中一一注明出处，另列主要参考文献附于书末。

三、所用所注"今地"，以 2022 年年末行政区划为准。

四、本书涉及的历史地名，在《中国历史地图集》（1～8 册，谭其骧主编，中国地图出版社出版）中基本都已收录，请查阅参考。

五、第十章《丝路：博望功成，胡物东来》由马孟龙编著，其余各章均由葛剑雄编著。

第一章	疆域：普天之下，莫非王土	001
第二章	政区：体国经野，郡县是基	053
第三章	首都：帝京翼翼，四方之则	073
第四章	人口：亿兆斯民，生生不息	107
第五章	民族：六合同风，中华一体	133
第六章	黄河：大河上下，国魂民根	169
第七章	长江：滔滔大江，文明映辉	191
第八章	长城：秦城汉塞，三关九边	211
第九章	运河：漕运万里，国脉所系	231
第十章	丝路：张骞凿空，中外连通	255

主要参考文献　　273

第一章

疆域

普天之下，莫非王土

疆土，国境。疆的本义是田地或土地中的界线，而域的本义是城（聚落）加上土地，即一个明确的空间范围。先秦已有"普天之下，莫非王土"的概念，王自己的统治范围及其分封的诸侯的统治范围均由王来划定，称为疆域。故历史地理用"疆域"一词表示中国历史上中原王朝和其他政权的疆土、国境。

一、秦时期

公元前221年，秦始皇（秦王嬴政改称）建立起统一的国家。在公元前222年至前221年，秦将王翦等人平定楚国的江南地区和越国旧地后，秦军就进入今浙江南部和福建，征服了那里的越人政权，在这一地区设置闽中郡。

秦始皇三十二年（前215），秦将蒙恬率30万大军驱逐河套一带的匈奴人，收复了战国时期赵国的旧地。第二年，在阴山以南、黄河以东设置了九原郡，管辖新设立的44个县（一说33个县）。大约在秦始皇二十九年（前218），秦将尉屠睢率30万大军分五路越过南岭，但是用兵五年仍然未获得胜利，尉屠睢却遭到夜袭身亡。秦始皇三十三年（前214），史禄开凿连接湘江上游与漓江的运河——灵渠，开通运粮的水路。秦军再次南下，夺取今广东、广西和越南东北一带，设置南海、桂林、象郡三郡。在西南，秦朝以成都平原为基础，向西、北两方向扩张到今大渡河以北和岷江上游，占据了邛（今四川荥经县东一带）、笮（今四川峨边彝族自治县东一带）、冉（今四川松潘县一带）、駹（今四川茂县北一带）等部族地区，向南开通了一条"五尺道"（一说宽五尺，一说"五尺"系当地地名），从今四川宜宾延伸到云南曲靖，并在沿线控制了一些据点，设置若干行政机构。

到公元前210年秦始皇去世时，秦朝已经拥有北起河套、阴山山脉和辽河下游，南至今越南东北部和广东大陆，西起陇山、川西高原和云贵高原，东至朝鲜半岛北部的辽阔疆域，成为此后历代中原王朝疆域的主体，成为中国统一的地理基础。

在秦朝疆域之外，匈奴在阴山以北的蒙古高原崛起，河西走廊聚居着乌孙和月氏，今新疆及其以西地区（西汉以后称为西域，狭义的西域仅指帕米尔高原以东，广义的西域包括帕米尔高原以西各地）已经存在以绿洲城郭为中心而建立的数十个小国，青藏高原和云贵高原分布着一些羌人部族。

二、西汉时期

公元前202年西汉刚刚建立之时，匈奴往东吞并了东胡，向西占据了黄河以西地区，进而赶走乌孙和月氏，使西域大部分国家不得不向其臣服。向南夺回"河南地"（河套及其以南），并一度推进到今陕西、山西北部。原闽中郡境内的越人君长在秦朝末年恢复了自立，并起兵助汉。汉高祖五年（前202），闽越君长无诸被立为闽越王，在今福建以闽江下游为中心建立闽越国。汉惠帝三年（前192），汉惠帝封勾践的后人摇为东海王，以东瓯（今浙江温州市）为都，又称东瓯王。岭南本来的秦朝龙川县（今广东龙川县）令、中原人赵佗在秦末代理南海郡尉（军事长官），秦亡后起兵并吞南桂林、象郡，于公元前206年自立为南越王。公元前181年前后，南越灭安阳王，将辖境扩展至今越南北部和中部，至北纬13度今巴江一带。汉高祖十一年（前196）封赵佗为南越王。赵佗虽然表面上接受，但实际上依然保持独立地位。秦朝在云南高原和川西高原已建立的行政机构在秦朝灭亡后已撤至四川盆地，一直到西汉初期仍然未能恢复。

汉武帝建元三年（前138），闽越围攻东瓯，东瓯向西汉求援。武帝遣严助率军渡海救援，迫使闽越撤兵。东瓯恐汉军撤退后闽越卷土重来，请求内迁，大部分东瓯越人被安置在江淮之间。三年后，闽越王郢进攻南越，武帝接报后出兵。闽越王弟馀善杀郢降汉。因汉军无法久驻，遂保留闽越，立馀善为王。但馀善反复无常，至元鼎六年（前111）汉军灭南越后乘胜追击，次年攻占闽越，馀善为部下所杀。闽越人大多被迁往江淮之间，当地几乎没有人居住。至西汉后期，遗留的越人逐渐增加，才重新设置两县。

元光六年（前129）汉军连续发起对匈奴的攻击，元朔二年（前127）驱逐匈奴白羊、楼烦王，收复"河南地"，并设置朔方郡（今内蒙古杭锦旗北）和五原郡（今包头市九原区西北），使边界恢复至阴山山脉一线。元狩二年（前121），汉军主力从西路出击，匈奴浑邪王率众投降，汉朝的疆域扩大至河西走廊与湟水流域，即今青海湖以东、祁连山东北地区。汉朝与匈奴在西域的争夺并未结束，武帝曾出动十几万大军征服大宛（今中亚费尔干纳盆地一带）。由于交通线太长，补给困难，汉朝虽然控制天山南路，但尚未经常控制天山北路，当地小国仍受匈奴威胁。宣帝神爵二年（前 60），汉朝终于取得决定性胜利，完全控制天山北路，设置西域都护府。西域都护府辖境包括自玉门关、阳关以西的天山南北，至今巴尔喀什湖、费尔干纳盆地和帕米尔高原以内，在初期有 36 国，后增加到 50 余国。既是汉朝军事驻防区，也是一个特殊行政区，属于汉朝疆域。

元光五年（前 130），武帝征发巴、蜀二郡（约四川省与重庆市大部）的士兵自僰道（今宜宾市叙州区西南安边场）向牂柯江（今北盘江和红水河）筑路，并新设犍为郡。西夷的邛（今西昌市一带）、笮（今盐源县一带）的君长请求归属，汉朝新设十几个县。但因筑路工程异常艰难，工程一度停顿，并取消了部分新设县。元狩元年（前 122）恢复对西南夷的征服，经过数年的经营，川西和云贵高原的部族如邛都、笮都、冉駹、白马、且兰、夜郎等都已被纳入汉朝统治，新设五郡。元封二年（前 109）又在滇和昆明两个部族地区设益州郡（今云南昆明市晋宁区东），汉朝的西南边界扩展至今高黎贡山和哀牢山一线。

元鼎四年（前 113）武帝召南越王来长安朝见。次年，反对并入汉朝的南越丞相吕嘉杀了国王与汉使，发动叛乱。汉军分五路进攻，未等其他三路会师，主攻的两路军队于元鼎六年（前 111）进占南越都城番禺（今广州），俘获吕嘉。汉朝在南越地置九郡，其中交趾、九真、日南在今越南中北部，珠崖和儋耳在海南岛上。

西汉初年，中原人卫满率领数千人迁入朝鲜半岛，建立政权，其疆域大致包括今辽宁东部、吉林西南部和朝鲜半岛西北部。元封二年（前 109）武帝向朝鲜发兵，次年朝鲜向汉朝投降，汉朝设置玄菟、乐浪、临屯、真番四郡，辖境南至今汉江流域。

西汉疆域（除西域部分）在武帝后期达到极盛，但因扩展太快，建置过多，兵力和财力无法适应。再加上有些地方官的苛政，引起当地部族反抗，局部地区不得不有所收缩。武帝末年，撤销沈黎郡，宣帝地节三年（前 67）撤销汶山郡，两郡辖境大多并入相邻的蜀郡。疆域虽然没有缩小，但对当地统治相对放松。昭帝始元五年（前 82）撤销临屯、真番二郡，其辖境部分放弃，部分并入乐浪郡。元凤五年（前 76）又弃守玄菟郡东部，其治所迁至今辽宁新宾县西。同年还将儋耳郡并入珠崖，但当年民众反抗依然激烈，汉朝屡次镇压无效，不得不在元帝初元三年（前 46）撤销珠崖郡，将行政机构与人员向内迁移。

除了这些局部收缩外，西汉的疆域基本稳定，一直保持至西汉末年。平帝元始四年（4）曾将青海湖东岸羌人聚居区置为西海郡，但存在时间很短。

秦二世元年（前 209）冒顿单于即位，匈奴不断扩张，向西控制丁零，向南夺取河套，驱逐月氏，占据河西走廊，向西控制西域，成为以蒙古高原为中心的强大游牧政权。与西汉的连年战争，使得匈奴实力大受损失。汉宣帝神爵二年（前 60）匈奴内部分裂，演变为五单于并存，相互争夺，南单于呼韩邪与北单于郅支对峙。严重的自然灾害加速了匈奴的衰落，甘露三年（前 51）南单于向汉朝投降。黄龙元年（前 49）北单于率部西迁，之后在康居东部（今哈萨克斯坦塔拉斯河一带）被杀。南单于降汉后，汉朝仍维持匈奴政权地位，汉匈间基本以长城为界，边境维持 60

年和平。在匈奴地区还有呼揭、坚昆、丁零等族，均为匈奴所统治。

今大兴安岭两侧是鲜卑人聚居区，西辽河、沙拉木伦河流域分布有乌桓人，他们都属东胡一支，在匈奴打击下由西部迁来，基本服从匈奴。黑龙江流域和松花江流域直到日本海沿岸居住着夫余、肃慎、沃沮等部族，已有实际的政治实体。今青海湖沿岸分布有先零羌，汉朝虽然有西海郡存在，但存在时间短，对他们影响不大。西南今澜沧江流域和缅甸东北部有哀牢部族政权，随着汉朝在云贵高原的开拓，双方交往日渐密切。

1. 东汉三国时期

公元 8 年，王莽称帝，国号新。新朝建立不久就爆发了民众暴动、汉朝宗室和旧臣的反抗。公元 23 年，绿林军诸将拥刘玄为帝，恢复汉朝，同年攻入长安，王莽被杀，新朝灭亡。但各地割据势力纷纷自立，相互争夺。公元 25 年，刘秀（光武帝）即帝位，同年定都洛阳，史称东汉。刘秀陆续击败各割据政权和敌对势力，至建武十三年（37）基本恢复统一。

因王莽在位时不断挑起地区冲突，引起匈奴反抗与南下中原、东北高句丽人的逃亡。天凤三年（16）后，西域都护府被弃，中原对西域统治中断。东汉初年，光武帝不得不放弃河套至今山西、河北北部的疆域。建武二十五年（49），匈奴又分为南北二部，南匈奴降汉。次年，汉朝内迁的南匈奴八郡返回故地，汉匈边界恢复西汉后期态势，但此后从幽州的辽西至并州的雁门郡（今辽宁西部至山西北部和相邻的内蒙古南部）的北界部分向南收缩。南单于因受北匈奴打击，无法立足于蒙古高原，南迁至西河郡美稷县（今内蒙古准格尔旗西北）一带，接受汉朝的保护。

受到当地秽貊、马韩的压力，光武帝放弃了乐浪郡在单单大岭（今朝鲜北大峰山脉）以东的7个县。随着高句丽的兴起与扩张，玄菟郡辖境也完全放弃，郡治迁至今辽宁沈阳市西，辖有原辽东郡划出的数县之地。建安年间（196—219），割据势力公孙氏政权恢复对半岛南部的统治，新置带方郡。此后魏、西晋基本控制了北部北大峰以东地区。

明帝永平十二年（69），西南境外哀牢王接受内属，汉朝设置两个新县，又从益州郡划出6县，合并设立永昌郡。汉朝疆域包括云贵高原全部及今缅甸东部。

永平十六年（73），汉军进攻北匈奴，打通了与西域的交通线，又派班超控制鄯善（今新疆若羌县一带）、于阗（今新疆和田市一带）等国，并于次年重建西域都护府。因北匈奴势力仍然强大，汉军并没有稳定优势，章帝建初元年（76），汉军撤回，都护府撤销。当地疏勒（今新疆喀什市一带）、于阗等国君坚决挽留，班超也不愿无功而返，遂回到疏勒，凭借汉朝余威与自身胆略，孤军奋战，使西域大部分国家仍服从汉朝，依附于匈奴的国家越来越少。和帝永元三年（91），汉军大败北匈奴，北匈奴从此西迁，西域都护府再次恢复，班超出任都护。因后继者措置失当，至安帝永初元年（107），都护府又撤销。西域各国又受到匈奴威胁，一些国家重新寻求汉朝庇护，促使汉朝于延光二年（123）设置西域长史府，继续行使对西域的管辖。但乌孙已经成为独立政权，据有天山山脉与巴尔喀什湖间地区。葱岭（帕米尔高原）以西已脱离汉朝，汉朝西北界退至天山山脉西段以南。

随着境外外邑国的扩张，东汉疆域的南界从今越南富安省南界退至承天省南界。

2世纪后期，西北羌人不断反抗，汉朝对西北地区的控制力越来越弱，不少政区被迫撤销或撤至内地。灵帝光和七年（184）黄巾起义爆发，朝廷无暇顾及边疆，朔方、上郡、北地、定襄、云中、五原六郡完全放弃，上谷、代、雁门、西河、安定等郡部分弃守，大致退至今桑干河、吕梁山、黄河和六盘山一线，此线以北被称为"羌胡"者所有，由匈奴、鲜卑、羌等族聚居或杂居，延续至西晋末年。

东汉东北界外，有高句丽、夫余、挹娄、沃沮等政权或部族。高句丽约于公元前1世纪后期建国，开始在鸭绿江流域，后来逐渐扩张到浑河上游，占有西汉玄菟郡旧地。约公元3年，高句丽建都于国内城（今吉林集安市东），此后不断向朝鲜半岛北部扩张。

南匈奴降汉后，原依附其的乌桓、鲜卑也降汉。乌桓迁至汉朝境内北部地区，离开蒙古高原，鲜卑据乌桓旧地。公元91年北匈奴西迁，鲜卑占据蒙古高原。2世纪中叶，鲜卑结成部落，控制着今阿尔泰山、阴山以北，大兴安岭以西，北至贝加尔湖的辽阔地域，并由西向东从阴山至辽东逐渐蚕食汉朝边境。匈奴残余则留在阿尔泰山西南的额尔齐斯河流域。

青藏高原有唐旄、发羌等部族，与中原交往尚稀。但高原东部近湟水流域、四川盆地和云贵高原的羌人与汉人接触较多，并以各种方式进入汉地。

台湾岛被称为夷洲，岛上人与大陆已有来往。海南岛称珠崖洲，岛上人与大陆来往频繁。

汉献帝延康元年（220）曹操病亡，其子曹丕废献帝，建国号魏，定都洛阳。次年刘备在成都即帝位，继续称汉朝，后世称为蜀汉或蜀。孙权接受魏封号，称吴王，以武昌（今湖北鄂州市）为都，至229年也即帝位，迁都建业（今江苏南京市）。三国之间虽不时发生战争，但疆域大致稳定。魏与吴、蜀间界线是长江与淮河间，今大别山、湖北汉川至兴山一线，大巴山、秦岭，而吴蜀之间以今湖北西界、贵州务川至台江一线、广西西界和中越边界为界。在曹操平定乌桓后，东北疆域基本已恢复至东汉中期范围。但鲜卑已大量进入沿边地区，魏国实际控制范围在缩小。

魏景元四年、蜀炎兴元年（263）魏灭蜀，两年后司马炎取代魏，建晋朝，史称西晋。太康元年（280）晋灭吴，暂时结束了分裂的局面。

2. 西晋、东晋十六国时期

从东汉开始陆续迁入黄河流域的匈奴、鲜卑、羌、氐、羯、卢水胡、丁零等族，到西晋时已有不小数量。在长期与华夏各族杂居后，经济文化水平均有提高，尤其是各族统治者与上层人士，大多已具有相当强的政治、军事才干。晋惠帝永平元年（291），皇族间血腥争斗和自相残杀的"八王之乱"爆发，历时16年，西晋政权濒临解体。匈奴刘渊建立汉（前赵）、（304—329），巴氐李雄建成（汉）（304—347），张寔建前凉（317—376），羯石勒建后赵（319—351），冉闵建闵魏（350—352），鲜卑慕容皝建前燕（337—370），氐苻洪建前秦（350—394），羌姚苌建后秦（384—417），鲜卑慕容垂建后燕（384—407），鲜卑慕容泓建西燕（384—394），鲜卑乞伏国仁建西秦（385—431），氐吕光建后凉（386—403），鲜卑秃发乌孤建南凉（397—414），鲜卑慕容德建南燕（398—410），李暠建西凉（400—421），匈奴赫连勃勃建夏（407—431），冯跋建北燕（407—436）和匈奴沮渠蒙逊建的北凉（397—439），史称"十六国"，各国先后出现，又匆匆消失。同时存在的还有氐族杨氏占据仇池（今甘肃西和、徽县、文县间地），丁零翟氏据有滑台、黎阳（今河南浚县东北）称魏王，北魏的前身称代王。

其间某些政权因吞并了其他部族，使其疆域向外有所扩展。如前燕并鲜卑宇文部，增今老哈河流域，基本恢复西汉旧地。聚居于湟水流域和黄河上游的吐谷浑向南扩张至今四川松潘一带。327年，张氏前凉设置高昌郡，辖有今新疆吐鲁番盆地东部哈拉和卓一带。此后历经前秦、后凉、西凉，直到439年北凉为北魏所灭，高昌郡地还作为独立的高昌国长期存在，贞观十四年（640）才为唐所灭。

高句丽日益强大，逐渐向南扩张，于西晋末（313）完全占领乐浪郡。与此同时，带方郡亦被南方马韩吞并，中原王朝在朝鲜半岛设置正式行政区四百多年历史就此结束。高句丽继续西侵夺取先后属前燕、后燕的辽东、玄菟二郡，经多次争夺，于404年取得辽河中以东地。427年，高句丽迁都今朝鲜平壤，标志其成为不受中原控制的独立政权。

三、南北朝时期

东晋太元十一年（386），鲜卑首领拓跋珪收集旧部复国，同年迁都盛乐（今内蒙古和林格尔县北），称魏王，史称北魏。皇始三年（398）迁都平城（今山西大同市）。北魏从后燕、夏夺取大部分疆域，又先后灭北燕、北凉，到太武帝拓跋焘在位时（424—451）基本统一北方。孝文帝太和十七年（493）迁都洛阳。

1. 北魏

北魏刚统一北方时的疆域大致北至今中蒙边界稍北，至正光三年（522）前，大体与秦汉北界相同，阴山一带还达到了更北，控制了阴山北麓。蒙古高原和今叶尼塞河上游、贝加尔湖一带有柔然、高车（敕勒）、契骨等部族，其中柔然与北魏为邻，最为强大，在今蒙古杭爱山脉东段车车尔勒格一带建有可汗庭。北魏的东界已退至辽河以西，控制着今大凌河下游，辽东成为高句丽的范围。北魏的西戎校尉驻在扜泥（今新疆若羌县），控制着焉耆（今新疆焉耆回族自治县）和鄯善一带，但未能扩展到西域其他地区。南界在今黄河以南，占有今河南中部及山东西北局部。南朝宋元嘉二十七年（450，北魏太平真君十一年）北伐失败，魏军反击，一度到达建康对岸长江边，从此疆域扩展至淮河一线，南朝仅保住今江苏北部。但北魏在西部失去对西域的控制，退至伊吾（今新疆哈密市）。

2. 西魏

北魏永熙三年（534，梁中大通六年），孝武帝讨伐权臣高欢未成，出奔关中，依靠宇文泰在长安建都，史称西魏。

3. 东魏

高欢另立元善见为帝，迁都邺（今河北临漳县西南），史称东魏。东、西魏界线大致在黄河、今山西西南、河南西部、湖北北部。

东魏武定五年（547，梁中大同二年），侯景以河南地降梁，使梁的疆域扩大到淮河以北。此时吐谷浑首领夸吕（529—591在位）称汗建国，540年（西魏大统六年）以伏俟城（在今青海湖西岸布哈河口附近）为都。西魏的西域部分为吐谷浑所占，西界退至敦煌。

武定八年（550，西魏大统十六年，梁大宝元年），高欢废孝静帝自立，国号齐，史称北齐。

西魏废帝二年（553，梁承圣二年），西魏攻取梁益州，次年攻下梁元帝所在的江陵（今湖北江陵），其疆域增加今湖北西部、重庆、四川。今贵州和云南名义上也随益州的归属而成为西魏疆域，实际已为当地民族所据。西魏划出江陵附近数县，立萧詧为梁帝，作为附庸，史称后梁。北齐天保八年（557，梁太平二年）北周取代西魏。北周驱逐在今甘南、川北的羌人，置宕昌郡，这是中原政权首次在该地设置的正式政区。北齐夺取南朝江淮间地，陈的北界已退至长江。

4. 南朝

东晋以后，南方先后建立宋、齐、梁、陈四个政权，其南部疆域始终处于收缩状态。西南少数民族聚居区虽自汉武帝时已设置郡县，但中央政权的行政控制往往只限于政区治所周围与交通线沿线。三国时，蜀国诸葛亮曾一度大力开发，实际控制区有所扩大，但在西晋时期，一些政区已名存实亡。由于东晋和南朝一直忙于防御北方和对付内部的权力之争，顾不上对西南辖区的经营和开发，加上地方官治理不当，甚至残酷压迫当地民族，规模不等的反抗时有发生。梁太清二年（548）侯景之乱爆发，宁州刺史奉命救援京师，离开治所。当地爨蛮豪族乘机而起，在550年脱离梁朝。在其影响下，周围地区纷纷自立，今四川长江和大渡河以南、湖南西部已无南朝郡县存在。

192年（一说137），东汉最南端日南郡象林县人区逵建林邑国，汉朝南界从北纬13度退至北纬16度一线。三国时期，林邑又向北扩张，吞并西卷县，推进至北纬17度。大约在南朝后期，林邑又占日南郡剩余3县，南朝南界退至北纬18度。

四、隋唐五代时期

1. 隋

尽管隋朝存在的时间（582—618）不长，却在前所未有的范围内设置了正式行政区。隋朝从突厥手中夺回河套地区，将北界扩展到阴山以北，五原、定襄二郡的北界已接近今中蒙边界。在西北夺取哈密地区，于大业四年（608）设伊吾郡。又趁吐谷浑被铁勒打败之机灭吐谷浑，夺取其故地，于大业五年设鄯善郡（今新疆若羌县）、且末（今新疆且末县南）、西海（今青海湖西伏俟城）和河源（今青海兴海县东南）四郡，南起昆仑山脉，北至库鲁克塔格山脉，东起青海湖东岸，西至塔里木盆地，基本都是以往从未设置过正式行政区的地方。

隋朝初年在云贵高原有所扩张，开皇十三年（593）设南宁州总管府于味县（今云南曲靖麒麟区），辖境东至今贵州西部，西至云南大理州，但数年后因爨蛮反抗而放弃。

在南方，隋炀帝于大业元年（605）灭林邑国，一度设置比景、象浦、海阴三个新郡，其中海阴已在汉日南郡旧地之南。但在隋国撤退后数月，林邑即收复失地，隋朝南界大致还在北纬18度即横山一线。

南朝梁、陈虽已在海南岛设置崖州，但并未有效控制。俚族广泛分布于西江流域和海南岛，其首领冼夫人对隋朝的效忠，使隋朝对海南岛顺利地行使管辖权。冼夫人去世后，隋朝在岛上设置珠崖、儋耳、临振三郡，从此大陆政权对海南岛的行政管辖再未中断。

在东北，隋朝对高句丽的战争，以失败告终，边界仍在辽河一线。

2. 唐

大业十三年（617），隋太原留守李渊起兵，于次年建立唐朝。至唐太宗贞观二年（628），隋朝末年以来的割据势力全部被消灭，唐朝实现统一。但是除了海南岛外，隋朝扩大的疆域全部丧失，东突厥大肆南下，一度威胁唐朝首都长安。但不久唐朝转入攻势，恢复并开拓疆域。

贞观四年（630），唐大将李靖灭东突厥，唐朝实际控制区达贝加尔湖以北，设置行政区的范围扩大到阴山以北 600 里，超出今国界。贞观十四年，唐军灭高昌，在今新疆先后设伊州（今新疆哈密市）、西州（今新疆吐鲁番一带）和庭州（今新疆乌鲁木齐一带）三个正式行政区，并在交河城（今新疆吐鲁番市西北）设安西都护府。贞观二十年，唐军击败薛延陀，进至郁督军山（今蒙古国杭爱山脉东），突厥车鼻可汗被擒，至显庆二年（657）西突厥投降。贞观五年，唐军由山东半岛东端渡海进攻朝鲜半岛中部的百济，百济降。龙朔二年（662），唐军在天山击破铁勒。总章元年（668）灭高句丽，在平壤设安东都护府。

唐朝还一度取得黄河上游的河曲之地和大渡河上游，设置州县；在西南今贵州东北部、云南一部和广西建立正式行政区。

唐朝在边疆地区先后设置 6 个都护府，用于行使对这些地区的管辖权。

单于都护府，始称云中都护府，于龙朔三年（663）初置，麟德元年（664）改置。治所在云中城（今内蒙古和林格尔县西北土城子），辖境相当于今内蒙古阴山、河套一带。圣历元年（698）并入安北都护府。

安北都护府，始称瀚海都护府，龙朔三年，移燕然都护府于回纥本部（今蒙古国杭爱山东端），总章二年（669）改名。辖境约相当于今蒙古国和俄罗斯西伯利亚南部一带。垂拱二年（686）移置今内蒙古。

安西都护府于贞观十四年（640）置。治所在西州（今新疆吐鲁番东高昌故城），统辖安西四镇（龟兹、疏勒、于阗、碎叶），辖境相当于今新疆及中亚楚河流域。显庆、龙朔中（656—663）移治龟兹（今新疆库车市），辖境扩大至自今阿尔泰山西至咸海间所有游牧部族和葱岭东西直至阿姆河两岸城郭诸国，后来辖境逐渐缩小，安史之乱后退至葱岭以东。

北庭都护府于长安二年（702）分安西都护府置，治所在庭州（今新疆吉木萨尔县北破城子）。统辖天山北路东起阿尔泰山、巴里坤湖，西至咸海的西突厥各部族，安史之乱后辖境丧失。

安东都护府于总章元年（668）置。治所在平壤（今朝鲜平壤市）。辖境西起辽河，南至今朝鲜北部，东、北至海，包括今乌苏里江以东和黑龙江下游两岸直至海口之地。咸亨元年（670）治所内迁于辽东，后又迁至辽西。

安南都护府于调露元年（679）改交州都督府置，治所在宋平（今越南河内市）。辖境北至今云南红河、文山二自治州，南至越南河静、广平省界，东至广西缘边一带。安史之乱后，安南都护府的西北，即今云南渐为南诏所有。

唐朝还在正式的行政区外设置边州都督府，例如在东北设室韦部落的室韦都督府、设黑水靺鞨部落的黑水都督府及勃利州、设靺鞨粟末部的忽汗都督府（渤海），虽然并没有实际统治这些部族，但所确立的臣属关系维持了较长时间。

唐朝拥有的疆域最西曾抵达咸海，最北到达西伯利亚，最东至萨哈林岛（库页岛），最南至北纬18度，在中国史上是空前的。但并非此范围内都属唐朝疆域，因为它并未同时达到极点，并且达到极点的时间很短，比如达到咸海之滨仅三年时间。

天宝十四载（755）爆发了安史之乱，唐朝极力镇压，西部空虚，被吐蕃趁机夺取。至广德元年（763）叛乱平息，今陇山、六盘山和黄河以西，以及四川盆地以西已为吐蕃所掌握。起初河西走廊有些政区还是由唐朝地方官据守，不久后完全被吐蕃占据。西南今云南、四川南部和贵州西部都已为南诏所有，大渡河成为双方界河，而且西南少数民族纷纷脱离唐朝。至唐朝末年，今贵州、湖北西北部、湖南西部和广西西部都已不在唐朝管辖之下。随着渤海国的兴起和扩张，东北的疆域已收缩到今辽宁中部。

大中二年（848），沙州（今甘肃敦煌市西南）张议潮驱逐吐蕃守将，收复沙州，又收复瓜州（今甘肃瓜州县东南）、肃州（今甘肃酒泉市肃州区）和甘州（今甘肃张掖市甘州区）。大中五年（851），张议潮率沙、瓜、伊、西、甘、肃、兰、鄯、河、岷、廓十一州归入唐朝。此前的大中三年（849），唐朝已收复秦、原、安乐三州，至此唐朝疆域恢复到今新疆吐鲁番地区，河西走廊和陇东、关中又连成一片。乾符二年（875）黄巢起义爆发，唐朝无力控制河西，当地汉人实力有限，陇右、河西又陆续被吐蕃、回纥夺去，只有瓜、沙二州始终为汉人所据，孤悬于唐朝疆域之外。以后曹氏政权取代张氏，直到北宋时才灭于西夏。

五代期间，中原王朝的疆域继续缩小，北方契丹（以后的辽）向南扩展。后唐（923—936）时，契丹占有营州（今辽宁朝阳市、锦州市一带）和平州（今河北滦河下游地区）。后晋天福元年（936），石敬瑭又将以幽州（治今北京市）、云州（治今山西大同市）为中心的十六州（史称"燕云十六州"或"幽云十六州"）割让于契丹。其中最南的瀛、莫二州于显德二年（955）被后周收回，双方就以白沟（今拒马河）一线为界。

唐朝末年的天祐三年（906），交州（今越南河内一带）土豪曲承美驱逐唐朝地方官，自称静海军节度使。五代初期，占有岭南的南汉政权两次出兵取消静海军节度使，收复交州，但很快被当地人赶走。后晋天福四年（939），交州人再次驱逐南汉官员，由吴权称王，越南从此脱离中国。尽管以后还接受中国王朝的封号，实际逐渐成为独立政权。

隋、唐、五代期间，中国境内还有与中原王朝并存的政权，主要有以下几个：

突厥

突厥起源于今俄罗斯叶尼塞河上游，后来迁移至今新疆天山北麓。5世纪被柔然征服，被迁于阿尔泰山。6世纪中叶迅速崛起，灭柔然，而后建立起疆域广阔的汗国，其范围包括今内蒙古中西部、蒙古高原、贝加尔湖东西的西伯利亚南部、今新疆大部和中亚咸海、巴尔喀什湖以东的阿姆河、锡尔河、楚河流域，牙帐（首领驻地）建于今蒙古国杭爱山脉东段。隋开皇二年（582）分裂为东、西两部分，大致以阿尔泰山为界。东突厥建牙帐于今蒙古国哈拉和林西北鄂尔浑河西岸，西突厥建王庭于三弥山（今新疆库车北天山南麓）。

东突厥于贞观四年（630）为唐所灭。永淳元年（682）重新建国，名为后突厥，疆域与被灭前大致相同，但其内部部族众多，各有领地，如叶尼塞河上游有黠戛斯，贝加尔湖一带有骨利干，色楞格河流域有回纥等。天宝三载（744）为回纥所灭。

西突厥于显庆二年（657）为唐所灭。

回纥（回鹘）

回纥原为铁勒十五部之一，臣属于东突厥。天宝初年消灭突厥后，基本继承其疆域，牙帐建于杭爱山与鄂尔浑河之间。贞元四年（788）改称回鹘。此后又越过阿尔泰山向西扩展，驱逐吐蕃，取得天山以北地区，并一度进入中亚费尔干纳盆地。但曾与回鹘结盟反对突厥的葛逻禄，由今额尔齐斯河上游西迁，设首府于碎叶城（今吉尔吉斯斯坦托克马克附近），故西部中亚地区为葛逻禄所有。开成五年（840）在内乱和天灾中为黠戛斯所灭。

回鹘人大部分西迁，迁入天山东段今乌鲁木齐至哈密一带者以西州高昌城为都，称西州回鹘，或高昌回鹘、高昌。至12世纪初，其疆域扩展至塔里木河流域（今库车一带）。后成为西辽属国，13世纪初归附蒙古，中叶后成为元朝直辖地。在河西走廊中段者以甘州（今甘肃张掖市甘州区）为中心，称为河西回鹘，11世纪前期灭于西夏。另有一支迁至葱岭西楚河流域，投奔葛逻禄，称葱岭西回鹘，10世纪初与葛逻禄等族建立黑汗（喀喇汗国）。

吐蕃

隋朝时青藏高原各部族互不统一，中部有宝髻、孙波等，东部为党项、嘉良、附国，西部为女国、象雄，到7世纪初形成三大势力——吐谷浑、苏毗（孙波、孙波如）和吐蕃。吐谷浑为隋朝所灭，唐朝初年复国，但贞观九年（635）再次为唐所灭，成为唐朝疆域。而吐蕃在其赞普（首领）松赞干布时期崛起，由山南匹播城（今西藏琼结县）迁都逻些（一作逻娑，今拉萨市），兼并苏毗、羊同等部，又打败党项、白兰，击败吐谷浑，获其旧有领地；向西征服在今克什米尔地区的大小勃律，向南取得泥婆罗（今尼泊尔）等地，不仅统一青藏、康藏高原，而且占有今四川西部、滇西北等地。安史之乱后，吐蕃向东、向南扩展，取得唐朝大片疆域。8世纪后期至9世纪初，吐蕃疆域达到极盛，西起葱岭，东至陇山、四川盆地西缘，北起天山山脉、居延海，南至喜马拉雅山南麓。9世纪中叶，吐蕃内乱，国势衰落，后内部分裂。10世纪时，河西地区只剩下一小部分，祁连山南麓的阿柴原系臣服于吐蕃的吐谷浑部落，在今青海地区的吐蕃族称为脱思麻，在原吐蕃中心地区的称为乌斯，其东为波窝、敢，其西为藏，今阿里地区、克什米尔地区分为纳里、古格、布让、日托、麻城等部。

南诏

云贵高原上部族众多，唐初曾在今四川宜宾和云南姚安分别设置戎州、姚州加以控制。贞观二十三年（649），乌蛮六诏之一蒙舍诏在今云南巍山县建立大蒙政权。因为其在六诏中地位最南，故称为南诏。8世纪初，吐蕃侵入云贵高原。为对抗吐蕃，唐朝支持蒙舍诏首领皮逻阁统一六诏，封他为云南王，南诏迁都太和城（今云南大理市太和村）。天宝年间（742—755），南诏并吞东诏、西诏，并向东扩张，占领爨族地区。天宝九年（750），皮逻阁反唐，攻陷姚州，次年又依附吐蕃，大败前往征讨的唐军，从此脱离唐朝。安史之乱后又向北扩张，夺取周围地区，在今昆明市境筑拓东城以控制东南部。贞元十年（794），转而联合唐朝反吐蕃，夺取神川都督地（今剑川、鹤庆、丽江、香格里拉一带）和昆明城（今四川盐源县），又向南征讨茫蛮、黑齿等部族。

大历十四年（779），南诏极盛时疆域包括今云南全部、四川大渡河以南大部、贵州西部，以及缅甸北部那加山脉和萨尔温江以东地，老挝北部等地。

天复二年（902），贵族郑买嗣夺取政权，次年建大长和国。后唐天成三年（928），赵氏夺权，改国号为天兴。929年杨氏夺权，改国号为义宁。后晋天福二年（937）段思平取代杨氏，建大理国，定都大理（故羊苴咩城），以阐善（故拓东城）为东京。在此期间，该国疆域除东北略有缩小外，变化不大。

渤海

唐初灭高句丽后，其旧将大祚荣被安置于辽西营州。后来契丹叛乱占据营州，大祚荣率部进入靺鞨地区，成为当地人首领，他于圣历元年（698）建立振（一作震）国，以显州（今吉林敦化市）为都。唐先天二年（713）受唐朝封为渤海郡王，改称渤海。8世纪中叶，迁都上京龙泉府（今黑龙江宁安市西南东京城）。极盛时境内设五京、十五府、六十二州，疆域西至今吉林农安、梨树，辽宁昌图、宽甸，东至于海，北至黑龙江鹤岗、同江、抚远及以东，南至辽宁丹东市，东北至朝鲜龙兴江一带。契丹天显元年（926）为契丹所灭，改为东丹国，成为契丹的附庸。926年迁至辽东，982年并入辽朝。

3.（后）梁

唐天复四年（904），朱温逼迫唐昭宗东迁洛阳。天祐四年（907）朱温废哀帝，即帝位，建国号梁，史称后梁，以汴州（今河南开封市祥符区）为东都，以原东都洛阳为西都。因为南北都已存在不少独立政权，梁的疆域只有今河南和山东、安徽的淮北、江苏西北角、湖北长江以北大部、陕西东部、山西南部和河北南部。梁龙德三年（923）为（后）唐所灭。

4.（后）唐

沙陀首领李克用在唐朝末年被封晋王，据有今山西中、北部和河套地区。梁政权统治时其子李存勖即位，始终与梁对抗，于923年称帝，国号唐，史称后唐。同年灭梁，迁都洛阳。后唐基本统一北方，其北界推进到渤海湾北、燕山、山西、陕西和宁夏北界一线，西界扩大至贺兰山、陇东一线，仅在今陕北和宁夏东北的定难镇保持相对独立。同光三年，后唐灭前蜀，疆域增加今四川邛崃山以东地、湖北西北部、陕西南部和甘肃东南部。长兴三年（932）孟知祥占有前蜀旧地。清泰三年（936）为后晋和契丹所灭。

5.（后）晋

沙陀人石敬瑭本来是后唐河东节度使，驻晋阳（今山西太原市晋源区），936年反唐。石敬瑭向契丹称臣，以许诺割让卢龙一道和雁门关以北土地，乞求援兵。契丹主率兵救晋阳，大破唐军，立石敬瑭为大晋皇帝，史称后晋。石敬瑭将燕云十六州割让给契丹，并允诺每年献帛30万匹，当年在契丹扶植下攻下洛阳。

天福三年（938）以洛阳为西京，大梁为东京开封府，是实际首都。后晋北界已退至今河北、山西中部，其余疆域与后唐大致相同。开运三年（946），契丹军攻入开封，后晋亡。

6.（后）汉

947年，原河东节度使、沙陀人刘知远不服辽朝（契丹改称），在太原称帝。同年辽军被迫撤回，刘知远至大梁，改国号为汉，史称后汉。乾祐二年（949）平定境内叛乱，疆域大致恢复至后晋时状态。次年年底，大将郭威称帝，后汉亡。

7.（后）周

951年，郭威改国号为周，史称后周。显德四年（957）夺取南唐东淮间地，南界推进到洞庭湖以东长江一线。显德六年收复燕云十六州中最南的瀛、莫二州，与辽以白沟（今拒马河）为界，但山西中部已由北汉割据。显德七年初，赵匡胤在陈桥驿发动兵变称帝，后周灭亡。

与此同时，先后存在以下10个割据政权。

吴

唐天复二年（902），杨行密被封为吴王，占有江淮一带，以扬州为都，改称江都府。吴后期的疆域大致相当于今江西、安徽淮河以南，江苏江淮部和江南无锡以西、苏北东北部，湖北东部，河南淮河、大别山间地。937年为南唐所取代。

南唐

吴天祚三年（937），吴主传位于徐知诰，改国号为齐。次年徐知诰恢复姓李，改名李昪，改国号为唐，史称南唐。以江都为东都，改金陵府（今江苏南京市）为江宁府，作为西都，是实际上的首都。保大三年（945）灭闽，次年留从效占据泉州，福州一带为吴越所占，南唐扩大至今福建西部。保大九年灭楚，疆域增加今湖南和贵州东部，但次年为楚旧部驱逐。保大十五年失去长江以北。宋开宝八年（975）降于宋。

吴越

唐朝末年，钱镠据有吴越，开平元年（907）受梁封为吴越王，后又多次接受中原王朝封号和年号，但实际是独立的政权。建都杭州，称西府；以越州（今浙江绍兴市）为东府。有今浙江省和江苏南部苏州以东地。947年出兵援助据有福州对抗南唐的李达，疆域扩展到闽江下游今福州一带。宋朝建立后一直服从，太平兴国三年（978）国家被废除。

楚

唐末马殷占有今湖南，907年接受后梁封为楚王。后唐天成二年（927）封为楚国王，建都长沙，拥有今湖南、贵州东部、广西红水河流域和浔江以北地。951年为南唐所灭。

952年楚旧将刘言驱逐南唐军，投后周。显德三年（956）周行逢据湖南，受后周封为武平军节度使，迁治武陵（朗州，今湖南常德市）。建隆四年（963）为宋朝所灭。

闽

唐朝末年王审知占有今福建省境。后梁开平三年（909）受封为闽王，以福州为都。名义上一直归顺中原王朝，用后梁、后唐年号，实际是独立政权。933年王璘称帝，改福州为长乐府。

后期内乱，945 年为南唐所灭。

闽亡后，泉州守将留从效于 946 年驱逐南唐军自立，受南唐封为晋江王，据有泉州、漳州一带，至宋太平兴国三年（978）归宋。闽旧将李达据有福州，向吴越归降。

南汉

唐末刘隐为广州节度使，后梁开平三年（909）被封为南平王，实际成独立政权。至其子刘岩（后改龑）即位时，已占有今广东、海南岛和广西红水河及浔江以南地。贞明三年（917）刘岩称帝，国号大越，次年改为汉，史称南汉。以广州为都，改广州名兴王府。951 年楚灭于南唐，南汉乘机夺取其南部，疆域扩大至今广西全境及湖南郴州一带。开宝四年（971）灭于宋。

前蜀

王建于唐朝末年占据东、西川，受封为蜀王。907 年称蜀帝，以成都为都，史称前蜀。其疆域包括今四川邛崃山以东、重庆市大部、湖北西北部、陕西南部和甘肃东南部。同光三年（925）为后唐所灭。

后蜀

前蜀灭后不久，后唐孟知祥据有西川，至长兴三年（932）已完全控制前蜀旧地。934 年称帝，建都于成都，史称后蜀。其疆域与前蜀相同。乾德三年（965）灭于宋。

荆南（南平）

后梁开平元年（907），高季兴任荆南节度使，辖十州，约当今湖北石首、沙市、荆门以西一带，首都在江陵（今湖北荆州市）。后唐同光二年（924）封为南平王，史称南平。建隆四年

（963），守军以讨湖南叛将为由假道，其子高继冲降。

北汉

后周代汉后，汉河东节度使刘崇（旻）在太原称帝，史称北汉。仅有今山西离石、沁源、阳泉、代县间地，依附于辽。宋于太平兴国四年（979）攻陷太原，北汉主刘继元投降。

此期间实际存在的独立、半独立政权不止前面所描述，但范围有限，存在时间不长。

五、宋辽金元时期

1. 宋

960年，赵匡胤通过兵变取代后周，建立宋朝，首都仍在东京开封府，史称北宋。

太平兴国四年（979），宋朝消灭最后一个割据政权北汉，基本恢复唐后期疆域。但其北界已退至今山西河曲、岢岚、原平、代县、繁峙和河北阜平、满城、容城、霸州及天津市区一线。辽军仍多次南下，最远到达澶州（今河南濮阳），宋军亦曾推进到此线以北，但双方稳定的态势没有改变。

西北党项族首领李继捧一度向宋朝投降，献出银（今陕西榆林市榆阳区东南）、夏（今陕西靖边县北白城子）、绥（今陕西绥德县）、宥（今内蒙古鄂托克旗东南城川古城）四州之地。但其族弟李继迁在三年后占领银州，后来不断进攻夏、灵、麟等州，从未真正服从宋朝。宋景祐元年（1034），李继迁之孙元昊（因曾被宋朝赐姓为赵，一度称赵元昊）正式建立夏国，史称西夏。此后宋朝与西夏的北界大致稳定在今甘肃兰州、靖远，宁夏同心及陕西北部白于山一线。

对西南在唐后期脱离的少数民族地区，宋朝并未恢复控制。

宋神宗熙宁四年（1071）以王韶为洮河安抚使，对河湟一带用兵，次年击败羌族木征，收复熙州，置熙河路。宋神宗熙宁六年，王韶又取得河（今甘肃临夏市西南）、洮（今甘肃临潭县）、岷（今甘肃岷县）、宕（今甘肃宕昌县）、亹（今青海门源回族自治县境）等州地。元符二年（1099），吐蕃邈川首领内部冲突，宋朝取得邈川和青唐，分别置湟州（今青海海东市乐都区）和鄯州（治所同）。但不久因为羌人反抗而弃守，其他州也有丧失。崇宁二年（1103），宋军收复湟州，次年收复鄯州、廓州（今青海化隆县西南）。大观二年（1108）又收复洮州和积石军（今青海贵德县西），宋朝疆域扩大至今乌鞘岭以南的湟水流域、大夏河流域、洮河流域。

在西南，经过多次的军事征伐与招抚，今四川南部、湖北西南、湖南西部、贵州东北和广西西部重新归入版图，设置正式州县或羁縻州。

靖康元年（1126）金兵攻占开封，次年宋徽宗和宋钦宗被掳北迁，北宋覆灭。1127年赵构（宋高宗）在南京（今河南商丘市睢阳区南）即位，史称南宋。建炎三年（1129）升杭州为临安府，建为行在所（皇帝临时驻地）。与北宋相比，南宋的南部和西南边界并无变化，但北界因金人南下而南移。南宋初年，金兵一度进至今湖南、江西和浙江三省中部。绍兴九年（1139，金天眷二年），宋金第一次和议成立，双方确定以当时黄河为界。但次年金人毁约，出兵取河南、陕西。绍兴十一年（1141，金皇统元年），宋金议定以淮河为界，次年又将西界调整至大散关（今陕西宝鸡市陈仓区西南）及今秦岭以南。此后界线基本稳定，仅有局部的变动。

据赵汝适于宝庆二年（1226）所著《诸蕃志》，当时澎湖列岛已隶属于福建路晋江县。

2. 契丹、辽

后梁开平元年（907）耶律阿保机取代遥辇氏为契丹主，合并八部为一国，后梁贞明二年（916）称帝。契丹相继征服周围的奚、霫、黑车子室韦、女真、乌古、室韦、吐谷浑、党项、鞑靼、沙陀等部，攻取营州、平州、辽东（今滦河、辽河流域），并于天显十一年（936，后晋天福元年）取得燕云十六州。辽的稳定疆域西起金山（今阿尔泰山），北至蒙古高原北缘和外兴安岭，东抵库页岛（今萨哈林岛），其南界的西段大致按今中蒙边界分别与西州回鹘、西夏相接，东段在今内蒙古、山西、河北境内与北宋为界。辽灭渤海国后，还一度拥有朝鲜半岛北部原属于渤海国的一块土地，辽与高丽的边界大致在今朝鲜咸兴至鸭绿江口南岸一线。太祖耶律阿保机在狼河（今乌力吉木伦河）之滨选定都城地点建城，神册三年（918）建成，称为皇都（故址在今内蒙古巴林左旗南）。天显十三年（938）增建上京临潢府，统和二十五年（1007）增建中京大定府（今内蒙古宁城县西大明城）。辽的正式首都始终在上京，但后期实际已迁至中京。

3. 于阗

西域古国。自西汉归属西域都护府后，一方面接受中原王朝管辖，另一方面继续保持国家的形式和对内的统治。在中原王朝强盛并能控制西域时，是王朝内的自治政权，属于王朝疆域。在中原王朝衰弱，无法控制西域时，就成为独立政权。唐朝后期以来就维持这一状态。以于阗镇为都城，11 世纪初的辖境约有今新疆且末、麦盖地、莎车以南地和帕米尔高原。北宋时属于回鹘黑汗王朝。

4. 黑汗（黑韩、喀喇汗）

10 世纪末，楚河流域的葛逻禄（割禄）联合西迁后的一部分回鹘人趁中亚萨曼王朝瓦解之际，取得河间（阿姆河与锡尔河之间）地带，建立黑汗（喀喇汗）王朝，汗庭建于八剌沙衮（今吉尔吉斯斯坦托克马克以东楚河南岸），副汗驻扎在怛罗斯和疏勒。11 世纪时疆域包括今新疆西部伊宁市、塔城市和喀什市一带，阿姆河中游达尔甘阿塔以东、巴尔喀什湖以南地。大约自 1041 年起，黑汗分裂为东西二汗，东汗于 1004 年后不久灭于阗。1140 年归入西辽。

5. 西夏

宋雍熙二年（985）李继迁袭据银州，与宋朝对抗。咸平五年（1002）攻陷灵州，改为西平府，次年建都。其子李德明即位后，于宋天禧四年（1020）在怀远镇（今宁夏银川市）筑城为都，称兴州。宋明道元年（1032）李德明死，其子元昊即位，仍以兴州为都，称兴庆府。宋宝元元年（1038）李元昊称大夏皇帝，宋称之为西夏。

西夏中心区即今宁夏大部，宋景祐二年（1035，西夏广运二年，辽重熙四年）灭沙州曹氏政权后，占有河西走廊。经过与宋、辽反复交战，西夏的疆域大致稳定在北起今中蒙边界，南至祁连山脉，今甘肃兰州、靖远，宁夏同心，陕西靖边、佳县西南一线，西起今甘肃西界，东至今内蒙古乌拉特中旗、乌拉特后旗、乌梁素海、包头市西、鄂尔多斯市东胜区，陕西神木、佳县西一线范围内。金灭辽和北宋后，西夏的东界与金为邻，北部与蒙古为界，大致与辽时相同。南宋初，西夏取得河湟地区（今青海东部）。在西夏后期，边界没有发生大的变化。西夏宝义元年（1227，宋宝庆三年）为蒙古所灭。

6. 金

宋政和四年（1114，辽天庆四年），辽所属女真部首领完颜阿骨打以鸭子河（今松花江哈尔滨以西一段）一带为基地，起兵反辽。次年称帝，建国号金，定都于会宁（今黑龙江阿城区），天眷元年（1138）称上京。至天会三年（1125，辽保大五年，宋宣和七年）灭辽，天会五年灭北宋。金灭辽后，取得其大部分疆域，但始终未能征服蒙古高原上的游牧部族。在金全盛时，其西界也只到今兴安岭北段、蒙古国乔巴山、内蒙古二连浩特市一线。随着蒙古日益强大，金的边界不断后撤，泰和八年（1208）已退到大兴安岭、今内蒙古达来诺尔、苏尼特左旗、苏尼特右旗、达尔罕茂明安联合旗一线。金与高丽的边界大致与辽时相同，但失去了保（今朝鲜新州）、定（今河北定州）二州，故西端已经以鸭绿江为界，不再在江南占有一席之地。

贞元元年（1153）迁都燕京（今北京市），改称中都大兴府。贞祐二年（1214）在蒙古军压力下迁都南京开封府（今河南开封市）。末年金哀宗逃至蔡州（今河南汝南县），天兴三年（1234）灭于蒙古和宋军联合进攻。

7. 西辽

辽覆灭前，宗室耶律大石于辽保大四年（1124）自立为王，率部西迁。先后占据西州回鹘和黑汗国旧地后，又向西扩展至阿姆河流域。1143年（一说1131）大石在起儿漫（今乌兹别克斯坦布哈拉西北）称帝，国号仍称辽，史称西辽。1134年建都于八剌沙衮，叫作虎思斡耳朵。西辽最大疆域大致包括今新疆全部，帕米尔高原以西至咸海南的阿姆河西岸，巴尔喀什湖以东，北至今蒙古国西部。蒙古兴起后，西辽的东北部日渐为蒙古所占。1211年乃蛮王屈出律夺取政权，但仍沿用辽的国号。成吉思汗十三年（1218）为蒙古所灭。

8. 大理

937年，段氏大理建立时，完全继承南诏疆域。入宋后一度接受宋朝封号，双方相安无事，边界长期稳定。其辖境包括今云南全省、四川西南部、贵州晴隆以西数县、缅甸北部那加山脉以东地和萨尔温江以东地、老挝西北部、泰国北部。建都于大理（今云南大理市）。蒙古蒙哥汗三年（1253）为忽必律所灭，后置为云南行省。

9. 吐蕃

吐蕃长期处于分裂状态，故除了与宋、西夏接壤地带一些部族与之有军事冲突外，不具备向外扩张实力。另一方面，受军事实力与自然条件制约，周围政权也没有进入吐蕃地区的可能，仅有北宋获取其东北边缘的熙河路。吐蕃诸部占据范围包括青藏高原、川西高原，今克什米尔地区大部和喜马拉雅山南麓今不丹、锡金和尼泊尔一部。

六、蒙古、元

金灭辽后，未能继续控制蒙古高原，当地主要有克烈、萌古斯等突厥、鞑靼部族，处于分裂状态。1206年，蒙古部首领铁木真统一蒙古高原诸部，建立大蒙古国，称成吉思汗，在怯绿连河（今克鲁伦河）流域建大斡耳朵（第一宫帐）。蒙古国疆域东至金山（今大兴安岭），南至金界壕，西至阿勒泰山（今阿尔泰山）两侧，北至谦河（今叶尼塞河）流域和大泽（今贝加尔湖）一带，统治着弘吉剌、汪古、乃蛮、吉利吉思、不里牙惕、八剌忽等部。

成吉思汗四年（1209），蒙古进攻西夏，围其都城中兴府，迫使西夏求和而去。又攻西辽属国畏兀儿，取得今新疆乌鲁木齐、吐鲁番和哈密一带。成吉思汗六年（1211），攻取西辽另一属国哈剌鲁，疆域扩展至今巴尔喀什湖以东地。同年秋进攻金国，不久后攻入居庸关，威胁其首都中都，并攻陷今山西、河北、山东、河南大批州县。成吉思汗九年（1214，金贞祐二年）初，进抵中都，金宣宗求和，成吉思汗退兵。五月，金迁都南京。蒙古军再次南下，次年二月破中都。成吉思汗十三年（1218），杀乃蛮王屈出律，占领原西辽全部疆域。先后攻下河东（今山西西南部）、河北和山东。至成吉思汗十六年（1221，金兴定五年），基本占据今黄河以北地区。成吉思汗二十一年（1226）成吉思汗亲征西夏，夺取甘、肃等州。次年六月灭西夏，七月成吉思汗病死于清水（今甘肃清水县）行营。

其子窝阔台汗（元太宗）即位后，继续对金进攻，并与南宋议定南北夹击。元太宗六年（1234，金天兴三年，宋端平元年）正月，蒙、宋军破蔡州（今河南汝南），金哀宗自杀，金末帝死于乱军之中，金国灭亡。同年，窝阔台与臣下议定攻宋，蒙古军袭败北上的宋军。此后，灭宋的军事行动持续四十多年，在长江上游四川、中游襄阳（今湖北襄阳市）和淮河中游，战争尤其激烈。蒙哥汗（元宪宗）二年（1252），命忽必烈自忒剌（今四川宜宾市西）进军，至十二月攻破大理城。元太宗四年（1254），大理王段兴智被擒，大理国灭亡。

大约在此前的乃马真后三年（1244），吐蕃宗教领袖八思巴之叔萨迦班智达曾会见蒙古大将阔端，表示接受蒙古大汗管辖。但一部分吐蕃贵族不愿服从，因此在灭大理后，蒙古军进入吐蕃，镇压不服从的贵族，完全控制了吐蕃地区。

元世祖忽必烈于至元十一年（1274，宋咸淳十年）下诏伐宋。至元十三年（1276，宋德祐二年）正月，元军逼近临安，宋廷奉表投降。尽管文天祥、张世杰等在南方继续抵抗，终究回天无力，至元十六年（1279，宋祥兴二年）于厓山（今广东新会区南海上）战败，宋朝残余势力完全覆灭。

窝阔台汗七年（1235），在今蒙古鄂尔浑河上游后杭爱省额尔德尼昭北哈拉和林建都，称喀拉和林，简称和林。蒙哥汗六年（1256），忽必烈在今内蒙古正蓝旗东闪电河北岸营建宫室城郭，中统元年（1260）在此即位，称开平府，中统四年升为上都。至元四年（1267）在金中都（今北京）东北另筑新城，至元九年改称大都，成为元朝首都。

从成吉思汗十四年（1219）进行第一次西征开始，蒙古帝国的疆域迅速扩张，从中亚、西亚直到欧洲。成吉思汗晚年实行分封，将今天山、阿尔泰山、额尔齐斯河以西的土地分封给三个儿子。由于都服从成吉思汗，因此帝国是统一的。在窝阔台当大汗时，也还可以指挥其他各部，但到蒙哥（宪宗）和忽必烈（世祖）时，各部已经不相统属，互相争夺大汗的位置，蒙古帝国分裂成为元帝国和四大汗国。

今新疆的天山以北地区大部分已经封给了窝阔台国，因此始终不在元帝国的管辖之下。阿母（姆）河南岸被成吉思汗征服以后，一直没有分封，由大汗统治。蒙哥汗执政时在那里设置阿母行省，但因离大汗统治区太远，末年将它并入伊利汗国。蒙哥汗元年（1251）在今新疆乌鲁木齐一带设置别失八里行省，管治别失八里（今新疆吉木萨尔县北破城子）。察合台汗国一度将其据为己有，后期才重新成为元朝辖区。今伊犁河流域也未分封，元世祖至元十二年（1275）设置阿里麻里（一作阿力麻里，阿力马力）行省，以阿里麻里（今新疆霍城县永定镇西北）为治所。但该行省的存在时间更短，两年后就被废止，后来并入察合台汗国。因此在大部分时期，元朝疆域未包括今新疆全部。

除今新疆外，元朝其他疆域一直稳定：在北方，西起今额尔齐斯河，东至鄂霍次克海；在东部，拥有朝鲜半岛东北部；在西南，包括今克什米尔地区以及喜马拉雅山南麓的不丹、锡金等地，今缅甸东北部和泰国北部。

对邻国，元朝都曾进行过军事征服，有的还设置过行政机构，但统治维持的时间不长，且这些国家仍然是独立的，所以还不属元朝疆域。如元朝对安南（今越南）用兵三次，一度占领安南，并派达鲁花赤（地方行政长官）去监督行政。但在安南激烈反抗下，不得不撤出。元朝在缅甸设置过缅中行省，存在时间很短。至元二十二年（1285）在高丽设征东行省，但该省的长官丞相即高丽国王，而且对高丽国内仍称国王，所以高丽实际为元朝属国。

七、明清时期

1. 明

元至正二十八年（1368，明洪武元年），朱元璋在应天府（今江苏南京市）称帝，国号明。同年八月，明军攻占大都，元顺帝向北逃走。洪武十五年（1382），明军平定云南。至此，除了由元朝残余势力（史称北元）据有的蒙古高原及其西北地区外，明朝基本继承了元朝的疆域。但在北方及西南有过几次幅度不小的退缩。

在东北方面，明初以恢复元朝疆域为目标，特别是由于朝鲜半岛的王氏高丽亲元，朱元璋曾坚持要以铁岭为界，拟在半岛西北布置卫所屯驻军队，为此曾与高丽发生争执。至洪武二十五年李氏朝鲜取代王氏高丽，奉行亲明政策，明朝不再坚持以铁岭为界，放弃半岛东北部，从此与朝鲜以鸭绿江、图们江为界。

在东北女真等部落地区，明朝陆续设置羁縻卫所，用以统治或控制当地民族。永乐七年（1409）设置的奴儿干都司管辖约三百个羁縻卫所。都司驻于黑龙江下游属于今俄罗斯哈巴罗夫斯克边疆区塔赫塔，下距江口约九十五公里，辖境包括今黑龙江、精奇里江、乌苏里江、松花江流域，北至外兴安岭以北。永乐九年（1411年）又征服苦兀，辖境扩大至库页岛，在岛上设置囊哈尔卫。宣德十年（1435）奴儿干都司撤销，下属的卫所则继续存在，但明朝对当地的控制减弱。为了防止羁縻地区的部族和西部鞑靼进入它的直接统治区——辽东都司，从永乐、宣德开始陆续建起边墙。边墙东起今辽宁丹东市东北鸭绿江边，向北经宽甸东、本溪西，折东至本溪北，又北经抚顺东、铁岭东、开原东、昌图东，东折至昌图北，南折至昌图西、开原西，以后大致沿辽河而西南至三岔口（今辽宁海城市东北），又自三岔口向西北，经台安、黑山，折东经阜新南，折西南经义县西、锦州西、锦西西、绥中西，折南至山海关止。这道边墙并非明朝边界，边墙外也是明朝疆域。

洪武年间的北界向北推进，先后设置大宁卫（驻今内蒙古宁城县西）、开平卫（驻今内蒙古正蓝旗东闪电河北岸）、东胜卫（驻今内蒙古托克托县）和兴和所（驻今河北张北县）等军事驻屯机构。洪武二十年（1387）设置大宁都司，次年改称北平行都司，治所在大宁卫，辖境北至今西辽河、西拉木伦河、内蒙古克什克腾旗、查干诺尔一线，其西的明确边界则在阴山山脉和贺兰山一线。在西拉木伦河以北是兀良哈部族，明朝设三个羁縻卫，称为兀良哈三卫。建文元年（1399），燕王朱棣举兵南下时曾联络兀良哈三卫支援。朱棣登位后，遂将北平行都司改名为大宁都司，移治保定府（今河北保定市），原辖地作为对兀良哈的酬谢。东胜左右卫也分别迁至今河北的卢龙和遵化，开平卫与兴和所成为孤悬的据点。永乐二十年（1422），兴和所被蒙古阿鲁台袭陷，迁治宣府（今河北张家口市宣化区）。宣德五年（1430），开平卫移至独石堡（今河北赤城县北独石口）。至此，在今北京、河北、山西境内的明朝北界已退到以后的长城一线。河套本是明朝辖地，但在东胜卫后撤后失去支持，而蒙古不断南下，至天顺（1457—1464）后也被蒙古控制。嘉靖时一度试图收复河套，但没能成功。

洪武年间，明朝曾取得元朝在西北全部疆域，即亦集乃路（今内蒙古额济纳旗东北）、沙州路（今甘肃敦煌市）、肃州路（今甘肃酒泉市肃州区）和甘州路（今甘肃张掖市甘州区），占有今甘肃和内蒙古西部。但不久放弃西部，撤至嘉峪关，关外仍保留 7 个羁縻卫所。成化年间（1465—1487）后，其西土鲁番（吐鲁番）势力日益强大，吞并这些卫所，明朝疆域就限于嘉峪关以东长城以内。

明朝初年安南（今越南）内乱，黎苍篡夺陈氏王位，欺骗明朝称陈氏绝后，获得明朝册封。不久，老挝将安南国王之弟陈天平送来，明朝于永乐四年（1406）护送陈天平回国，为黎氏所杀。明朝派兵攻入安南，俘获黎苍。在未找到陈氏子孙的情况下，于永乐五年（1407）在安南设置交趾布政使司，下辖17府、47州、157县；并设都指挥使司，下辖11卫、3所。但明朝统治受到当地人民反抗，加上一些官员处置失当，使矛盾激化。尽管明朝不断进行军事镇压，仍无济于事，终于在宣德二年（1427）撤销交趾布政使司和都指挥使司，人员全部撤回，重新承认安南的属国地位。

明朝初年在云南布政使司下设有缅甸、干崖两个宣抚司和麓川平缅、木邦、孟养、缅甸、八百、车里、老挝、大古喇、底马撒和底兀剌等10个宣慰司。此后，大古喇、底马撒、底兀剌三宣慰司因路途遥远，无法控制，脱离了与明朝的关系。麓川平缅宣慰司故地于正统十一年（1446）改置为陇川宣慰司，形成"三宣（宣抚司）六慰（宣慰司）"及其下辖各司。"三宣六慰"均为土司，其长官都由当地部族或政权首领世袭，内部自治，但经济上要承担朝廷"征役差发"和"贡赋"，士兵（地方武装）要接受朝廷或上级的调遣。因地理位置不同，这些土司又分为沿边与外地两类，明朝对它们的统治方式和控制程度不同，但都属明朝疆域。"三宣六慰"的范围除今国内部分外，大致还包括今缅甸那加山脉、亲敦江和伊洛瓦底江以东地区，泰国和老挝的北部。嘉靖十年（1531）缅甸东吁王朝建立，逐步统一缅甸，并不断进攻明朝所属土司。至嘉靖末年（1566）缅甸吞并八百、老挝和车里三个宣慰司。万历年间（1573—1620），又攻占木邦、平缅、缅甸、孟养等司，"三宣六慰"全部落入缅甸手中。明朝出兵反击，收复部分失地，并加强边区防守。但"六慰"中除车里外都已为缅甸所有，明朝仅保住"三宣"。至此，明朝在今国界外主要还有：伊洛瓦底江上游的迈立开江以东、今云南盈江县以北地区，萨尔温江以东、缅泰边界以北地区以及老挝、越南北部的一些地方，其中包括当时的里麻司所在的江心坡（迈立开江和伊洛瓦底江另一支流恩梅开江之间）和茶山司所在的片马（恩梅开江至高黎贡山间）。

明朝初建，西藏政教领袖乌思藏摄帝师喃加巴藏卜于洪武五年（1372）遣使纳贡，次年亲自入朝，受封为炽盛佛宝国师。明朝曾多次派使者入藏，并在今西藏大部设置乌思藏都指挥使司，在今昌都地区东部、四川甘孜和青海西南设置朵甘都指挥使司，在今克什米尔地区东北部和西藏西部设置俄力思军民元帅府；帅府以下分别设有主管或兼管宗教、军事、民政的机构，授予当地僧俗首领以国师、法王、都指挥、宣慰使、招讨使、元帅、万户等官职，根据当地风俗习惯实行治理。乌思藏、朵甘二司由阐化、赞善、护教、阐教、辅教五王和大宝、大乘、大慈三法王分治，在今四川西南的甘孜、阿坝州还设有董卜韩胡宣慰司和长河西、鱼通、宁远宣慰司。宣德后护教王因无继承人而断绝，而黄教首领锁南坚错的威望越来越高，被奉为活佛，并获得鞑靼俺答汗所赠达赖喇嘛的尊号，成为三世达赖喇嘛，大宝等法王和阐善等四王都徒有虚名，不能再发号施令，达赖喇嘛成为藏族地区政教合一的最高首领。尽管明朝后期因国力衰退，朝廷与西藏的联系不如前期紧密，但始终掌握西藏主权，西藏一直是明朝疆域的一部分。

2. 别失八里

14 世纪 40 年代，察合台汗国陷于分裂，至 14 世纪 60 年代西察合台汗国演变为帖木儿汗国。明洪武三年（1370）东察合台汗国居别失八里，永乐十六年（1418）西迁亦力把里（一作亦力巴力，今新疆伊宁市），明朝史籍即以城名称其国名。辖境包括今新疆除哈密地区和额尔齐斯河、塔什干以东和帕米尔高原。16 世纪后期，天山以北地区的东部已为瓦剌所占，其余也分裂为几部：吉利吉思，在今巴尔喀什湖以东南一带；哈萨克，在今伊犁河流域；叶尔羌，在今塔里木河流域和帕米尔高原；吐鲁番，在今天山以南东部地区和甘肃西部。

3. 鞑靼、瓦剌

元朝灭亡后，明朝将蒙古高原东部蒙古成吉思汗后裔各部称为鞑靼。泛指蒙古高原西部和阿尔泰山一带的部族为瓦剌，清朝以后称卫拉特、额鲁特。明洪武元年（1368）元顺帝退出大都，北迁上都。次年明军攻陷上都，元顺帝再次北逃。次年明军攻克应昌（今内蒙古克什克腾旗西达来诺尔附近），元顺帝逃至和林，仍用元朝称号，史称北元。传至明建文四年（1402）取消帝号称汗，去国号称鞑靼，恢复部族，但内部并不统一。明永乐年间，瓦剌分为马哈木、太平、把秃孛罗三部，明朝封为顺宁、贤义、安乐三王。鞑靼和瓦剌的范围大致为今内蒙古中部和西部、蒙古高原、阿尔泰山南麓和西伯利亚南部。

明正统元年（1436），瓦剌顺宁王脱懽并吞贤义、安乐二王部落，统一瓦剌，两年后又控制鞑靼。其子即位后，东取兀良哈三卫及建州女真各部，西掠沙州、赤斤蒙古、哈密等卫，明正统十四年（1449）南下攻明，俘获明英宗。明景泰四年（1453）也先自立为大元田盛大可汗，但两年后在内乱中被杀，蒙古又分裂。明成化十六年（1480）鞑靼的达延汗（明朝称为小王子）继承汗位，出兵迫瓦剌西迁，又统一蒙古各部。16 世纪前期达延汗死后，又出现割据局面。至 16 世纪后期，达延汗之孙土默特首领控制蒙古右翼，称俺答汗。俺答汗在今内蒙古呼和浩特筑大板筑城（明朝赐名归化），成为漠南地区的政治、经济、文化中心。

4. 清

建立清朝的爱新觉罗家族是东北女真部落的一支，属于明朝建州卫一部。永乐元年（1403），明朝在今黑龙江依兰县一带设置建州卫，十年后又设置建州左卫，以猛哥帖木儿（努尔哈赤六世祖）为指挥使，后来升为都督佥事和右都督。建州卫和建州左卫几经迁徙，移置于今辽宁浑河支流苏子河流域。正统七年（1442），明朝又增设建州右卫，与建州卫、建州左卫合称建州三卫。

万历三年（1575）和十一年（1783），明朝两次讨伐建州右卫指挥使王杲及其子阿台，努尔哈赤的祖父、建州左卫都指挥使叫场（觉昌安）和父亲建州左卫指挥塔失（塔克世）均充当明总兵李成梁的向导，在后来的一次战役中，于古埒城（今沈阳市鼓楼村东北）遭明军误杀。努尔哈赤被任命为建州左卫都指挥使以示抚慰。同年，努尔哈赤起兵攻打曾协助明军的苏克索护部首领尼堪外兰，报父祖之仇。在此后 11 年间，努尔哈赤先后攻取或招抚浑河流域和佟家江流域的栋鄂部，浑河上游的哲陈部和讷殷部。万历二十一年（1593），努尔哈赤开始进攻海西女真的扈伦四部，万历二十六年（1598）征服安楚拉库路，经营东海诸部。万历四十四年（1616），努尔哈赤在赫图阿拉（今辽宁新宾县东）称汗，建金国，史称后金。不久又征服叶赫河流域的叶赫部，于是扈伦四部归属后金。天命三年（1618，明万历四十六年），努尔哈赤兴兵反明，接连大败明军。此后后金不仅不断进攻明朝在山海关外的据点，还多次越过长城，威胁北京，最南曾攻至徐州附近。天命九年（1624），蒙古科尔沁部降后金。天聪九年（1635，明崇祯八年），后金出兵消灭蒙古察哈尔余部。崇德元年（1636），皇太极登位，改国号为清。接着又征服索伦诸部，并完全吞并东海诸部。至崇德八年（1643），清的疆域已经扩大到明长城以北，包括今内蒙古、东北三省和俄罗斯北至外兴安岭以北、西起贝加尔湖、东于萨哈林岛（库页岛）间地区。

明崇祯十七年（1644，清顺治元年）三月，李自成军进入北京，崇祯帝自杀。明朝驻山海关的宁远总兵吴三桂引清军入关，与清军一起击败李自成军。五月，李自成军撤退，清军占领北京。九月，福临（清世祖）到达北京，十月即帝位，定都北京。清军分路进攻明朝残余势力和李自成、张献忠等政权。到顺治十六年（1659），清军占领云南，明永历帝逃往缅甸。至此，除福建厦门、金门等地还在忠于明朝的郑成功手中外，清朝已拥有明朝全部疆域。

顺治十八年（1661），郑成功在大陆抗清失败，退至漳州、泉州、厦门、金门一带。因为在大陆已无法抵挡清军，郑成功率部从东登陆台湾，驱逐荷兰侵略者，"复先人旧业"（其父郑芝龙在北港所建基地）。郑成功与其子郑经在台湾、澎湖设置三个安抚司和下属的府、州、县，建立继续忠于明朝的地方政权。康熙二十二年（1683）清朝命施琅为大将军平定台湾，清军攻占澎湖，郑成功之孙郑克塽投降。康熙二十三年，设置台湾府，隶属福建省。

17世纪初，漠北的喀尔喀蒙古（大致分布在今蒙古国境内）分为三部：土谢图汗、车臣汗和札萨克图汗。康熙二十七年（1688）三部内乱，准噶尔王噶尔丹趁机入侵。三部联合抵抗，但领土仍被侵占，只得南迁漠南（今内蒙古），向清朝求援。康熙二十九年（1690），噶尔丹进扰漠南，康熙帝亲征，在乌兰布通（今内蒙古赤峰市西北）大败噶尔丹。次年，康熙帝到多伦抚慰喀尔喀各部，并正式任命各部首领，编制成旗，建立与内蒙古一致的行政区划。康熙三十五年（1696），康熙帝再次亲征，收复蒙古高原、喀尔喀三部返回漠北，外蒙古完全统一于清朝。

噶尔丹之侄策妄阿拉布坦占有阿尔泰山以西各地，受到噶尔丹压迫的和硕特部青海各部乘机脱离噶尔丹。康熙三十六年（1697），清军继续深入，噶尔丹自杀。康熙三十七年（1698），和硕特部固始汗第十子达什巴图尔降清，青海和套西归入清朝。

在清朝统一蒙古之前，蒙古与西藏的关系已经相当密切。16世纪后期，黄教已流行于今青海地区，蒙古俺答汗（1507—

1582）占据青海后，喇嘛教就传到蒙古人中间。俺答汗迎来宗喀巴的三传弟子索南嘉错（锁南坚错），尊为达赖喇嘛（三世），又迎他至归化传教。从此，喇嘛教格鲁派（黄教）就在东西蒙古广泛传播。三世达赖喇嘛圆寂后，俺答汗的曾孙被认定为转世灵童，立为四世达赖喇嘛。以后，四世达赖派一位喇嘛去蒙古主持教务，成为蒙古活佛。明崇祯十五年（1642，清崇德七年），蒙古和硕特部首领固始汗率军入西藏，配合五世达赖灭藏巴汗，驱逐后藏的红教。清顺治二年（1645），固始汗尊黄教领袖罗桑确吉坚赞为四世班禅（前三世出于追认），驻后藏扎什伦布寺。固始汗入藏后，就与达赖、班禅共同遣使朝见清廷。清顺治四年（1647），清朝派官员赴藏，册封班禅为金刚上师。清顺治九年，达赖进京朝见清世祖，次年被册封为西天大善自在佛所领天下释教普通瓦赤喇怛喇达赖喇嘛。康熙四十八年（1709）清朝派侍郎赫寿入藏协助拉藏汗管理地方事务。康熙五十二年，五世班禅被封为班禅额尔德尼。康熙五十六年，准噶尔策零敦多布率六千军队从伊犁经阿里偷袭拉萨，杀死拉藏汗，囚禁拉藏汗所立达赖。康熙五十七年，清军自青海入藏，在那曲遭准噶尔军队围攻，全军覆没。康熙五十九年，清军从青海和四川两路入藏，原拉藏汗政权的官员也起兵响应，同年八月灭准噶尔军，西藏平定。

雍正五年（1727），策妄阿拉布坦死，子噶尔丹策零即位，又不断侵扰哈密、喀尔喀蒙古等地。清军虽然多次取得胜利，但一直未能彻底平定叛乱。乾隆十年（1745），噶尔丹策零死，准噶尔内乱，渐趋衰落。乾隆十八年，准噶尔阿睦尔撒纳袭杀喇嘛达尔札，推达瓦齐为汗，车凌乌巴什率部降。十九年，乾隆帝决定趁机出兵，结束数十年未了的战争。阿睦尔撒纳又与达瓦齐相攻，失败后率部降清。次年，清军分两路进攻，不久进占伊犁，准噶尔部基本平定。但阿睦尔撒纳又发动叛乱，而清军因天气寒冷撤退，阿睦尔撒纳重新控制准噶尔。乾隆二十二年，清军再次攻入伊犁，阿睦尔撒纳逃往俄国，不久后病死，天山北路从此纳入清朝疆域。

原来在准噶尔统治下的回（维吾尔）部首领大小和卓木企图割据，清朝出兵，乾隆二十四年，攻入喀什噶尔（今新疆喀什市）和叶尔羌（今新疆莎车县），大小和卓木逃往巴达克山部被杀。天山南路也告平定，清朝统一大业至此完成。

在此前的康熙二十八年（1689），清朝与俄国订立《中俄尼布楚条约》，确定中俄东段的边界是外兴安岭和额尔古纳河。因为当时清朝尚未统一外蒙古，所以中段界线无法划定。雍正五年（1727），清朝与俄国签订《中俄布连斯奇界约》和《恰克图条约》，规定了东起额尔古纳河及其支流开拉哩河（今海拉尔河）相交处的阿巴该图，经恰克图（今俄罗斯境内的恰克图和蒙古国境内的阿尔丹布拉克），西至沙必乃达巴汉（一作沙宾达巴哈，今俄罗斯西萨彦岭）的边界走向。

清朝的疆域北起萨彦岭、额尔古纳河、外兴安岭，南至南海诸岛，西起巴尔喀什湖、帕米尔高原，东至库页岛，拥有1300多万平方公里的国土。

5. 澳门

明嘉靖三十二年（1553），葡萄牙人贿通地方官，在壕镜澳（今澳门）登岸并建立居留地。至万历元年（1573），葡萄牙人变贿赂为地租，使澳门成为西方国家在中国的首个租住地。清朝建立后沿袭明朝旧例，但到道光二十九年（1849）后葡方拒交地租，并逐走清朝驻澳门官员。光绪十三年（1887），中葡签订《中葡天津条约》，允许葡萄牙人"永居管理"澳门。

6. 香港

鸦片战争中，英国占领广东广州府新安县的香港岛。道光二十二年（1842），中英签订《中英南京（江宁）条约》，将香港割让给英国。咸丰十年（1860）第二次鸦片战争结束时，中英签订《中英天津条约》，又将香港对岸的九龙司地方一区割让归于英国所属。光绪二十四年（1898），中英签订《展拓香港界址专条》，次年勘定以深圳河及深圳、大鹏二湾以南及附近海面（九龙新界）租予英国，期限99年。

《中俄尼布楚条约》中将两国边界最东段乌第河以南一地列为"待议地区"，未划定归属，但在俄国势力扩张到远东后，未经任何谈判就占据了该地。咸丰八年（1858）第二次鸦片战争期间，俄国乘机迫使黑龙江将军奕山签订《中俄瑷珲条约》，强行割去黑龙江北岸大片的中国领土，仅规定瑷珲（今黑龙江黑河市）对岸精奇里江以南"江东六十四屯"仍由原住的中国人永远居住，归中国政府管理。乌苏里江以东至海则划为中俄共管。清政府当时拒绝批准，但在两年后的《中俄北京条约》中被迫确认此条约。《中俄北京条约》还进一步将乌苏里、松阿察二江直到兴凯湖至图们江口一线以东原属中国的领土划归俄国。第二年勘定边界，绘图立碑。光绪十二年（1886）重勘，增立、改立界碑多处，中国方面又做了不少让步。光绪二十六年，八国联军侵华战争中，俄国占领东北，用烧杀手段驱赶中国居民，强占了江东六十四屯。鞑靼海峡东岸的库页岛，本来是吉林三姓副都统辖境，但清朝只接受纳贡，从来不加经营，以至在俄国和日本都侵入该岛后还一无所知。道光三十年（1850）俄国单方面宣布库页岛是俄国领土，签订《中俄北京条约》时，清廷竟置此岛于不顾，还同意规定岛上"土人"不用再过海向清朝纳贡，这就在实际上承认了俄国对该岛的占领。光绪元年（1875），库页岛完全归入俄国，1905年日俄战争后，以北纬50度以南划归日本。

《中俄北京条约》确定中国外蒙古与俄国的西界"自沙宾达巴哈起至斋桑淖尔"，虽尚未经过勘定，却已将此线以西北的定边左将军所属乌梁海十佐领及科布多所属阿勒泰淖乐乌梁海二旗划到了中国界外。至同治三年（1864）中俄签订《中俄勘分西北界约记》(《塔城界约》)，同治八年订立科布多、乌里雅苏台两个界约。光绪九年（1883）又勘改科布多边界，按《中俄北京条约》划定两国边界。

《中俄北京条约》规定的新疆境内的中俄西界，在斋桑淖尔以下为"又西南至特穆尔图淖尔，又南至浩罕为界"，已将原属中国的自巴勒喀什（巴尔喀什）湖以东南至特穆尔图淖尔之间的土地划归俄国。同治三年（1864）订立《中俄勘分西北界约记》后，俄国又利用具体查勘的过程驱逐中国的卡伦（哨所），抢占沿边土地。同治九年，俄国官员将他们单方面确定的边界强加给中国，清朝官员只能在俄方界碑的左侧另立中方的界碑。但边界刚划定，俄国就开始了新的侵略步骤。当时，俄国已经在中亚吞并了浩罕和布哈拉汗国，就乘阿古柏在新疆叛乱之机，于同治十年占据了中国的伊犁。光绪三年（1877），清朝派左宗棠出兵新疆，平定叛乱，要求俄国退出伊犁。俄国以改订《中俄北京条约》的有关条款作为撤军条件，逼迫清朝于光绪七年签订了《伊犁改订条约》。根据这两个条约而进行的勘界产生了几个具体的界约，至光绪十年划定了从沙宾达巴哈至乌孜别里山口的中俄边界，二十年间中国西部共丧失国土50多万平方公里。

在平定阿古柏之乱时，刘锦棠进军帕米尔高原，光绪初曾设置了乌满等8个卡伦。《伊犁改订条约》规定，在乌孜别里山口以南，"中国界线向正南，俄国界线向西南"，明确帕米尔高原属于中国。但从光绪十年（1884）以后，俄国继续向南扩张，以武力强占了萨雷阔勒岭以西的帕米尔地区。英国也通过其保护国阿富汗侵入帕米尔。光绪二十一年（1895），英俄两国乘中国在甲午战争中失败之机，私自在伦敦订约，瓜分了帕米尔的大部分，中国只剩下今塔什库尔干县。

英国、法国、日本在它们维持殖民统治的印度、缅甸、越南、朝鲜等国与中国的边界中用各种手段侵占中国的领土。

图们江源处的中朝边界，光绪九年（1883）至十三年曾经双方交涉勘查，未得结论。甲午战争后日本取得朝鲜的外交权，双方于宣统元年（1909）确定以石乙水为图们江源，两国以此为界。

拉达克本来是西藏阿里的一部分，大约在道光二十年（1840）为克什米尔所占。道光二十六年英国吞并了克什米尔，拉达克随即被并入英属克什米尔。光绪十六年（1890），英国通过"藏印条约"规定哲孟雄与西藏的边界，夺取了西藏春丕以南地区。

光绪十一年（1885）法国吞并越南，次年英国吞并缅甸，此后英法两国与中国多次交涉，划定缅甸、越南与中国的边界，结果云南西南的茶山、麻栗坝等地，铁壁、虎踞、天马、汉龙等关划归英属缅甸，南部的乌得、孟乌二土司划入法属交趾支那（越南）。

此外，甲午战争失败后，中国被迫签订《马关条约》，台湾和澎湖于光绪二十一年（1895）割让日本，直到1945年抗日战争胜利后才由中国收回。

1921年，外蒙古宣布独立，于1924年成立蒙古人民共和国，中国政府未予承认。第二次世界大战后期，迫于苏联和美国的压力，为争取苏联对日宣战及出兵东北，蒋介石曾承认外蒙古独立。中华人民共和国成立后，与蒙古人民共和国建立外交关系。

第二章

政区

体国经野，郡县是基

政区，是行政区域或行政区划的简称。

行政区域，是指国家为分层级、分区域的管理而划分的区域。行政区划，是指国家对行政区域的划分。

在历史上，一般以行政区域的具体通名，如郡县、州郡、府州县、州县相称。以建置、沿（延续）革（撤销）指行政区划，通称为建置沿革或沿革、沿革地理。

一、行政区划的产生

在秦朝以前实行分封制,还没有行政区划的必要,因为从最高统治者(王)开始,就把土地分封给下一层级的诸侯(侯);诸侯之间,又由大诸侯分给小诸侯,小诸侯还可以分封给自己的家臣。所以,每一个统治者自己直接管理的地方是很有限的。比如王,虽然他是最高统治者,是天下共主,"普天之下,莫非王土",理论上说,"天下"即所有已知的地方都是属于他的,但实际由他管理的只是他自己所居住的那座城——王畿,或称为京城、国都,以及周围的一片地方。而且也用不到上通下达:诸侯对上一级一般只要贡献,执行供奉制就可以了。比如,诸侯对家臣,规定每年上缴多少粮食或多少物资,至于家臣自己怎么安排生产、怎么摊派,诸侯是不管的。而周天子也只是规定了每一个诸侯国对他的义务,比如派多少人为他服役、贡给他多少粮食、贡给他多少土特产就可以了。所以,当时并不存在一个分层级的行政管理制度,下面的层级发生了什么事,由该层级自己解决;而下面的层级在向上级缴纳粮食物资等贡献后,剩余的部分怎么支配，也是下一层级自己的事。下一层级对自己的臣民奴隶、对再下一级的臣民奴隶实施什么法律，只要没有超过特定的底线，具体的内容也无须向上一级报告。所以，在实行分封制的时候，是没有行政区划的，实际上也没有必要。

另一个原因是，当时社会的生产力相当低下，交通运输手段落后，不足以支持大范围或远距离的物流、人流。早期的儒家学者曾经设想过要建立"五服制"，将每半径500里的土地分成一块，第一层500里，第二层1000里，第三层1500里，以此类推，每500里之中再分成每100里一块，并规定对每一"服"实行不同的贡献办法。距离越近的，被要求贡献的东西就越多，分量越重，因为当地到中心的交通相对比较容易。最远的"荒服""要服"（蛮荒之地）不需要贡献，只要遵守礼仪、态度恭顺即可。

二、从郡县到州郡

春秋战国时期出现了诸侯之间的兼并。据记载，春秋时还有一千多个国，但到了战国末期，只剩下秦、楚、齐、燕、韩、赵、魏七个诸侯国和若干无足轻重的小国。一个诸侯国统治的范围有数十至上百座城，甚至相当于现在几个省的范围，这就产生了分区域、分层级实施行政管辖的需要。

西周时期，由周天子分封或承认的诸侯国，如果因天灾人祸或子嗣断绝而灭亡的，天子和相邻相关的诸侯都应"存亡继绝"，帮它复国，重新找一个国君使这个诸侯国延续下去。但到春秋战国,天子名存实亡,礼崩乐坏,诸侯间相互兼并,大国灭了小国,诸侯夺取了其他诸侯的土地,就直接归自己管辖,这样就出现了县。

县的名称是从"悬"字演化来的。"县者,悬也",意思是这个地方是飘悬在外面的,就在自己原来疆域以外比较远的地方。因为被这个诸侯灭掉的其他国家,或它夺取的新的土地,所处的位置总是在本国的边缘,特别是与本国的都城之间是不连接的,就像是悬在外面。诸侯国君获得这些地方后,不再分封给他人,而是直接派人去管辖,这些地方成为国君直接管辖的区域。这样的"悬地"不止一个,而且越来越多,于是县就成为一个通名,要在前面加上专名以示区别,如安邑县、平阳县。一个县的主管官员是由国君委派的,对国君直接负责,定期或每年要向国君报告收了多少粮食、征集了多少赋役、治安状况如何、发生了多少案子,逐渐形成了每年集中报告的"上计"制度。

少数这样的"悬地"被称为郡,郡作为通名一度与县并行。后来新建的县越来越多,离诸侯国的国都也越来越远,每个县都要单独派人向国君上计,耗费太大,于是建县多的诸侯国就将几个或一二十个县组成一个郡,各个县向郡报告,郡汇总后派人向国君上计,郡成为县以上一级的通名。到战国后期,不止一个诸侯国中形成了郡管县的制度,于是就形成了"诸侯—郡—县"这样有层级、分区域的行政体制。

三、郡县制的确立

公元前 211 年，这个体制在秦始皇统一时得到了规范。秦始皇将各国各行其是的郡县，统一规范，开始时将全国分为 36 个郡，后来增加到近 50 个。各郡都由朝廷派遣长官，称为守、郡守、郡太守；每一个郡下面再设立几十个，或者十几个县，县的长官称为令、县令或者长、县长。政令由皇帝、朝廷向郡、县逐级下达，县、郡逐级向皇帝、朝廷报告，形成上通下达统一的郡县制度。

郡县制的建立并非一帆风顺，有过反复的过程。秦朝灭亡以后，汉朝初年又出现了一些诸侯国，开始有异姓的诸侯，像韩信、彭越、英布这些不姓刘的诸侯。刘邦为了打败项羽，需要这些人为他卖命、出兵。而当时还有一种观念：既然人家立了功，或是出了兵，总得封他一个王位，让他统治一片土地。在这种情况下，刘邦为了争取到韩信、彭越、英布等人的支持，不得不封他们为王，划一片土地给他们，这样就出现了一批"异姓诸侯"。后来，异姓诸侯陆续被刘邦消灭了。刘邦作为一个出身"低微"的皇帝，原本没有一个贵族式的大家族作为支撑，为了巩固自己的政权，他在平定异姓诸侯以后，又把自己的儿子、侄子、刘氏家族都分封为诸侯，以取代原来那些异姓诸侯，便形成了一批同姓诸侯、同姓王。刘邦在世时，这些诸侯都是他的子侄孙辈，以他开国皇帝的权威，完全能够掌控他们。但等到刘邦去世后，特别是汉景帝即位时，那些诸侯就发动叛乱，于是有了"吴楚七国之乱"。七国之乱被平息，及至汉武帝在位的时候，朝廷就采取种种手段，削弱、消灭企图与朝廷对抗的诸侯国。所以，在武帝一朝以后，尽管还照样有诸侯国，但是它们已经没有实权，无非是在这些诸侯国的土地内部收点租税过日子，王国内的行政事务已经完全归朝廷派遣的官员管理。除了名称不同，还有一个世袭的王的名号以外，与郡已经没有本质上的区别。同样，这一阶段的侯国——封给列侯的一片土地，也只是给他收一定数额的租税，行政事务也是归朝廷任命的官员管的，侯国与县也已经没有本质上的区别了。

所以，郡县制经过了西汉初年的反复，到了汉武帝时期已经得到巩固，再也没有出现过反复。以后历朝历代始终实行这样一种分层级的、由中央集权管辖的地方行政区划制度。其间的不同也就是两处：一是层级不一定完全相同；二是政区的名称不一定相同。一个政区如果管辖的地方太大，往往管理的效果比较差；特别是在人员来往、信息传递相当困难的年代。但是，管辖的地方如果太小，又会产生浪费，行政成本就会很高。所以，每一个政区都要有一个合理的管辖范围。

四、郡县制的演变

1. 秦汉时的郡县二级制

秦朝最多约 50 个郡，分别管辖千余个县。西汉自武帝以后和东汉都是以一百零几个郡级单位（郡、国即王国，东汉增加了一种属国都尉）分管一千多个县级单位（县、侯国、邑、道）。汉武帝先后在元封五年（前106）和征和四年（前89）创建十三刺史部（兖州、豫州、青州、徐州、并州、冀州、幽州、荆州、扬州、益州、凉州、朔方、交趾）和司隶校尉部，由刺史和司隶校尉分别巡察各郡国的吏治。成帝、哀帝之际，曾将刺史提升为州牧，使州成为郡国的上级，但两年半后就恢复旧制。王莽执政时，又将刺史改为州牧。建武十八年（42），东汉光武帝又改州牧为刺史。但西汉的刺史在本部内没有固定的治所，平时"巡行所部郡国"，每年年底"诣京师奏事"。对刺史举报的事项和提出的惩处建议，朝廷要另外派官员查验，然后才能黜退。而东汉的刺史在本部有了固定的驻所，不再"诣京师奏事"，对所部郡国官员可以直接黜免。到东汉灵帝末年，为使地方上能集中调度镇压黄巾起义，又改部分刺史为州牧。因而州牧掌握本部的兵权和行政权，州终于成为统辖几个郡国的大行政区，形成州—郡—县三级制。

2．魏晋南北朝时的州、郡、县三级制

三国魏（司隶、豫州、冀州、兖州、徐州、青州、荆州、扬州、雍州、凉州、并州、幽州）、蜀（益州、庲降都督）、吴（扬州、荆州、交州）三方共有17个州，西晋统一之初有19个州（司州、兖州、豫州、冀州、幽州、平州、并州、雍州、凉州、秦州、梁州、益州、宁州、青州、徐州、荆州、扬州、交州、广州），末年增至21个州（增江州、湘州），统辖170多个郡。经东晋、十六国、南北朝前期，双方共有五六十个州。南朝自齐梁

后，北朝自北魏太和后，一方面为了多设政区以炫耀己方疆域建置，另一方面也为了以更高的地方官职引诱、安置对方降将，州郡设置日益冗滥，往往以一县之地置郡置州，或郡无属县，州无属郡；或者以一郡分属两州，成为"双头郡"；甚至有些郡既无土地，也无户口，完全成了空名。梁、东魏、西魏和陈、北齐、北周时代，三方合计共有三百多个州、六百多个郡。魏晋时期平均一个州领八九个郡，一郡领七八个县，三级制的确有其级次层次分明的作用，是比较合理的分层级管理。一旦一个州平均才管辖两三个郡，一个郡一般才管辖两三个县，一州所管辖不过五六个县，三级制就失去意义了。所以到了北朝后期，通常只有州刺史和县令到职，郡太守通常并不莅任。隋文帝代周后的开皇三年（583），便正式裁撤了郡一级，改为以州统县的二级制。

3．隋、唐开元前的州、县二级制

唐开元至五代时的道、州、县三级制。隋唐五代的 380 年间，除了隋朝大业年间有 11 年（607—618），唐天宝、至德时有 16 年（742—758）将州改称为郡外，地方行政区划都是以州统县，全国共有二三百个州、一千四五百个县。但只有隋文帝和唐前期共约 140 年实行单纯的州县二级制。隋炀帝在改州为郡的同时，仿照汉武帝置司隶别驾二人，分别按察二都畿内；设置刺史十四人，巡察畿外各郡，每年二月巡察州县，十月将结果入奏。因隋朝 11 年后即覆灭，《隋书》记载又过于简单，这一制度的具体情况已无法考证。唐贞观元年（627）将全国分为十道（关内、河南、河东、河北、山南、陇右、淮南、江南、剑南、岭南），但这时的道只是一种地理区划，并非行政区划。有时虽也由朝廷派遣使者分道执行某种任务，但都属临时措施，任务完成即撤销。直到开元二十一年（733），将十道分成十五道（增京畿、都畿，山南分东西两道，江南分东西两都），才确定制度，每道经常性设置一位采访处置使，负责监察吏治。不久，采访处置使的权力逐渐有所扩大，有些道并由掌握军权的节度使兼领其职。安史之乱期间，发展到全国遍设节度使、防御使等方镇。至德三载（758）撤销采访处置使，改由方镇主帅兼任观察处置使，从此军政上一镇便同时都是民政上管辖几个州的一个道，确立了道（镇）—州（包括府）—县三级制。全国的道数并不固定，经常有变动，一般在四五十个之间。每道统领州少则两三个，多则十余个。这种三级制经历二百余年，在北宋初年才由于方镇兵权被剥夺，中央集权的加强而被废止。原来方镇主帅自领一郡，其余辖郡称为支郡，至此，不许方镇主帅再领支郡，"令诸州皆直隶朝廷"，都由朝廷直辖了。

4．两宋（包括金）的路、州、县三级制

宋太宗太平兴国二年（977）废止方镇领州制度时，宋境内共有三百六十七个州级单位（府、州、军、监）和千余个县（县、军、监）。如果完全采用二级制，全由朝廷直接管辖那么多单位，是相当困难的，因而不久又下令将原来专门负责督征运送地方财赋的各路转运使兼理军民庶政，这样便形成了路—州（府、州、军、监）—县（县、军、监）三级制。北宋先后分全

国为十五、十八、二十三、二十四路（京畿、京东东、京东西、京西南、京西北、河北东、河北西、河东、永兴、秦凤、两浙、淮南东、淮南西、江南东、江南西、荆湖南、荆湖北、福建、成都府、梓州、利州、夔州、广南东、广南西），南宋将境内分为十六或十七路（利州分东西两路），金将境内分为十七、十九（中都、上京、东京、北京、西京、南京、咸平、河北东、河北西、山东东、山东西、大名府、河东北、河东南、京兆府、凤翔、鄜延、庆原、临洮）、二十路。宋金的路不同于魏晋南北朝的州或唐安史之乱后的道。一路之内同时设置分掌财政、民政、司法、监察、军事、征榷等政务的三个或三个以上的"监司"，没有一个监司能掌握全部政务。一路的监司一般分驻各地，不同监司所管辖的路的划分也不尽相同。如北宋陕西转运使司分永兴军、秦凤二路，而安抚使分永兴军、鄜延、环庆、秦凤、泾原、熙河六路。金的制度将辽东分上京、咸平、东京三个总管府路，而转运司只为辽东一路，按察司只为上京东京一路。而且，州的政务还有很多是不在监司监领之下，都可以直达朝廷。所以宋金三级制的实质可以说只有二级半。

5. 元代以来以省领道、路、府、州、县等的三级或多级制

此阶段长达七百多年，可分为以下四期：

（1）**元代起以前代的中央临时派遣机构行中书省定为常设的地方一级行政区划。**元朝初期的区划极不稳定，中期稳定为除中书省直辖区（腹里）外，共设置十一个行中书省（简称行省、

省），即中书省与岭北、辽阳、河南江北、陕西、四川、甘肃、云南、江浙、江西、湖广行省。省下设路、府、州、县四级。以往较大的府、州都升级为路，县升级为州。四级间或按级递相统辖，或越级统辖，州或不领县。所以此时的地方政区统隶关系复杂，二、三、四级都有，而以省统路或府，路府统州或县这样的三级最为普遍。又往往分一省为二三大区，将距省会较远的区划为一道，设宣慰司作为行省的派出机构驻治。另外设有御史台派出的机构肃政廉访使，负责一道的吏治监察。宣慰司的道至元末大多改为分省，或进而升为行省。

（2）明洪武九年（1376）废除行省制，在原来一个省的范围内分设布政使司、按察使司、都指挥使司三司，分别掌管民政、司法监察、军务三政。这与宋代的路分设转运使、提点刑狱、安抚使三司极为相似，而且权任更大，仍然和此前的行省一样，是地方行政区划中的最高一级。原来的省至此改称为承宣布政使司、布政使司，并且习俗相沿，仍称为行省、省，甚至连正式公文也经常采用。洪武十三年（1380）朝廷废除中书省，中书省的直辖区改称直隶。宣德二年（1427）以后，全国共划分为两京（南北二直隶）、十三布政使司（山东、山西、河南、陕西、四川、江西、湖广、浙江、福建、广东、广西、云南、贵州），俗称两京十三省，或十五省。路一级被废除，府、州、县之间的隶属关系也有多种方式，省和县之间或隔了府一级，或隔府、州二级。每省又分设若干分守道作为布政使司、分巡道作为按察使司的派出机构。

自宣德以后，或者因为边防有警，或者因为地方不安定，又陆续在全国各地派出备有中央政府一二品大员职衔的总督、巡抚，集所督抚地区内的军务、察吏、治民大权于一身，成为最高级别的封疆大吏。督抚的辖区往往不同于布政使司，并且经常变动。所以明代后期的一级地方行政区划，实际上已不是两京十三布政使司，而是三十个左右的总督、巡抚辖区。

（3）**清初逐步将总督、巡抚辖区调整成与布政使司一致**。北直隶改称京师直隶，南直隶改为江南省，又分为江苏、安徽二省，湖广分为湖北、湖南二省，陕西分为陕西、甘肃二省，终于在康熙初年将十五省分为十八省，正式以督抚为一省之长。巡抚只管一省，总督或管一省，如直隶、四川总督；或管二省，如陕甘（陕西、甘肃）、湖广（湖北、湖南）、两江（江苏、江西）、闽浙（福建、浙江）、两广（广东、广西）、云贵（云南、贵州）总督；清末还有一位管三省的，东三省（奉天、吉林、黑龙江）总督。有些省单置总督或巡抚，如直隶总督、山西巡抚；有些省兼置督、抚，如湖广总督、湖北巡抚，因此巡抚成为基本无权的闲职。十八省全在明朝故土范围之内，清代纳入版图的边疆地区的一部分至光绪时也建了省（新疆、黑龙江、吉林、奉天），清末共有二十二省。清代凡隶属于府的州不再领县，所以省以下只有府（府、直隶州、直辖厅）、县（县、散州、散厅）二级。每省仍分设若干道。

（4）**辛亥革命前后两三年内废除了府一级，州、厅都改为县，重划道区，于是地方行政变成省—道—县三级制，民国初期沿用**。国民党政权初年废除了道一级，实行省—县二级制。但在20世纪30年代"剿共"时期又在江西省首先分区设行政督察专员，作为省政府的派出机构，协调区内各县。各省纷纷仿效，成为普遍性制度。新中国成立后继承了这种区划制度，起初称专区，后改称地区。这种区划在实际行政上是介于省和县之间的一级，但在法制上不是一级地方政府，只是省政府的派出机构。

五、特殊的政区

历史上还有一些政区，并不使用郡、县或省、府这些名称，但也属于政区，可称为"特殊政区"，或"准政区"。它们有的只是政区演变中的一个过程，有的在实际上发挥着政区的作用。

例如，汉朝有"初郡"，与今天的"新区"颇有相似之处。汉武帝在位时，西南的疆域扩张得很快，但在新设置的政区里，往往是"夷"人多，华夏（汉人）少，交通不便，经济落后，地方的财政能力很差，收不上赋税，也不可能马上推行与其他郡同样的行政制度。所以，汉武帝规定这些地方称"初郡"，沿用当地原来的管理制度，给予经济上的优惠等特殊政策。这些初郡未来有两种结果：有的无法继续维持，或已没有设置的必要，进而被撤销；有的经过一段时间，经济发展，朝廷给予的优惠政策取消，行政制度也统一了，不再称"初郡"，与其他郡无异。

还有一种政区，是东晋时候产生的，即侨州、侨郡、侨县。西晋覆灭后，大批的北方难民，包括不少高官、贵族、将士逃到南方。这些都是东晋朝廷的统治基地，自然要妥善安置。但江淮至江南，特别是首都建康周围都已设置郡县，不可能增加多少建置，而且也不能将这些人集中于一地。因此朝廷就将从某地迁来的移民相对集中的地方给他们设置一个侨州、侨郡或侨县。侨州、郡、县没有实际管辖的土地，只为安置移民。为了区别于原籍，侨州和一部分侨郡在原名前面加个"南"字，如北方原来有兖州、青州、琅邪郡，侨州郡就称为南兖州、南青州、南琅邪郡，侨县一般就用原名。一方面是为了安顿北方的侨民，另一方面也表示朝廷不忘恢复，将来还会收回故土，让民众返回原籍。时间一长，北方侨民都意识到恢复无望，只能在南方定居了，东晋朝廷也感到保留侨州郡县已经没有意义，反而增加了行政管理的不便，开始实行"土断"。"土断"就是撤销侨州郡县，将侨户就地安置，到南朝宋时又集中搞了一次。由于侨州郡县设置的范围广，延续时间长，南朝时局部地区还有新置，南朝陈时还进行了最后一次"土断"。

还有一种制度是屯田，又称典农，或者屯垦。在边疆地区，或在战乱过后，很多部队解决不了自己的粮食供应，国家就让他们自己留在原地种田，解决自己的口粮，甚至还能向国家上缴一部分。这些屯垦区有自己管辖的范围，实际上也是一种政区。三国时，魏、吴境内都设有主管屯田区的农官，称为典农校尉、典农都尉，一般相当于县。吴国的毗陵典农校尉还有下属县，相当于郡。

再有一类是军事驻防、监护机构，但同时具有行政管理功能，这类机构管辖的范围也属于特殊政区。如汉以后的西域都护府、西域长史府，唐代大部分的都护府，设置在西域或新开拓的边疆，一般是军事驻防或监护，但它们管辖的范围内也有一些原来就存在的国、部族政权或民户，也具有政区功能。明朝初年朱元璋设置的卫所，绝大多数的卫全部由军人和他们的家属构成，只管军不管民，只有驻地没有辖境。但又有少数卫有"实土"，即辖境，也管理辖境内的民户。其中有些卫的所在地只设卫，不设县。这一类卫就属特殊政区。清朝在东北设置盛京（奉天）、吉林、黑龙江三个将军衙门，其辖境内未另设行政机构，实际兼管民政，到清朝后期陆续设置府、州、县；在新疆设置的伊犁将军在辖境内也是军民兼管；都属于特殊政区，到清末分别建为奉天、吉林、黑龙江三省和新疆省。

在少数民族、非华夏（汉族）聚居区设置的特殊政区，有的保持了原有的机构和名称，有的做了一些调整。这些区域的共同特点是：长官实行世袭，或者按照当地原有的习惯产生，但必须得到中央或上级政府的批准或确认。长官可以保留原来的称号，但必须承认臣属地位。可以有自己的军队，但对外的军事行动必须得到上级政府的批准，或者接受上级政府的调遣。它们对内有自治权，但自治程度各不相同，有的完全保持原来的民政系统，实行原来的行政制度，对中央不承担赋税和劳役，中央不派驻官员，或者只派遣顾问和起监督作用的官员；有的必须接受上级政府的派员担任副职，并承担一定的赋税劳役；有的只能管辖境内的本民族人口，或者只能保持本民族的习惯治理，而对非本民族人口和新实施的法令则不能干预。

在边疆地区，唐朝、宋朝都建有羁縻府、羁縻州。羁縻府、州的情况很复杂，差异很大，其中有些靠近正式政区的羁縻府、州接受管辖，可以看成特殊政区。元朝在这些地方分别设立宣慰司、宣抚司、宣谕司，但都不从外面派遣行政长官，而是就地任命部族或土著首领担任，一般都是世袭。这些地方各司的长官都是土著，因而被称为土司。土司是在各自辖区行使管理权的长官，属特殊官吏。清朝实行改土归流，即撤销土司，设置府、州、县，改派流动的行政长官。

六、两千多年来的政区演变规律

1. 同一类政区，通常情况都是越划越多，越划越小。但到一定程度，它的级别就会降低。如州，两汉时只有十三四个，魏晋时增加到二十个左右，南北朝增到三百多个，隋朝初年的废郡以州统县，等于是将州降为郡级，到元明清时又把一部分州降为县级。省在元代只有十一二个，明代增加到十五个，清代增加到十八、二十二个。只有县最稳定，秦代千余个，汉以后长期都是一千几百个，到 20 世纪中叶才突破两千大关。

越划越多、越划越小的主要原因，当然是各个地区得到逐步开发，人口逐渐增加，征集赋役、维持治安等行政事务增加，必须通过缩小政区的幅员以减少政务工作量。如明朝江南一些人口多、赋役重、省治府治所在的县已一分为二，同城而治，如江宁、上元、吴县、长洲、钱唐、余杭等。到清朝更大幅度增加，如苏州府府治又增一县，属县全部一分为二：吴县、长洲、元和，常熟、昭文，昆山、新阳，吴江、震泽。但也有其他政治、军事、经济方面的种种原因，对不同时代、不同地区应做具体分析。历代政府有时认为政区太多不便于统治，曾几次大规模进行省并，但被省并的单位往往不久就得到恢复。例如隋朝初年将三百多个州并为大业时的一百九十郡（州的改称），此后逐渐增置，唐宋两代长期徘徊于三百个州左右。

2. 秦和西汉初期疆域较小，该时期所采用的是单纯的二级政区制。自汉武帝开拓疆域以后，二级制已不适应，不宜继续采用。但多级制也不利于政令的上通下达，并且行政机构和运行成本明显增加，所以两千年来最常用的是虚三级制。有时用实三级制，有时用虚三级制。所谓虚三级制，是指第一级或第二级并不全面掌握地方权力，或一级权力分属于几个不同机构的三级制。粗略统计，汉武帝以后的两汉三百年是虚三级，魏晋南北朝四百年是实三级，隋至唐初期一百四五十年是二级制，开元以后先是虚三级，二十多年后即转为实三级，历二百余年至宋初才改为二级，但不久即转入虚三级，历三百年至元代才变为多级制，元明清六百年显然都是多级制，大多数地区的实级一般都是省—府（路、州）—县三级。

3. 历代最高一级行政区往往是由吏治监察区或军务督理区转变而来的，最高行政长官是由派遣在外的中央官转变而来的。显著的事例如：

（1）两汉监察区"州"，到东汉末年由于州牧、刺史统领军队而转变为六朝的一级政区。

（2）六朝的都督几个州的军事职位，到唐朝形成以一个都督府管几个州的军事制度，都督又由于加"节"（朝廷授予的职权凭据）而改称节度使，职权不断加重，终于兼任采访使、观察使之职而使其辖区成为州以上一级行政区——道（镇）。

（3）行省起源于六朝隋唐的行台尚书省。那时中央政府称省，由中央大员率领部分政府成员外出执行国家任务，称行台尚书省或某处行台省。但属于临时机构，任务完成后就撤销。金朝末年内外交困，外有强敌入侵，内有动荡叛乱，不得不在各地普遍派驻行尚书省。蒙古入主中原与金朝接触，进占金地，就学习了这种制度。起初称行尚书省，以后随着中央政权机构改称为中书省，也就把行尚书省改称为行中书省。本来这只是一种临时性的中央派出机构，但元初对中原用兵时间长达七八十年，军事行动不停止，军管制也无法撤除。时间一久，就成了常设制度，到平定南宋前后，行省便成了中国史上辖境最大的一级行政区。

（4）明朝将地方政权分别交给都察、布政、按察三司，由于三权分立，一旦边防或地方有事，便难以应付。所以不久便陆续派出带有中央部院大臣职衔的重臣到各处去总督军务或巡抚地方。开始也是临时派遣，完成任务就撤销，以后就置而不废，成为固定的制度。但直到明代中期，总督、巡抚虽已在地方掌握了最高权力，名义上却始终算是中央官，正式的一级政区还是两京十三布政使司。进入清朝后经过二三十年的调整，才使总督、巡抚成为最高的地方官，其辖区也就成为当时的一级行政区划——省。

政区的这些演变规律，一方面，说明中国自秦汉以来长期在中央集权制统治之下，中央派出的官员才能以监督的名义侵夺地方官的权力，最终使中央使者成为最高地方长官，原来的地方长官降为他们的下级或僚属。另一方面，由这种方式形成的一级政区辖境和权力过大，所以一旦到了乱世，这种政区的首长就很容易成为破坏统一的割据者，如东汉末年的州牧、刺史，唐朝安史之乱后的节度使和民国的督军、省主席。

第三章

首都

帝京翼翼,四方之则

首都，是一个国家最高政权机关的所在地。

早期的文献将三皇五帝、尧舜禹和夏、商、周王定居的地方称为都。春秋战国时期，诸侯所在的城称为都，诸侯国内较大的城市也可称为都。秦朝以来的中原王朝，都是指皇帝所在的城市，也可称为京、京城、京师。在设有陪都的情况下，往往以方向或方位加以区别，如东都、西都，东京、西京，上京、中京。皇帝临时留驻的地方称行在、行在所。分封的王国，称王所在城为都。割据政权、边疆政权、少数民族所建政权，也称其政治中心为都，或在汉文史料中被称为都。

文献记载：伏羲氏将都城设在陈。神农氏起初将都城设在陈，后来居住在曲阜。黄帝居住在轩辕之丘，在涿鹿山脚建起了都邑。少昊氏在穷桑登上帝位，居住在曲阜。颛顼定都帝丘。帝喾定都亳。尧定都平阳。舜定都蒲坂。禹定都安邑。尽管这些地名大多可以考证，但迄今为止没有办法通过考古发现来加以证实。"中华文明探源工程"的初步结论认为，山西襄汾陶寺遗址，"非常可能就是传说中的尧都"，但因未发现文字证据，还无法定论。河南偃师二里头遗址可以断定为3800年前的城市，一般以为是夏都所在，但同样缺少文字证据。

一、商至周时期

1. 商

自成汤灭夏至盘庚，迁都多次。但是盘庚迁都后到商朝灭亡，殷作为商都维持了 273 年（一说 253、275），在此期间只有帝武乙时有过迁移，但不久又回到殷。帝乙及其子帝辛（纣王）经常居于牧（朝歌，今河南淇县东北），但正式的国都还是在殷。殷的位置已经得到考古发现的证实，即在今河南安阳市殷都区。

2. 西周

周文王于丰定都（在今西安市鄠邑区），武王灭商后建都于镐，又称镐京，故址在今西安市长安区斗门街道附近。周人称丰和镐为宗周。周公建雒邑，有二城，故址一在今洛阳市王城公园一带，称为王城；一在今洛阳白马寺东，称为成周，作为周朝镇抚东方的陪都。战国时，成周改称雒阳。

3. 东周

公元前 770 年，周平王东迁，定都于王城。前 516 年，周敬王迁都于成周。前 256 年亡。

二、春秋战国时期

1. 晋

起初晋国受封时将首都定于唐（今山西翼城县西），不久后迁都到翼（绛，翼城县东南）。昭侯元年（前 745，周平王二十六年）封其叔父于曲沃（今山西闻喜县东北），曲沃武公于公元前 678 年取代晋国。晋献公八年（前 669）迁都于绛，景公迁都新田（新绛，今侯马市）。

2. 赵

晋献公时分封赵夙在耿（今山西河津市东南），晋文公时分封赵衰在原（今河南济源市西北）。晋定公十五年（前 497），赵简子定都在晋阳（今山西太原市晋源区），赵桓子即位（前 424）后迁都城至中牟（今河南鹤壁市西），赵敬侯元年（前 386）迁都城至邯郸（今河北邯郸市丛台区）。公元前 475 年，赵襄子封其侄子赵周在代（今河北蔚县一带）。公元前 228 年秦灭赵，公子嘉逃离到代。

3. 韩

韩国先人韩武子被分封于韩原（今山西河津市东北）。春秋末年，韩贞子迁居平阳（今山西临汾市西南）。韩武子（与始祖同称，前 424—前 409 在位）时迁都宜阳（今河南宜阳县西）。公元前 403 年成为诸侯，建都城在阳翟（今河南禹州市）。哀侯二年（前 375）迁都到新郑（今新郑市）。

4. 魏

公元前 661 年，晋献公封魏姓始祖毕万于魏（今山西芮城县北），约公元前 7 世纪末，魏悼子迁都至霍（今山西霍州市西南）。晋悼公十一年（前 562），魏绛迁都至安邑（今山西夏县西北）。魏惠王（前 369—前 319 在位）前期迁都大梁（今河南开封市）。

5. 燕

西周初年封召公在燕，都城在蓟（今北京市西城区西南）。战国时以武阳（今河北易县南）作为下都。

6. 齐

西周成王封吕尚（师尚父）于齐，都城建在营丘（今山东淄博市临淄区东北）。胡公时一度迁都到薄姑（今山东博兴县西南），持续时间很短。

7. 卫

西周初年分封周武王的弟弟封（康叔）于康（今河南禹州

市西北），成王改封于卫，都城建在朝歌（今河南淇县）。公元前460年国破，遗民拥戴公迁于曹（今河南滑县东），再向东迁往楚丘（今河南滑县东），后来又迁往帝丘（今河南濮阳县西南）。公元前254年为魏所灭，后在秦国的庇护下复国，迁至野王（今河南沁阳市）。

8. 郑

西周初年分封在郑（今陕西渭南市华州区），西周末年向东迁移，东周初年郑武公建都于新郑（今河南新郑市）。

9. 秦

西周孝王时（约前890），秦人首领非子受封于秦（今甘肃清水县秦亭附近）。宁公二年（前714）迁都平阳（今陕西宝鸡市陈仓区东）。德公时（前677—前676在位）迁都于雍（今陕西宝鸡凤翔区）。献公二年（前383）迁都到栎阳（今陕西西安市临潼区北）。孝公十二年（前350）迁都咸阳（今陕西西安市临潼区北渭水北岸）。

三、秦汉与三国西晋时期

1. 秦朝

建都在咸阳。

2. 西汉

公元前 206 年，刘邦受封为汉王，建都在汉中（今陕西汉中市汉台区）。汉二年（前 205）迁都至栎阳（今陕西西安市临潼区北）。汉五年，刘邦登上皇帝之位，建都在雒阳，随即向西迁，暂居在栎阳，同年定都长安（今西安市西北）。

3. 新（王莽）

始建国元年（9），改长安为常安。四年，将雒阳作为东都，常安作为西都。更始二年（24），刘玄从雒阳迁都长安，更始三年，新朝灭亡。

4. 东汉

建武元年（25），光武帝刘秀定都于雒阳。献帝初平元年（190），在董卓胁迫下迁都长安，雒阳废毁。兴平二年（195）献帝东归，建安元年（196）迁都于许（今河南许昌市魏都区），延康元年（220）亡。

5. 三国

（1）**魏** 汉建安十八年（213），封曹操为魏公；二十一年晋封魏王，都城建在邺（今河北临漳县西南）。黄初元年（220），改雒阳为洛阳，定都洛阳。黄初二年，以长安、谯（今安徽亳州市）、许昌（以许县改）、邺（今河北临漳县西南）、洛阳为五都。

（2）**蜀汉** 章武元年（221）定都在成都（今四川成都市）。

（3）**吴** 黄武元年（222），定都在武昌（今湖北鄂州市），此前一年孙权以鄂改名。吴大帝黄龙元年（229），建首都建业（今江苏南京市）。此前建安十七年（212）孙权建石头城（今江苏南京市清凉山），移治秣陵，改名建业。甘露元年（265），孙皓迁都武昌，宝鼎元年（266）迁回建业。

6. 西晋

泰始元年（265），定都在洛阳。惠帝永兴元年（304）被劫持至长安，光熙元年（306）返回洛阳。怀帝永嘉五年（311），刘曜攻陷洛阳。愍帝建兴元年（313）即位于长安，建兴四年，刘曜攻占长安。

四、东晋十六国

1. 东晋

大兴元年（318）元帝即位，定都建康（原来的建业，313年因避愍帝讳改）。恭帝元熙元年（419）亡。

2. 十六国

（1）**成汉**　晋永安元年（304），李雄称为成都王，晋光熙元年（306）称帝，定都成都（今四川成都市），晋永和二年（346）灭亡。

（2）**汉、前赵**　晋永安元年（304）刘曜在左国城（今山西吕梁市离石区北）称汉王。晋永嘉二年（308）攻占平阳（今山西临汾市尧都区西南），迁移都城至蒲子（今山西隰县），次年迁移都城至平阳。晋大兴元年（318）刘曜在长安称帝，次年改国号为赵，定都长安。晋咸和四年（329）亡。

（3）**后赵、冉魏** 晋大兴二年（319），石勒称赵王，建都城在襄国（今河北邢台市襄都区）。晋咸康元年（335），石虎迁移都城到邺（今河北临漳县西南）。晋永和六年（350）冉闵称帝，改国号为魏，352年亡。350年石祇称帝于襄国，次年灭亡。

（4）**前凉** 晋建武元年（317），张轨占据凉州，都城在姑臧（今甘肃武威市凉州区）。晋太元元年（376）亡。

（5）**前燕** 晋咸康三年（337），慕容皝称自己为燕王，都城在昌黎郡（今辽宁义县），后来迁都至龙城（今辽宁朝阳市龙城区）。晋永和八年（352）迁都至蓟城（今北京市）。晋升平元年（357）迁都至邺。晋太和五年（370）亡。

（6）**代** 建国元年（338），拓跋什翼犍迁都于云中盛乐宫，四年修筑盛乐城（今内蒙古和林格尔县土城子）。晋太元元年（376）亡。

（7）**前秦** 晋永和七年（351），苻健称天王，国号大秦，定都于长安。晋太元十年（385）苻坚撤离长安，前秦残余势力在关中西部和陇东维持至晋太元十九年（394）。

（8）**后秦** 晋太元十一年（386），姚苌称帝，国号大秦，定都于长安。晋义熙十三年（417）亡。

（9）**后燕、北燕** 晋太元九年（384），慕容垂自立为燕王，386年称帝，定都于中山（今河北定州市）。晋隆安元年（397）

迁于邺，次年迁于龙城。晋义熙三年（407）为北燕所取代，宋元嘉十三年（436）亡。

（10）**西燕** 晋太元十年（385），慕容冲据有长安。386年，慕容永迁至闻喜（今山西闻喜县），同年称帝，以长子（今山西长子县西南）为都，晋太元十九年（394）亡。

（11）**南燕** 晋隆安二年（398），慕容德迁至滑台（今河南滑县东），称燕王。次年以广固（今山东青州市西北）为都，元嘉十三年（436）亡。

（12）**西秦** 晋太元十年（385），乞伏乾归修筑勇士城（今甘肃榆中县东北）为都城。388年迁都城至金城（今甘肃兰州市西北），后来又迁都城至苑川（今甘肃兰州榆中县东北），晋隆安四年（400）成为后秦附庸。晋义熙五年（409）在枹罕（今甘肃临夏县西南）复国，后又迁回苑川。宋元嘉七年（430）东迁，次年亡。

（13）**后凉** 晋太元十年（385），吕光在姑臧称凉州牧、酒泉公。晋元兴二年（403）亡。

（14）**南凉** 晋隆安元年（397），秃发乌孤占有金城等地，399年迁都乐都（今青海海东市乐都区），同年又迁西平（今青海西宁市），晋元兴元年（402）迁回乐都。414年亡。

（15）**北凉** 晋隆安元年（397），段业占据建康（今甘肃高台县）。401年，沮渠蒙逊称张掖公，建都城于张掖（今甘肃张掖市甘州区）。晋义熙八年（412）迁都至姑臧。北魏太延五年（439）亡。

（16）**西凉** 晋隆安四年（400），李暠称凉公，建都城于敦煌（今甘肃敦煌市西）。晋义熙元年（405），迁都酒泉，宋永初二年（421）亡。

（17）夏 晋义熙三年（407）占据大城（今内蒙古杭锦旗东南），晋义熙九年（413）建统万城（今陕西靖边县北白城子）为都城。418年，以长安为南台（陪都）。魏始光三年（426）北魏取长安，次年取统万。魏神䴥四年（431）夏亡。

五、南朝

1. 宋

永初元年（420）武帝即位，定都城在建康。

2. 齐

建元元年（479）高帝即位，定都城在建康。

3. 梁

天监元年（502）武帝即位，定都城在建康。元帝承圣元年（552）即位于江陵（今湖北荆州市江陵县），承圣三年灭于西魏。天成元年（555）贞阳侯萧渊明即位于建康。后梁，大定元年（555）萧詧称帝，为西魏附庸，定都江陵。隋开皇七年（587）亡。

4. 陈

永定元年（557）武帝即位，定都建康。后主祯明三年（589）灭于隋。

六、北朝

1. 北魏

天兴元年（398）迁都至平城（今山西大同市平城区）。太和十七年（493），孝文帝宣布迁都至洛阳，十九年完成迁都。

2. 东魏

天平元年（534）高欢立孝静帝，同年迁都于邺（今河北临漳邺城镇）。武定八年（550）亡。

3. 北齐

天保元年（550）立国，定都于邺（今河北临漳邺城镇）。承光元年（577）亡。

4. 西魏

534 年，孝武帝出奔关中，大统元年（535）定都长安。恭帝三年（556）亡。

5. 北周

孝闵帝元年（557）建国，定都于长安。大象元年（579）以洛阳为东京。大定元年（581）亡。

七、隋唐时期

1. 隋

开皇元年（581）定都于长安。二年，建新都于龙首山，命名大兴城。三年迁于新都。大业元年（605），营建洛阳为东京。五年，改东京为东都。义宁二年（618）亡。

2. 唐

武德元年（618）定都于长安。显庆二年（657）以洛阳宫作为东都。武后光宅元年（684）改东都为神都。长寿元年（692），以并州（今山西太原市晋源区）作为北都。神龙元年（705），神都恢复名字为东都，北都恢复名字为并州。开元九年（721），以蒲州（今山西永济市西南）为河中府，置中都，同年罢设中都。开元十一年，以并州为太原府，置北都。至德二载（757），以蜀郡（今四川成都市）为南京，凤翔府（今陕西宝鸡市凤翔区）为西京，西京为中京。上元元年（760），以荆州（今湖北荆州市江陵县）为江陵府，置南都，再以南京为蜀郡。二年，罢设京兆（长安）、河南（洛阳）、太原、凤翔四京及江陵南都之号。宝应元年（762），再以京兆府为上都，河南府为东都，凤翔府为西都，江陵府为南都，太原府为北都。天祐元年（904），朱温逼昭宗东迁洛阳，长安废毁。天祐四年（907）亡。

3. 突厥

6 世纪中叶建汗国，牙帐（首领驻地）建于今蒙古国杭爱山脉东段。隋开皇二年（582）分裂为东西两部。东突厥建牙帐于今蒙古国哈拉和林西北鄂尔浑河西岸，唐贞观四年（630）亡国。唐永淳元年（682）复国，史称后突厥，唐天宝三载（744）亡。西突厥建王庭（王的驻地）于三弥山（今新疆库车市北天山南麓），唐显庆四年（659）亡。

4. 回纥（回鹘）

唐天宝初年建牙帐于今蒙古国杭爱山脉与鄂尔浑河间。唐贞元四年（788）改称回鹘，后设首府于碎叶城（今吉尔吉斯斯坦北部托克马克附近）。唐开成五年（840）亡国。回鹘西迁后，西州回鹘以高昌故城（今新疆吐鲁番市高昌区东）为都。后成西辽属国，13 世纪初归附蒙古。河西回鹘以甘州（今甘肃张掖市甘州区）为中心，11 世纪前期亡国。

5. 吐蕃

7 世纪初以山南匹播城（今西藏琼结县）为都城，松赞干布迁于逻些（一作逻娑，今西藏拉萨市）。

6. 南诏

唐贞观二十三年（649）乌蛮六诏之一蒙舍诏（南诏）在今云南巍山县建大蒙政权。唐开元二十六年（738）封为云南王，以太和城（今云南大理市太和村）为都。唐天复二年（902）改为郑氏大长和国，后唐天成三年（928）改为赵氏天兴国，929年改为杨氏义宁国，后晋天福二年（937）改为段氏大理国。

7. 渤海

唐圣历元年（698），大祚荣建振（一作震）国，以显州（今吉林敦化市）作为都城。唐先天二年（713）受唐封为渤海郡王，改称渤海。8世纪中叶迁都上京龙泉府（今黑龙江宁安市西南东京城），大仁秀（818—830在位）后设五京。另外四京为：中京显德府（一说在今吉林敦化市西南敖东城，一说即今吉林和龙市）、东京龙原府（今吉林珲春市西八连城）、南京南海府（今朝鲜咸镜北道镜城西南南山城，一说在今朝鲜咸兴，一说在今朝鲜咸镜南道北青郡新昌附近）、西京鸭渌府（一说即今吉林浑江区东南临江，一说即今吉林浑江区西南鸭绿江南岸长城里）。926年（契丹天显元年）亡。

八、五代

1.（后）梁

开平元年（907），以汴州作为开封府（今河南开封市龙亭区），建为东都。以唐东都为西都，废西京为雍州佑国军。龙德三年（923）亡国。

2.（后）唐

同光元年（923），以魏州（今河北大名县东北）作为兴唐府，建为东京。将太原府称为西京。以镇州（今河北正定县）作为真定府，建北都。同年，复北都为镇州，以太原为北都。复汴州为宣武军。同光三年，改东京为邺都，把洛阳作为东都。天成四年（929），罢邺都。清泰三年（936）亡国。

3.后晋

天福元年（936），契丹国主册立石敬瑭为晋帝，进入洛阳。天福三年，又以汴州为东京，洛阳为西京，雍州（长安）为晋昌军。将广晋府升级为邺都。

4.后汉

天福十二年（947），刘知远于太原称帝。定都至大梁（今河南开封市龙亭区），改国号为汉。乾祐元年（948），改广晋府为大名府，晋昌军为永兴军。三年后灭亡。

5. 后周

广顺元年（951），郭威即位，改国号为周。显德元年（954），放弃邺都作为首都。三年，修筑大梁（开封）外城，大梁作为首都。显德七年，后周灭亡。

九、十国

1. 吴

唐天复二年（902），杨行密被封为吴王，以扬州（今江苏扬州市广陵区）为都城，改称江都府。吴天祚三年（937）灭亡。

2. 南唐

吴天祚三年传位于徐知诰，国号齐。次年改国号为唐，以江都为东都，改金陵府（今江苏南京市）为江宁府，作为西都，其实是实际的都城。宋开宝八年（975）亡。

3. 吴越

开平元年（907），受后梁封为吴越王，建都城在杭州，称西府；以越州（今浙江绍兴市）为东府。宋太平兴国三年（978）亡。

4. 楚

天成二年（927）受封为楚国王，建都城于长沙（今湖南长沙市），广顺元年（951）亡。显德三年（956）受后周封为武平军节度使，迁至武陵（朗州，今湖南常德市），宋建隆四年（963）亡。

5. 闽

开平三年（909）受封为闽王，建都城于福州（今福建福州市），龙启元年（933）王璘称帝，改福州为长乐府，开运二年（945）亡。

6. 南汉

开平三年（909）受封为南平王。贞明三年（917）刘岩称帝，以广州（今广东广州市）为都，改名为兴王府。宋开宝四年（971）亡。

7. 前蜀

天复七年（907），王建称蜀帝，以成都为都城。后唐同光三年（925）亡。

8. 后蜀

明德元年（934），孟知祥称帝，建都于成都。宋乾德三年（965）亡。

9. 荆南（南平）

开平元年（907），高季兴任荆南节度使，统辖十州，治江陵。后唐同光二年（924）受封为南平王，宋建隆四年（963）亡。

10. 北汉

北周广顺元年（951），刘崇（旻）称帝，建都于太原。宋太平兴国四年（979）亡。

十、宋辽金

1. 契丹、辽

神册三年（918），建立皇都（今内蒙古巴林左旗南林东镇南古城）。神州四年，修筑辽阳故城（今辽宁辽阳市），改为东平郡。天显三年（928），升东平郡为南京。会同元年（938），更名皇都为上京临潢府，升级幽州（今北京市）为南京（又称燕京）幽都府，改南京为东京辽阳府。开泰元年（1012），改幽都府为析津府。统和二十五年（1007），建立中京大定府（今内蒙古宁城县西大明城）。重熙十三年（1044），改云州为西京大同府。合称五京。保大五年（1125）亡。

2. 北宋

建隆元年（960），赵匡胤称帝，建都于东京开封。景德三年（1006），以宋州（今河南商丘市睢阳区）为应天府。大中祥符七年（1014），建设应天府为南京。庆历二年（1042），建设大名府为北京。靖康二年（1127）亡。

3. 南宋

建炎元年（1127），高宗即位于南京应天府。三年，以杭州（今浙江杭州市）为临安府。绍兴元年（1131），以临安为行在所。绍兴二年，修临安城。景炎元年（1276）向元朝投降。祥兴二年（1279）亡。

4. 金

收国元年（1115），完颜阿骨打称帝，国号大金，定都于会宁（今黑龙江哈尔滨市阿城区南），称为京师。天眷元年（1138），以京师为上京会宁府，旧（辽）上京为北京。天德三年（1151），扩建燕城，下诏迁都燕京（今北京市）。贞元元年（1153），迁至燕京。改燕京为中都大兴府，汴京为南京开封府，中京为北京大定府，另有东京辽阳府、西京大同府，合称五京。正隆二年（1157），取消上京留守司，毁坏会宁府旧宫殿宅第，夷为农田。正隆三年，营建南京宫室。大定十三年（1173），重新以会宁府为上京。贞祐二年（1214），迁都南京，改河南府为金昌府，号中京。天兴二年（1233），蒙古军攻陷汴京（南京），哀宗迁至归德（今河南商丘市睢阳区），再迁至蔡州（今汝南县），三年亡。

5. 于阗

唐后期成为独立政权，以于阗镇（今新疆和田市境内）设为都城，北宋时期灭国。

6. 黑汗（黑韩、喀喇汗）

10世纪末期建汗庭于八剌沙衮（今吉尔吉斯斯坦北部托克马克以东楚河南岸），副汗驻扎在怛罗斯城（今哈萨克斯坦江布尔城）和疏勒（今新疆喀什市一带）。后来归入西辽。

7. 西夏

宋咸平五年（1002），李继迁据灵州，改名为西平府，第二年建都城。天禧四年（1020）于怀远镇（今宁夏银川市）筑城为都城，称为兴州。明道元年（1032）改名称叫作兴庆府，西夏天庆十二年（1205）改名称叫作中兴府。西夏宝义元年（1227，元太祖二十二年）亡。

8. 大理

建都城在大理（今云南大理市），天定三年（1254，蒙古蒙哥四年）亡。

十一、元明清

1. 蒙古、元

1206年，孛儿只斤·铁木真，又称成吉思汗，在怯绿连河（今蒙古国克鲁伦河）流域建大斡耳朵（第一宫帐）。成吉思汗十五年（1220），建都于和林（今蒙古国鄂尔浑河上游后杭爱省额尔德尼昭北哈拉和林）。宪宗（蒙哥）六年（1256），建立开平府（今内蒙古正蓝旗东闪电河北岸）。中统四年（1263），升级开平府为上都。至元元年（1264）改燕京为中都。至元四年，建中都城（今北京市城区）。至元九年，改中都为大都。至大元年（1308），以旺兀察都行宫（今河北张北县沙城）为中都，至大四年罢。至正二十八年（1368），元顺帝迁上都，大都向明朝投降。明洪武二年（1369年，至元二十九年），明军攻克开平，元顺帝向北逃走至应昌（今内蒙古克什克腾旗西达来诺尔附近）。次年明军攻克应昌，此后北元帝居于和林，明建文四年（1402）取消帝号称汗。明隆庆六年（1572），俺答汗在今内蒙古呼和浩特筑大板升城，明朝赐名为归化。

2. 明

洪武元年（1368），朱元璋于应天府（今江苏南京市）即位，国号明。以汴梁（今河南开封市龙亭区）为开封府，大都为北平府，以应天为南京，开封为北京。洪武二年，以临濠府（今安徽凤阳县东北临淮关）为中都，洪武六年，改临濠府为中立府，洪武七年，又改为凤阳府，洪武八年停建中都。永乐元年（1403），改北平为北京，以北平为顺天府。永乐四年，下诏于明年营建北京宫殿。永乐十八年，下诏自明年起改京师为南京，改北京为京师。洪熙元年（1425）宣布迁都南京，北京各部门改称"行在"（皇帝临时驻所），实际并未迁移。正统六年（1441）正式宣布定都于北京，各部门不再称"行在"。从此，北京称京师顺天府（北直隶），南京称应天府（南直隶），合称"两京"。南京又称留都，享受与北京同等待遇，形式上保留首都的全部机构和功能。嘉靖十年（1531），升安陆州置承天府，治钟祥县（今湖北钟祥市）；嘉靖十八年建兴都留守司。崇祯十七年（1644），李自成军攻破北京。明福王朱由崧于南京即位。清顺治二年（1645，南明弘光元年），清军占领南京，改南京为江南省。明唐王朱聿键在福州即位，鲁王朱以海在绍兴监国。顺治三年，明桂王朱由榔在肇庆监国，旋即帝位。顺治四年（1647，南明永历元年），桂王辗转于梧州、桂林、武冈等地，后来驻桂林。顺治五年（南明永历二年），桂王还驻肇庆。顺治七年（南明永历四年），桂王奔走至梧州，又奔走至南宁。顺治八年（南明永历五年），桂王向西逃走。顺治十三年（南明永历十年），桂王进入云南。顺治十六年（南明永历十三年），清军攻取昆明，桂王从腾越奔走至缅甸。

别失八里　明洪武三年（1370），东察合台汗国建都于别失八里（今新疆吉木萨尔县北破城子），明永乐十六年（1418）西迁亦力把里（一作亦力巴力，今新疆伊宁市）。后为瓦剌所兼并。

叶尔羌汗国　16世纪初察合台后王建都于喀什噶尔（今新疆喀什市），稍后迁至叶尔羌（今新疆莎车县），清康熙十九年（1680）灭亡。

3. 清

天命二年（1617，明万历四十五年），努尔哈赤于赫图阿拉（今辽宁新宾县西老城）称汗，国号金。（后）金天命六年（1621，明天启元年）迁都于辽阳（今辽宁辽阳市）。天命十年（1625，明天启五年）迁都至沈阳。天聪八年（1634，明崇祯七年），尊奉沈阳为盛京、赫图阿拉为兴京。清顺治元年（1644，明崇祯十七年），清世祖于北京即位，定北京为京师顺天府，以盛京为留都。清宣统三年十二月（1912年2月），清帝退位，北京为中华民国首都。

太平天国　清咸丰三年（1853），太平天国攻占江宁府，改名天京，定为首都。清同治三年（1864）灭亡。

十二、七大古都

中国历史上的统一政权和地区性政权建过都城的城市有数十个，综合其经历年代、该政权所辖疆域、该城市的影响等因素，到20世纪20年代，学术界将西安、洛阳、北京、南京、开封列为五大古老都城；20世纪30年代又将杭州加入其中，列为六大古都。至20世纪80年代，谭其骧教授倡议增加安阳，1988年在河南安阳市召开的中国古都学会年会定为七大古都。

七个古都中，西安、北京、洛阳曾连续几个王朝作为统一政权的首都，应列为第一等。南京、开封作为统一政权首都的时间较短，属于第二等。安阳、杭州仅作为较大的地区性政权的首都，属于第三等。

1. 西安

西周的丰、镐，秦的咸阳，自西汉与北朝的长安和隋唐的长安，四者城址虽然不同，以现今行政区划而言，分别属于西安、咸阳两市，但彼此相距不过三五十里，在建都史上应视为一个城址稍有移动的古都，可总体命名为西安。

西安可分四期：

（1）**丰镐期** 公元前11世纪，周文王灭崇后自岐山迁丰镐，故址在今西安市鄠邑区秦渡街道北沣水西岸。武王灭商朝后在距丰京约20里的沣河东岸建镐京，故址在今西安市长安区斗门街道附近。自公元前1027年武王伐纣灭商至前771年犬戎破镐京，杀幽王，历时257年，丰、镐是当时诸侯的共主周天子的首都，也是全国的政治、文化中心。

（2）**咸阳期** 公元前35年，秦孝公自栎阳迁都咸阳。咸阳故址在今咸阳市东20余里，向南去丰、镐故址不过50里。150年后秦灭六国，秦王政称始皇帝。随着秦国日益强大并最终统一全国，咸阳也逐步扩展。秦始皇在渭水南岸建阿房宫等建筑后，咸阳成为横跨渭水南北的大城市。前206年秦亡，咸阳宫殿被项羽焚毁，咸阳城成为废墟。

（3）**汉、晋、北朝长安期** 公元前202年，汉高祖定计建都关中，因咸阳城已毁，在渭河南岸建长乐、未央两宫。同年长乐宫建成，即迁都于此。因当地名字为长安乡，即以长安命名新城。公元前194—190年汉惠帝时建成城墙。汉长安城遗址在今西安市未央区，周围约26公里。自汉高祖定都长安，至东汉光武帝定都洛阳，历时225年。

在两汉之交的战乱中，长安遭受很大破坏，但东汉时还有些宫殿存在，而且进行过几次修缮。190年汉献帝被逼西迁长安，董卓被杀后长安沦为战场，195年献帝东走，长安城破坏殆尽。

西晋末年至隋文帝最初两年，长安先后被晋愍帝、十六国前赵、前秦、后秦，北朝西魏、北周当作过首都，总共127年。但这些政权有的存在时间很短，有的只占有关中部分地区，加上战乱不止，长安城始终未能恢复昔日的繁盛。

（4）**隋唐长安期** 583年，隋文帝迁入在汉长安城东南龙首原南侧新建的大兴城，习惯上仍称新都为长安。605年隋炀帝建洛阳为东京，此后长安与洛阳两都并存，但更多的是居住在洛阳。唐高祖定都长安后，在隋大兴城原有基础上有过多次整修。唐长安城周长约35公里，面积约为今西安旧城区的7倍。657年唐高宗移居东都洛阳，684年武则天定都洛阳，长安成为陪都，706年唐中宗返回长安并定都于此。唐玄宗前期曾五次移居洛阳，738年才定居长安。长安作为隋唐首都长达280年，直到904年朱温逼唐昭宗迁洛阳，拆毁长安宫室百司及居民房屋，驱使居民东迁。从此仅五代后唐曾列为陪都西京外，长安再未恢复首都地位。

四个时期合计，长安作为十三朝首都长达700余年，其中西周、秦、西汉、隋、唐都是统一王朝。

2. 北京

西周、春秋战国时地名蓟，是燕国都城。但10世纪前，仅十六国前燕曾将蓟作为都城8年。唐安史之乱时史思明在此称大燕皇帝，以蓟城为燕京。燕京之名始此。

1153年，金海陵王迁都至燕京，改称中都大兴府。中都城在唐幽州、辽南京城基础上扩建而成，城市周长37里有余，海陵王又加筑外城，周长达 75 里。到 1412 年金宣宗迁都开封，燕京作为北半个中国的首都有 61 年。次年蒙古军占燕京，宫室焚毁，城市残破。

1260 年忽必烈在开平府称大汗后，就开始将部分政府机构迁入燕京，1264 年恢复了燕京中都的称号。1267 年开始在中都旧城东北另建新城，从开平迁都于此，1272 年改称大都。1283 年建成的新城周长 57 里余，南墙在今北京东西长安街南侧，北墙在今北京城北 5 里，东西墙与现在北京城城墙相同。1276 年元灭南宋后，大都成为全国首都，历时 92 年。

1368 年明军攻占大都，改为北平府。1402 年燕王朱棣夺得帝位，次年改北平为顺天府，建为北京，北京之名始此。但首都仍在京师应天府，北京是陪都，皇帝驻跸时只称行在。1421 年（永乐十九年）才改京师为南京，降为陪都，北京为京师，正式成为首都。1644 年后的清朝也以北京为首都，正式名称仍然是京师顺天府。但明清两代习惯上都不称京师，一直沿袭 1421 年前的旧称——北京。

明、清的北京有内外二城，1376 年将元大都城北墙向南移动 3 里，1419 年又将南墙向南移动 2 里，形成北京外城。1553—1564 年又在南三门外加筑了外城。

从金朝开始，历经元、明、清至民国前期，北京建都长达 660 年，其中元以后都是统一王朝的首都。所以中国史上最重要的首都，前期是长安，后期是北京，二者应并列为两个最大的古都。

3. 洛阳

西周成王时，周公开始建设雒邑，它是用来镇抚东部国土的陪都。公元前 770 年周平王东迁，定都于此，作为王城，前 516 年，敬王迁于成周，赧王又迁回王城，直到前 256 年为秦所灭，虽然长达 500 余年，但周王已是有名无实的天子，雒邑的政治作用远不如各大诸侯国的首都。

汉高祖曾定都于雒阳三四个月，王莽曾以雒阳为东都，准备迁都，但未来得及实行。更始帝刘玄曾建都于此，也不过数月。公元 25 年，光武帝刘秀定都雒阳，此后的 165 年间，雒阳是全国首都。190 年，董卓逼迫汉献帝西迁时，对雒阳进行毁灭性破坏，并强行迁走周围二百里内的居民。在荒废了 30 年后，公元 221 年魏文帝曹丕建都于此，改雒阳为洛阳。西晋延续了洛阳的首都地位，311 年被刘曜攻占。魏、晋两代将洛阳作为都城共 90 年。493 年，北魏孝文帝从平城迁都洛阳，洛阳再次成为北朝全盛时期的首都，至 534 年北魏分裂为东、西魏。

605—606 年，隋炀帝在汉雒阳城西 18 里营建了新的洛阳城。此后至唐朝初年，东西两都并建是常态，隋炀帝、唐高宗、唐玄宗常驻洛阳有二十余年。武则天在位 21 年，正式以洛阳为首都。洛阳城周长约 70 里，跨洛水南北、瀍水东西，比长安城还大。到安史之乱，唐借用回纥兵，两次收复洛阳，但洛阳经受战争后遭剧烈破坏。885 年秦宗权大肆烧掠，城中"寂无鸡犬"。904 年朱温逼唐昭宗离开洛阳，其实此时政治中心已在朱温驻地汴州（今河南开封），洛阳只做了 3 年名义上的首都。

五代前期，洛阳曾作为后梁、后唐、后晋三代首都共 19 年。

938年后晋定都开封，从此洛阳结束了首都地位。但其陪都地位一直保持到北宋末年，金末迁都开封后，又曾以洛阳为陪都。自东周至五代，共有周、汉、魏、晋、北魏、隋、唐、武周、后梁、后唐、后晋十一朝定都洛阳，长达880多年。但东周、曹魏、北魏、五代都不是统一政权，作为统一政权汉、晋、隋、唐首都的时间约250年。洛阳作为古都在历史上的地位虽不及西安、北京，但高于南京、开封，可与西安、北京并列为第一等。

4. 南京

南京在六朝时称为建业、建康。东汉末年孙权于221年由京口（今江苏镇江市京口区）迁治秣陵县，次年改名建业。此后除221—229年、265—267年再次迁都武昌（今湖北鄂州市鄂城区）外，建业都是孙吴政权的都城，直至280年孙吴为西晋所灭。西晋避愍帝司马邺讳，改名建康。

317年，镇守建康的琅邪王司马睿称晋王，第二年称帝，史称东晋，以建康为东晋首都。此后的宋、齐、梁、陈，除梁元帝时迁至江陵，将江陵作为都城短暂的2年外，都于建康建都。自孙权起至589年隋朝灭陈国，建康作为中国南半部的首都共330年。

隋朝灭陈国后，将建康宫室城池彻底夷为平地，长江下游的中心东移至扬州、润州（今江苏镇江市京口区）。五代杨吴政权时才在此设立金陵府，926年定立为西都。次年改为江宁府，徐温建南唐后成为都城，到975年被北宋攻陷之前，其间曾迁都南昌数月。

南唐江宁城的西墙、南墙即今南京城，东至今大中桥，北至今北门桥。

元朝末年，朱元璋于1356年攻克集庆路，改为应天府，成为其所建吴国之都。1368年称帝，建明朝，应天府为首都。因朱元璋起初想定都开封，故称应天为南京，开封为北京。1378年开封罢称北京，南京改称京师。1421年永乐帝迁都北京，改京师为南京，北京为京师，此后即以南京作为陪都。1644年福王在南京即位，一年后就被清军攻破。清改应天府为江宁府，废除南京称号，但民间仍沿称南京不改。

明代南京城始建于1366年，至洪武十九年（1386）建成。城周长号称有96里，实测为67.3里。1390年又建外郭城，号称有180里，实测为120里，大多利用天然土坡筑成，用砖筑成部分约40里。外城已于早年被毁。

南京建都历史共430年，但作为全国性政权首都仅为明朝初年的53年。

5. 开封

公元前364年魏惠王自安邑迁都大梁，公元前225年魏降于秦。大梁故址在今河南开封市龙亭区西北，秦汉置浚仪县，北朝置梁州，又改称汴州。907年朱温称帝，史称后梁，即定都于此，改称东都开封府。909年迁都洛阳，913年又迁回开封。后唐于923年灭梁，即迁都洛阳。后晋于936年灭后唐，次年移驻汴州，938年后以汴州为东京开封府，定为首都，从此经历后晋、后汉、后周、北宋，至1126年灭于金，正式名称始终是东京开封府。

金初以开封为陪都之一，称为汴京，1153 年改称南京。1214 年自中都（今北京）迁都南京，1223 年金帝出走，南京陷落，次年金亡。

宋开封城有两座城，里城即唐汴州城，周长 20 里有余；外城为周世宗所筑，宋代继续有所增加，周长 48 里余。

开封建都时间共 221 年（不计战国魏），其中作为统一王朝北宋的首都有 167 年。开封建都时间短于南京，但作为统一王朝首都时间又较南京为长。

6. 安阳

自盘庚迁殷至周武王伐纣灭商，殷作为商朝的都城有 273 年（后期帝乙、帝辛常居离宫朝歌，在今河南淇县），是中国历史上最早的一个长期稳定的都城。商亡而殷成废墟，后人称为殷墟，在今河南安阳市西北小屯村及其周围。

殷墟东北 40 里有六朝时的邺都遗址，今属河北临漳县界。东汉末年邺为冀州治所，190 年袁绍领冀州牧，不久又兼并并、青、幽三州，邺成为黄河流域大部分地区的统治中心。204 年曹操破袁氏，自领冀州牧，进而署丞相，封魏公，晋魏王，魏都邺城是曹氏统治区实际首都。220 年曹丕代汉，次年确立都城为洛阳，邺才降格为陪都。

十六国时期从 335—337 年，北朝从 534—557 年，后赵、冉闵、前燕及东魏、北齐相继将都城定于邺，合计有 78 年。599 年杨坚焚毁邺城，将其居民及相州、魏郡、邺县都迁至南 40 里的安阳城，在故址改置为灵芝县。

邺的故址已成废墟，但城墙遗迹还可以辨认。有南北相连的两座城，北城由曹操在旧城增加修筑，东西 7 里，南北 5 里，现在在漳河北岸。南城筑于东魏初年，东西 6 里，南北 8 里余，现在在漳河南岸。

殷和邺是安阳的前身，追溯其历史，应肯定它是公元前 14 世纪—前 6 世纪中国史前期重要古都所在地之一。但殷都时的商朝，邺都时的曹魏、后赵、前燕、东魏、北齐的疆域都局限于中原，所以安阳在七大古都中居第六，列为第三等。

7. 杭州

从五代至宋初（907—978），杭州是割据今浙江、上海和江苏苏州地区的吴越国的首府，称为西府。北宋覆灭后的 1129 年，宋高宗逃至杭州，杭州升级为临安府，定为行在所。1138 年宋金和议成立，此后 138 年，直到 1276 年元兵攻陷临安，杭州都是南宋实际的首都。

杭州只做过一个割据东南十三州的吴越国的首府，一个只有半壁江山的南宋的行在所（皇帝临时驻地），其地位略次于安阳。

中国的建都史大致可分为前后两期：从商、周至北宋这 2400 年为前期，一统政权和统治北半个中国的区域性政权的首都殷（邺）、长安、洛阳、开封，都在中原地区，可称为中原期。自 12 世纪初至今 800 多年为后期，一统政权和大区域性政权的首都离开中原，或向南移到江南，或向北移到北京，先是北部中国金朝的首都，以后发展成为元、明、清三代大一统王朝的首都，民国的首都，至今为中华人民共和国的首都。杭州、南京、北京都在前期四大首都之东，距海不远，后期可称为东移近海期。

  首都，特别是大一统政权的首都的选定，必须综合考虑政治、经济、军事和地理位置诸方面的条件。但没有一个首都可以做到十全十美，或者保持长盛不衰，因此需要通过人为措施加以弥补或调节，如修建关隘，开辟道路，开凿运河，屯驻军队，迁移人口等。如京杭大运河的开通和维护才能使数百万石南粮得以北调，这才保证了北京长期稳定的首都地位。

第四章

人口

亿兆斯民，生生不息

人口，是指构成社会生活主体并具有一定数量和质量的人所组成的社会群体，是指人的总数或指占据了一个区域（如一个国家或地区）并且不断受到增加（出生或迁入）和减少（死亡或迁出）而变动的居住者。

中国古代没有今天意义上的"人口"一词，"人"与"口"一般都是单独使用，有各自的含义。但在做"人"或"人口"解释时，它们的含义大致相同。随着户籍制度的形成和确立，"口"成为一个法定的人口统计单位。用"人口"一词翻译英文中的population，是现代人口学传入中国后发生的，显然受到日文汉字译法的影响，到20世纪前期才普遍使用。

在中国这块土地上，早就有人类生存，元谋人、蓝田人、北京人、和县人等都可以追溯到一两百万年至数十万年前。近年来，科学家从遗传基因研究得出结论，中国的人口都是10万—8万年前从非洲迁来的。也有科学家提出相反的证据，认为至少有一部分人是由本地的古人类繁衍下来的。但无论最早的中国人来自何方，有一点是确凿无疑的——他们在这块土地上生存、繁衍和发展已经有近10万年了。

对中国早期的人类和人口，我们了解得还很少，一般只能通过考古发现和古人类学的方法加以研究。在文字记载出现之前，我们无法了解他们是如何自称的，只能根据遗址或遗物发现的地点命名他们或他们的文化类型，如马坝人（发现于广东韶关马坝镇）、长阳人（发现于湖北长阳）、丁村人（发现于山西襄汾丁村）、河套人（发现于内蒙古鄂尔多斯市乌审旗萨拉乌苏河）、左旗人（发现于台湾地区台南左旗乡）等，或良渚文化、河姆渡文化、裴李岗文化、磁山文化、仰韶文化、大汶口文化、龙山文化等。迄今为止的考古发现已可证实，近1万年来，中国大多数地方已有人类居住，新石器时代的遗址已经遍布各地，包括青藏高原、新疆、蒙古高原、东北、岭南、台湾等岛屿，这表明先民的分布范围已经很广。正是在过去这数千年间，中国的人口逐渐增加到了14亿。

一、人口数量的变化

要了解中国人口数量的变化过程，特别是要了解在过去某一时段时点究竟有多少人，都是相当困难的，因为在进行全国性的现代人口普查之前，对人口数量的估计只能依靠户籍调查的结果。

中国的户口调查估计开始于商代（约前 16 世纪—前 11 世纪），至秦朝（前 221—前 206）已完成全国性的户口调查。但现存最早的一项全国性和分政区的户口统计数是西汉元始二年（2），此前只留下有限的、零星的地区性数字。由于两千年来人为和自然的破坏，早期的户籍数据和资料已很少遗存。即使明清以来，也缺乏年代和地区都完整的数据。而且由于清康熙五十一年（1712）以前的户口调查主要是出于征集赋役赋税的目的，调查的重点是承担赋役赋税的人口，与实际人口有很大的差异。再加上行政制度的低效率和物质条件的限制，户口数往往不能代表真正的人口数。历代中原王朝的户口调查一般只限于设置正式行政区的范围，基本不包括边疆和少数民族地区。清光绪三十四年

（1908）实施第一次全国人口调查，民国期间也做过多次人口调查，但直到 1953 年全国人口普查，中国才第一次通过科学的普查获得了除台湾、港澳地区以外的准确人口数字。

由于生产力低下，天灾人祸不断，中国早期的人口增长缓慢，并经常出现大规模的人口损失。战国后期，各国间的战争频繁而残酷，一次死亡数十万人的战争屡见不鲜。公元前 221 年秦始皇统一中国时，秦朝的人口至少有 3000 万。由于秦始皇大规模征发兵役、劳役，用于建造宫殿、陵墓，修筑长城、驰道，戍守边疆，还得动用更多的人口运输粮食和物资，直接和间接的人口损失更大。秦汉之际的连年战乱和饥荒更使人口锐减，到西汉初年只剩下 1500 万～1800 万。经过数十年的恢复，在汉武帝时人口一度超过秦朝。但汉武帝连年征发人口用于建造大型工程、巡游求仙、对匈奴战争、开疆拓土，加上天灾频繁，造成人口大幅度下降。宣帝时逐渐恢复，以后缓慢增长，至西汉末年的公元 2 年增加到 6000 多万，成为中国人口史上的新高峰。王莽时和东汉初的战乱使人口下降至 3500 万左右，到东汉后期的永寿三年（157）稍后才重新突破 6000 万。但东汉后期增长缓慢甚至停滞，仅南方有较大幅度的增加。

从 184 年黄巾起义爆发至 220 年三国鼎立形成，人口损失估计达 60%，仅存约 2300 万。4 世纪初的西晋约有 3500 万，但此后南北分裂，北方进入十六国时代，人口多次出现大幅下降，直到隋朝重新统一后的大业五年（609）才恢复到 6000 万左右。

隋末唐初人口降幅超过 50%，唐朝初年仅存 2500 万。至安史之乱前夕的 755 年突破 8000 万，达到新高峰。唐后期和五代的战乱导致人口锐减，至960年北宋初建时估计只有4000万。由于疆域缩小，其境内更是仅有3000万左右。

北宋期间人口持续增长，大观四年（1110）境内人口超过1亿，辽、西夏、大理等政权的人口合计也在1000万以上。两宋之际的战乱使人口大幅度下降，但此后南宋和金的人口都有增长，至13世纪初，宋、金、西夏、大理及少数民族人口合计超过1.2亿，成为中国人口史上第三个高峰。蒙古灭金和西夏造成空前浩劫，北方人口损失高达80%，仅剩1000余万。元统一时实际人口约有7000万，14世纪中期增加到8500万左右。

明朝初年的人口不足6000万，到17世纪初已达到2亿。但明朝末年的天灾人祸和清初的残酷战争使人口降幅达40%，清顺治十二年（1655）估计已降至1.2亿。康熙三十九年（1700）恢复至1.5亿，以后很快破2亿大关。至道光三十年（1850）创造了4.3亿的空前纪录。太平天国战争导致南方人口稠密地区的损失巨大，人口下降超过1亿，以至到1912年尚未恢复至1850年的水平。据1909—1911年全国性人口调查数字和后人的分析研究，1911年全国（除外蒙古和中国台湾外）的总人口约3.7亿。1953年的全国（不含中国台湾、港澳）人口普查结果为5.83亿。

二、中国人口在世界人口中的百分比

中国的人口数量在世界总数中一直占有很高的百分比。

人口估计数单位：亿

公元年代	世界人口最高估计数	世界人口[1]最低估计数	中国人口[2]估计数	中国人口占世界人口的比率
2	3.27	1.70	0.60	18.35%～35.29%
200	2.56	1.90	0.25	9.77%～13.16%
600	2.06	2.00	0.55	26.70%～27.50%
700	2.07		0.58	28.02%
1100	3.20	3.01	1.00	31.25%～33.22%
1200	4.00	3.48	1.10	27.50%～31.61%
1400	3.74	3.50	0.75	20.05%～21.43%
1600	5.79	5.45	2.00	34.54%～36.70%
1700	6.79	6.10	1.50	22.09%～24.59%
1800	11.24	8.14	3.40	30.25%～41.77%
1850	14.01	10.91	4.30	30.69%～39.41%
1900	17.62	15.50	4.00	22.70%～25.81%

---

1 历史时期的世界人口数并无略为精确的统计数据，目前采用的都是各家的估计。潘纪一、朱国宏所著《世界人口通论》（中国人口出版社1991年版）收集的有：刘洪康《人口手册》(1978)，麦克伊夫迪和琼斯《世界人口历史图集》(1978)，瓦连捷伊等《马克思主义人口理论》(1974)，贝内特《大英百科全书》，乌尔拉尼斯《世界各国人口手册》(1978年)，布鲁克《世界人口》(1981)，马尔库宗《马克思主义人口理论》(1974)，联合国《人口年鉴》(1970)，卡尔·桑德斯《世界人口》(1936)，威尔柯克斯《美国人口统计研究》(1940)，南亮三郎《人口思想史》(1972)，库尔斯《人口地理学导论》(1980)，宋健《人口控制论》(1985)，梅里克《世界人口转变》(1989)，刘铮《人口学辞典》(1986)，杜兰德《世界人口估计：1750—2000》(1967)。本文即取这些数据中的最高和最低估计数。

2 据葛剑雄《中国人口发展史》（福建人民出版社1990年版）一些年份原书无现成数据，则由作者做了推算。本文以下本书为依据的人口数据和与人口有关的情况不再一一注明出处。

由于历史上的世界人口数量在很大程度上也是估计的结果，所以最高估计与最低估计间有很大差距。但除了东汉末年正处于人口低谷，因而中国人口在世界人口中所占比例可能略低于10%以外，其余阶段基本都在20%以上。能够长期保持这样的纪录，证明中国拥有发达的农业和勤劳的人民，足以生产出供养庞大人口的粮食和物资；具有相对先进的医药技术和公共卫生系统，使民众能够抗病养生；也证明中国形成了维持社会秩序和治安，管理上亿人口的行政体制。中国能够为世界做出巨大贡献，延续数千年而不致解体、分裂、灭绝，中华文明成为世界上唯一没有中断的文明，一个重要的因素是众多的人口。直到近代，人口也仍是抵御外国侵略的优势之一。中国人口能达到14亿，是历史发展的产物，也是中国政治、经济、文化、社会发展的必然结果。

三、人口数量变化的特点

中国两千多年来的人口变迁具有明显的特点。

1. 增长缓慢

从公元2年的6000多万增加到1850年的4.3亿，总数仅增长了7倍，年平均增长率仅约1‰。

2. 大起大落

某些时期的持续增长和某些年代的急剧下降交替出现。如西汉前期、8世纪前期的唐朝、11世纪的北宋、18世纪的清朝，数十年至百余年间的年平均增长率可以达到7‰～10‰。其中的恢复阶段还可能出现更高的年平均增长率。而在人口锐减时，一二十年间可以形成高达50%以上的降幅，每年的负增长率可以高达50‰～100‰。但早期的人口大幅减少持续时间长，降幅大，周期短，后期则持续时间较短，降幅较小，间隔较长。

3. 发展的阶段性

第一阶段，自商、周至公元初达到6000万。第二阶段，自东汉至8世纪中叶的盛唐，增加到8000多万。第三阶段，从中唐经五代，至北宋期间的12世纪初突破1亿，至13世纪初达到1.1亿。第四阶段，从宋末元初至17世纪初的明代，总数达到2亿。第五阶段，明末清初的人口下降在17世纪初得到恢复，至19世纪中叶达到4.3亿的新高峰。第六阶段，经过近百年的下降和低增长后，从20世纪50年代开始出现高速增长，20世纪70年代后虽速度放缓，至2019年仍达到14亿的新高峰。在第二、三阶段，人口总数翻一番的时间为1300年，第四阶段为500年，第五阶段不到250年，第六阶段只有40年。

4. 人口增长的阶级、阶层不平衡性

由于享有政治、经济、文化的特权和更好的生活条件，统治阶级和富裕阶层（在农业社会中主要是官僚和地主阶级）的人口总是以比农民和全部人口更高的速度增长，因而在总人口

中的比例会随着王朝的延续而越来越高,引发出不可缓解的社会矛盾。

5. 人口增长的民族不平衡性

主要表现在华夏（汉族）和农业民族的增长一般高于非华夏（汉族）和游牧民族,因而华夏（汉族）和农业民族在总人口中的比例越来越高。华夏（汉族）以外的民族之间也存在着增长的不平衡。

四、影响中国人口增长的主要因素

1. 自然地理环境

中国的大部分地区处于北温带,西部有高原阻隔,东南面临太平洋,受季风影响,气候温和,雨量充沛。最近两三千年来的气温虽然有过多次升降,但年平均气温的变化幅度不超过正负 2 摄氏度。东部的第一梯级有广阔的平原和众多的河流,土地肥沃疏松,水源丰富,容纳了中国的大部分人口,早就形成了人口相当稠密的地区。中部的第二梯级也有相当数量的盆地和河谷平原,形成良好的开发条件。因而在明清以前的相当长时期,就整体而言,并不存在耕地不足或自然资源枯竭的威胁。直到 19 世纪中叶,尽管耕地开垦殆尽,人口已经接近相对饱和,中国的 4 亿多人口还是完全依靠国内生产的粮食供养的。

但平原、河谷等适宜农耕的地区占总面积的比例较低,可耕地有限,在人口压力增加时,不得不开垦坡地和丘陵,甚至高山陡坡,破坏原始植被,造成水土流失。黄土高原面积大,易冲蚀,使得黄河泥沙含量大,河水泛滥且改道频繁。由于耕地有限,有些开发时间早、发达程度高的地区较早形成人口相对饱和的现象,土地问题早就成为中国社会动乱的根源之一。季风气候常常造成降水不均、不适时,形成水旱灾害。历史上小范围的灾害几乎年年出现,大范围的、持续水旱灾害也相当频繁,每次都造成人口损失和物质财富的破坏,其中持续的旱灾对人口的影响最大。

中国的天然资源虽然不算缺乏,但与庞大的人口总数相比,就显得并不丰富,人均占有量早已属世界中下水平,只是在农业社会中矛盾还不突出而已。由于中国累计供养过的人口总数大大超过世界其他地区,像木材、铜、锡、铁、银等物资的消耗量也大大超过世界其他地区。

2. 农业生产

中国的粮食历来自给自足,输入和输出可以忽略不计。粮食的储存时间不能太长,所以难以进行长期调节。另一方面,一定的人口在单位时间内消耗的粮食数量是稳定的,因此粮食生产量与人口数量存在着直接的关系。

原始农业生产工具简单,除了种子、劳动力外几乎不需要更多的投资,在耕地充裕的条件下可以不断扩大。粮食的增产必然促使人口增长,而人口的增加又反过来促进农业生产的发展。但这种循环终将导致耕地不足，结果是残存的牧业收缩以致最后被淘汰，土地开发的条件也会越来越差，由平原、河谷转向丘陵地带和山区，还大量围垦湖泊江河，盲目开垦造成严重的水土流失，导致江河淤塞，宣泄和调节能力下降，以致旱涝频繁，得不偿失。

尽管农业生产不是人口增长的唯一原因，但中国人口史上的几次大的突破都是粮食增产的直接结果。天灾、动乱、战争等因素可以破坏农业生产，从而推迟人口高峰的到来，但任何人口奇迹的出现只能建立在农业生产大发展的基础之上。

3. 战争

战争对人口最明显的影响是直接杀伤，造成人员的死亡或残疾。古代一些战争的规模很大，死伤的人数很多，持续不断的战争更是如此。士兵的主要来源是农民，青壮年从军，老弱妇孺下田，加上畜力往往被征用，使本来就有限的商品粮更加紧缺。战场或军队的驻地往往离粮食产地很远，需要大量人力、畜力从事运输，有时沿途的消耗比运达的粮食要高好几倍，甚至数十倍。军人和运粮民工大多是青壮年，他们长期离家必然会使配偶减少生育的机会，同时使他们的老人、儿童家属因缺少赡养而缩短寿命甚至死亡。战争造成的物质破坏会对农业生产、交通运输、河道水系和生态环境带来长期影响。战争期间对死亡人畜不能及时处理，往往会引发瘟疫流行，增加新的死亡。战争期间如果同时发生自然灾害，后果就更不堪设想。由于行政机构解体、交通受阻、缺乏必要的物资和人力，以及统治者无暇旁顾等，灾民得不到及时有效的救济，灾情得不到及时的控制，造成比平时严重得多的损失。而在缺粮的条件下，俘虏和平民生存的希望更小。

4. 政治制度

统治者在主观上无不希望鼓励、促进人口增加，并制定了相应的法令和政策。但出于维持统治和满足私人的需要，又受历史局限，他们的另一些措施却对人口的增长起着消极的作用。

历代统治者在法令和政策方面的主要措施，有鼓励早婚、限制及惩处晚婚，在赋役上对生育者或多子女家庭给予优待，安置流民，促使流民定居，优待老人，禁止杀婴等。但从皇帝到大小官僚的普遍多妻，使不少男性平民找不到配偶，更谈不上早婚。赋税制度的一些规定更直接影响人口的增加，如从婴幼儿起征收人头税造成很多家庭杀婴或弃养，贫民子女为避免增加新户而推迟婚期，逃避赋役的人口无法正常增长。秦汉至明代实行的兵役和劳役，使大多数适龄、身体正常的男子必须有一段时间离家服役，降低了人口的出生率。对僧尼的优待使一些人出于逃避赋役的目的而出家。

刑法制度对惩罚刑事罪犯，维持人伦道德，稳定社会秩序起到了积极作用，有利于人口的增长。但在大多数情况下，对平民的刑罚既严又滥，法外施刑相当普遍。遇到残暴的君主和严酷的官员，或者是统治集团内部的权力斗争、人民反抗暴动一类"谋反大逆"，一次杀数千甚至数万人的案子也屡见不鲜。至于地主对佃农、主人对奴仆、家族对其成员施加刑罚以至于处死，在事实上大多是不受法律追究的。

5. 传统思想和习惯影响

"不孝有三，无后为大"的观念一般起着鼓励早婚早育、多育的作用，即使是平民百姓或贫困家庭，也会想出各种办法，如为了避免儿子成年后无力娶妻，在幼年时就领养"童养媳"；为节省婚嫁费用，实行"换亲"；甚至出现"借妻生子"、一妻多夫的现象。但由于"后"只是指男性后裔，因而对人口增长也起了相反的作用：对衣食无忧的官僚地主或富人来说，"无后"是纳妾多妻的正当理由，但这最多只是提高他们自己家庭的出生率，对整个社会来说只会起降低平均生育率的作用；不可能养活太多子女的贫民则采取溺杀女婴的办法，以便养活已有的男婴，或者可以继续生育直到获得男婴。

此外，一些迷信习俗、宗族观念和社会习惯势力对人口增长的影响更直接地反映在人口再生产方面。

五、移民及其影响

移民是指以定居为目的的迁移人口，或实际定居了的流动人口。

中国历史上的移民规模大、范围广、距离长、形式多，为中国疆域的形成和稳定、中国各族的形成和中华民族的定型、文化的传播和经济的开发、城市的兴起和扩大做出了重大的、决定性的贡献。

1. 自北而南的生存型移民

从秦始皇于公元前 3 世纪征发数十万人征服岭南起,由黄河流域向长江流域和南方各地的移民一直就没有停止过。但在正常情况下,人口的迁移都是零星的、缓慢的、无组织的。公元初的两汉之际曾经出现过一次人口南迁,但持续时间不长,而且多数在北方恢复安定后又返回故乡,没有成为真正的移民。东汉末年至三国期间,大批北方人南下避难,北方移民构成统治集团的蜀国和吴国的建立使很多难民在南方定居。以后又出现了三次黄河流域的汉人南迁的高潮:从 4 世纪初的西晋永嘉年间(307—312)到 5 世纪中叶南朝宋元嘉年间(424—453),从唐代天宝十四载(755)安史之乱爆发至唐末五代,从北宋靖康元年(1126)至南宋后期。这几次南迁几乎遍及整个黄河中下游地区,时间持续百年以上,移民总数都在百万以上。其中第三次南迁的余波一直延续到元朝。即使在这几次高潮以外的近千年间,北方向南方的自发的、开发性的移民也从来没有停止过。

从秦汉至元末由黄河流域向长江流域及其以南地区的自北而南的移民是中国移民史上最重要的一章,其规模和影响远远超过了其他任何一类,这绝非偶然。

秦汉以前黄河流域气候温和,雨量充沛,适宜人类的生存和生产。黄土高原或黄土冲积平原土壤疏松,原始植被不太茂密,较易清除,在金属工具尚未普及的条件下更容易开垦。而长江流域气温偏高,降水量大,过于湿热,疾病流行,排出积水困难,土壤多为黏性,原始植被茂密,缺乏铁器就难以开垦。黄土高原比较平坦,在水土流失不严重时有大片的"原"和"川"(台地、高地或河谷平原），华北平原更是连成一片的大平原，交通便利。而长江流域地形复杂，山岭崎岖，平原面积小，河流湖泊多，交通条件差。

西汉末年，黄河流域自燕山山脉以南、太行山和中条山以东、豫西山区和淮河以北这一范围内的人口密度为每平方公里77.6人。这一地区的面积占西汉疆域的11.4%，而人口占60.6%。如果以秦岭和淮河为界，北方的人口占80%以上，南方还不足20%，许多地方还是无人区。西汉后期，在人口稠密的关中、关东，已出现不少人均土地很少的"狭乡"，已无法使人人有地种，更不能养活新增加的人口。但在长江流域到处是有地可垦的"宽乡"。这一有利条件吸引着北方无地少地的农民南迁，西汉和东汉期间都有大批来自黄河流域人口稠密地区的农民自发迁入长江流域，特别是长江中游。

在黄河流域遭受严重自然灾害，无法就地救济时，由于它的北方、西北和东北大多是游牧民族或非华夏的聚居区，自然条件也不理想，除非发生战乱，灾民一般不会迁去，所以主要的流向还是南方的长江流域。灾民的南迁本来是临时性的，在灾害过后应该返回故乡。但南方自然条件的优越性在东汉以后已经很明显，加上地多人少的因素，因而比较容易获得土地，一部分灾民就此在南方定居。

自秦汉起，黄河流域一直是政治中心所在，这一特殊地位引出了两方面的后果。一是战争动乱特别多，异族入侵、内部叛乱、改朝换代都以夺取现政权的首都为最终目标，首都附近往往是战争规模最大、持续时间最长、波及范围最广的地区。战乱时百姓的逃避方向不一，但仍以南方为主。中原王朝在北方无法维持时，也以南迁作为主要退路。政治中心南移不仅带走了大批人口，而且大大提高了移民的素质。二是黄河流域贵族、官僚、地主、豪强集中，土地兼并剧烈，赋税负担沉重。不仅贫苦农民生计不易，就是中小地主也常常有破产之虞。而南方赋税较轻，土地较容易获得，还有很多官府暂时管不到所以不必纳税的地方。如元朝初年，北方赋役特别繁重，流民南迁者络绎不绝，以至于官方不得不设立关卡查禁。

随着年平均气温的下降，黄河流域早期开发的优势已逐渐转化为劣势。在农业人口大量进入黄河中游开垦后，水土流失越来越严重，黄土高原上沟壑遍布，大片的原和川不复存在，也造成下游水患不断。黄河的决口改道不仅毁坏了大量农田，还扰乱了水系，淤塞湖沼，抬高地下水位，加速了土地的盐碱化。

南方农业生产的不断进步，包括 10 世纪起双季稻引种的成功，为日益增加的人口提供了越来越多的粮食。至元代，南北人口之比达到中国人口史上的极点，南方的实际人口估计占总人口的 80% 以上。

14 世纪后期的明朝初年，出现大规模的由南而北的移民，政府鼓励甚至强制百姓迁往人口稀少地区，今江西、浙江、江苏和安徽南部都有大量人口输出，江西成为最大的移民输出地。由于南方的人口继续增长，再也无法容纳外来移民，本地人口也开始向山区和上游迁移，持续了一千多年的人口南迁到此结束。

2. 以行政或军事手段推行的强制性移民

按其目的，这类移民也可分为以下五类：

（1）**政治性或控制性** 商朝的遗民被迁至宋（今河南商丘）和雒邑（今河南洛阳），春秋战国时被灭诸侯的宗族被迁，秦始皇灭六国后迁其国君和宗族于内地，说明此类移民由来已久。

秦始皇将政治上潜在的敌对势力迁入首都一带，迁天下豪富12万户于咸阳。西汉迁关东豪强于首都长安及西汉迁关东豪强于首都长安周边的陵县（因皇帝陵墓而设置的县级政区），百余年间移民及其后裔达120万，几乎占关东人口之半。此后的三国、东晋、十六国、南北朝，凡是一个政权灭了另一政权，无不随之进行一次规模不等的移民，亡国君臣、都城百姓，甚至某一重要地区的主要人口都被战胜国迁入其首都或指定的地区。

首都迁移时，为了加强和巩固新都的地位，也必然要进行大规模的移民，如曹魏移民于洛阳一带，北魏孝文帝将平城（今山西大同）、代郡一带百余万人迁往洛阳和河南，武则天移民于洛阳，明成祖迁都北京后迁入数十万人口等。

随着中央集权体制和地方行政统治的加强，从唐代以后这类迁移的规模已大为缩小，一般只涉及少数人口。

（2）**掠夺性** 这类移民的目的，既是削弱对方，也是增强自己，并利用所掠人口充当士兵、奴隶、工匠或农业劳动力。在敌对政权间的战争中，当一方短期占领对方领土时，往往采用这一手段。北方游牧民族尚未以夺取中原为目标时，也经常在缘边地带掳掠人口，有时甚至深入内地。如匈奴对西汉、突厥对中原、契丹和辽对华北、蒙古和元对金、后金和清对明朝北方，都曾掠走数十万至百万以上的人口。分裂时期,各国间掠夺性的移民特别频繁,如十六国、南北朝期间。

(3) **惩罚性** 相传尧曾将"四凶"流放到边远地区。战国后期,秦国已实行将罪犯迁往蜀地的法律,并规定其中部分人终生不得返回。秦汉以后,有期或无期的流放已成为一项正式刑罚,而专制君主往往任意扩大流放的范围,如秦始皇将贾人(商人)、赘婿(结婚后招入女方家庭的男子)迁往边疆,动辄数十万。汉朝时一些大案经常产生数十万流放对象。朱元璋将江南富户迁往自己的家乡安徽凤阳,并对他们实行严格的管制。

此类对象中的一部分,可以定期或不定期返回原地,另一部分则就此定居于流放地,甚至子孙都不许迁离。统治者往往将流放与地区开发结合起来,以新开发地区和边疆为流放地。这类移民的数量一般相当大,多少有些积极意义。纯粹的惩罚性移民多选南方、西南、西北、东北等生活条件差的地方,这些人数量不多,多数有返回的机会,其中不乏官员、文人,对迁入地文化水准的提高起到不小的作用。如清朝初年汉族流人促进了东北文化经济的发展,并留下了不少有价值的记载。对具有政治危险性人物的迁移,则以与世隔绝为第一要求,所以处于闭塞山区、交通十分不便的房陵(今湖北房县)长期充当这样的场所。

(4) **民族性** 中原成为华夏(汉族)的一统天下后,内部的移民不再具有民族特点。但华夏对周边民族的迁移,尤其是以行政或军事手段实施的移民,往往还是以民族为单位。如西汉迁越人于江淮之间及迁匈奴降人于西北边区,东汉迁南匈奴于塞内,东汉及魏晋将各族人口迁至都城附近,唐朝将突厥等各族降人迁至长安一带,将高丽民户迁于中原各地,辽代将渤海人内迁,明初内迁蒙古降人等,都是这类性质。这类移民有时超过百万。如果被迁民族安置在汉人较多地区,又比较集中,迁入民族能够保持相当长的时间,如东汉的南匈奴、十六国时的诸族。如果迁入中原内地,置于汉族的汪洋大海之中,他们就会很快消失,融合于汉族之中。

（5）**军事性** 一个政权为了加强自己的统治,巩固边防或达到某项军事目的,往往需要将部分人口迁至边疆或军事要地。除了通过轮流征调兵役以外,还要有固定的人员或定居移民。由于迁入地一般生活条件差,又有一定的危险性,仅仅依靠招募或资助还得不到足够的人数,所以经常采取强制手段,或者与惩罚性移民相结合,以罪犯充数。在中原王朝开疆拓土期间,这类移民数量最多,并能与边疆地区的开发结合,收到较好效果,如西汉、唐朝和明朝的前期。而在国力衰退阶段,一般只能组织少量纯军事性的移民。战乱中的相持阶段或战后的恢复阶段,这类移民会与地方的经济恢复结合,以军人或退役军人为主实行屯垦。这类移民是否成功,能否巩固,关键在他们能否有安全的环境并能否就地生产出足够的粮食。因为,依靠强制手段集合的移民不可能真正定居。

明朝以后,除了清朝入关前有过掠夺性的移民外,这类强制移民基本已成历史。明朝初年的移民已是强制与鼓励相结合,相当多的移民是在移民大潮的带动下自发自愿迁移的。根本原因是庞大的人口数量所产生的压力,以至在内地已很难找到大片的人口稀疏区供统治者实施大规模的强制移民。另一方面，由于大多数地区的人口密度已经很高，即使遇到天灾人祸后出现人口下降，依靠自身的增殖和毗邻地区的补充，很快就会恢复，没有必要从外地迁入大量人口。太平天国战后的长江下游平原就是一个很好的例证。19世纪后期，清政府对移民东北和台湾采取了一些鼓励措施，但即使没有这些措施，迫切需要获得土地和生计的过剩人口也会迅速填满这最后的移民乐土。

3. 从平原到山区、从内地到边疆的开发性移民

到明朝中期，南方的人口已突破1亿，能够开垦的平原、缓坡地和低丘地基本都已加以利用。开发山区已成必然趋势，成千上万的流民已不计效益和后果，自发涌入。但长江流域山区的开垦也有很大障碍，由于山区坡陡、土薄，灌溉和保水非常困难，只能种植对水、土、肥要求不高的旱地作物。早熟稻尽管生长期短，用水量较少，也只能在能保水的缓坡地或梯田栽种，无法扩大到山区。

从16世纪开始传入中国的美洲粮食作物红薯（番薯）、玉米、土豆（马铃薯、洋芋）、花生及时解决了这一难题。这些作物对土壤、灌溉、肥料的要求较低，完全适合在干旱的山地种植，不会与水稻争地，这才使南方山区的开发成为现实。

明朝末年的严重自然灾害和持续战乱削减了人口高峰，也推迟了向山区的移民。经过17世纪后半期的恢复，这一高潮终于在18世纪不可避免地再次来到。从长江流域到珠江流域，从浙闽丘陵到云贵高原，大片原始森林被砍伐，天然植被被清除，

一切可以利用的土地几乎都种上了玉米、红薯、土豆。立竿见影的好处和充足的粮食吸引来了更多的移民，也刺激着已经定居的移民以更快的速度增殖人口。在越来越多的人口不断蚕食下，南方山区很快趋于饱和，到19世纪前期，移民高潮已成余波。

4. 由内地向边疆的移民

可以追溯到战国时赵国向河套、阴山以南的移民，燕国向辽东和朝鲜半岛的移民。这类移民在秦汉时已有很大规模，但只是出于政治或军事目的，并不是人口增加的必然需要，因为黄河流域的过剩人口完全可以迁往长江流域和南方各地。但到18世纪前期，南方已经开发殆尽，北方的人口也达到了空前的纪录，一遇天灾，流民很难再找到避难就食的场所。所以尽管清政府不断重申禁令，却挡不住百姓向东北的迁移。在内地巨大的人口压力下，移殖边疆已经无须强制，问题是如何找到既适合农业生产又可以容纳不断增加的人口的开发区。在开放东北的同时，内蒙古南部也开始放垦，接纳汉族农业移民。西北、西南边疆、台湾岛和其他适合耕种的海岛，也都成为毗邻地区输出人口的目的地。

边疆的开发也有一个由平原到山区的过程，一般总是自然条件较好的平原先成为移殖区，以后从平原扩散到山区。对非农产业的移民主要是根据自然资源和生产条件来考虑迁入地点。如在台湾采硫黄、炼樟脑，在东北挖人参、开金矿、伐木材，这类移民的移殖过程不同于农民。在近代工业和资本主义生产方式在移民迁入区出现后,移民的分布和定居过程又经历了新的变化,如东北的工矿城市、港口、铁路枢纽就吸收了更密集的移民。

由平原向山区的移民基本是一个自发的过程,不仅官方从未做出过系统的规划,官僚地主或学者文人也几乎没有参与,移民绝大多数是既无资产又无文化的贫苦农民,少数是企图发财致富的无业游民,因而不可能做必要的准备和起码的投入,完全是盲目的、急功近利的掠夺式生产。在开发过程中,自然资源、土地资源和生态环境都受到严重破坏,由此引起的水土流失还导致江河淤塞,水旱灾害频繁。这方面的恶果早就引起人们的注意,一些地方政府或民间团体还制定过种种禁止流民进入或禁止开垦山林的规定,但在人口增长得不到控制的情况下,流民或过剩人口并没有选择的余地。

对边疆的移民因受到禁区开放过程的影响,并不是毫无规划,晚清对东北和台湾的移民就是考虑到了巩固边防的需要,但多数情况下还是处于自流自发的状态。

5. 北方牧业民族或非华夏民族的内徙与西迁

与农业民族相比,牧业民族抵御自然灾害的能力更弱,因此在严重的、大范围的灾害发生时,只能做长距离的迁徙。在与南方农业民族接触和交往中,牧业民族得到粮食、纺织品、金属等物资,以后又增加了茶叶和其他日用品,并逐渐养成了使用、消费这些物资的习惯。中原统治者则往往以断绝这些物资的供应作为对抗手段,使牧业民族的生存受到威胁。

对牧业民族来说,南下或内徙是最方便的途径,但当中原政权军事实力强大时就无法如愿。为了逃避自然灾害和敌方的军事打击，只能选择前途未卜的西迁。秦汉之际游牧于敦煌、祁连山之间的乌孙和月支（氏），因受到匈奴的军事压力，于公元前 2 世纪先后迁往今伊犁河、伊塞克湖一带和伊犁河上游。在严重的自然灾害的打击下，又迫于汉军和南匈奴的联合进攻，北匈奴的一支自蒙古高原西迁中亚，以后又进入欧洲。崛起于蒙古高原的回鹘于 9 世纪灭于另一个草原民族黠戛斯，余众的主体西迁至今新疆和中亚，少数南迁的只能向唐朝边将乞降。

在中原政权军事失利和政局混乱时，牧业民族或逐渐迁入内地，或随着军事入侵进入黄河流域，甚至长江流域和南方各地。由于华夏在文化、经济方面处于领先地位，加上生活和生产条件的改变必然导致这些民族生活和生产方式的改变，内迁的民族多数最终接受了华夏文化，逐渐融合于华夏之中。在本民族的政权覆灭，华夏政权重新建立后，融合的速度更加迅速。凡是牧业民族的主体迁入华夏地区并经历了较长时间的，几乎很少能重新迁出。

6. 东南沿海地区对海外的移民

秦汉以来，东南沿海地区已经纳入中原王朝的疆域版图，华夏很快成为该地区的人口主体，华夏文化随之取得主导地位。从此，无论是统一王朝，还是割据政权，统治者都持以中国（中原）为中心的观念，实行以农为本的政策。统治者鼓励甚至强制百姓安土重迁，永作顺民。他们鄙视和歧视一切异国和异族，自然反对百姓移居外国，成为外族。同时他们又对异国和异族存在本能的戒心和恐惧，为了自身安全，往往会采取过于谨慎的做法，对正常的贸易和交往也加以限制或禁止，而毫不顾及经济上的损失。统治者对出于种种原因而移居外国的人都视为贱民、异类，甚至当作盗匪和叛逆，为此还制定过极其严厉的刑罚。即使是在中国历史上比较开放、中外交流相当频繁的时期，当时的政府主要也只是允许外国外族人来中国贸易、游学、游历或定居，而不是同时允许中国人也这样做。早在南宋，福建有限的土地已经无法负担日益增加的人口，只是由于毗邻的广东还有开发的余地，宋元之际的战乱推迟了新的人口高峰的出现，才使人口压力有所缓和。明朝初年实行海禁，清朝初年执行迁界禁海，都严格禁止百姓出海谋生。由于当地人均土地越来越少，平均生活水平越来越低，所以冒险非法出境的移民则越来越多。

从 16 世纪开始，出现了两种统治者无法控制的因素，大大加快了移民海外的进程。一是本地的人口压力，二是西方殖民主义、帝国主义国家对廉价劳动力和初级产品的迫切需求以及他们所采取的残酷无耻的掠夺手段。这些国家在殖民地利用华人劳工生产经济作物和采挖矿产品，又使用华人从事本地的开发和建设。鸦片战争后，招募、诱骗、掠夺华工的规模和数量激增，华工的流向也从东南亚扩大到北美、南美、非洲、澳洲和欧洲，部分幸存的华工成为这些国家的定居移民。随着沿海口岸的开放，输出移民的地区已不限于闽粤沿海，通商口岸和列强某些据点也成为移民的集合地。移民仍以贫困农民为主，但也扩大到城镇人口和其他阶层，包括一些上层人物。

到 20 世纪，中国在海外的侨民和外籍华人已经增加到数千万。由于这一过程经历了几个世纪,所以除了在集中输出地对缓解人口压力有较大作用外,对全中国早已形成的庞大人口总量来说,影响有限。但中国的海外移民对所在国和中国本身经济、政治、文化和社会各方面的贡献之大,已为举世公认,是无法用他们的数量来衡量的。

第五章

民族

六合同风，中华一体

现代的民族概念，是指人们在历史上经过长期发展而形成的稳定共同体。西方印欧语系的"民族"一词，一般起源于希腊文 ethnos，意为依靠历史、语言或种族的联系而被视作整体的人群。日本明治维新后，借用汉字"民""族"两字翻译西方语言中的"nation"一词，形成"民族"一词，19 世纪末至 20 世纪初传入中国，逐渐得到普遍使用。

中国古代没有"民族"之称，在不同时期、不同场合泛称为族、种、族类、种族、种人、种类、人、民等，或直接以该人群的通名相称，如戎、狄、三苗、百越、匈奴、鲜卑等。由于这些人群大多没有文字，这些名称都是用汉字做记录，保存在汉文记载中的。尽管有些人群有自己的文字，但保留至今并能得到解读的极少。有的在汉字以外的其他文字中有记载，但未必能在汉字中找到正确的对应词。

中国除汉族以外的其他民族名称，是从 1953 年至 1979 年进行的民族识别认定的，共有 55 个，泛称为少数民族。

一、华夏（汉）

五六千年前散居各地的部落，在生存的过程中逐渐结成部落联盟，以迁移规避和抗拒天灾人祸。经过无数次的试错，其中这支较大的部落联盟迁移至当时最适宜的生存环境——黄河中下游地区。经过在夏朝数百年的聚居，形成了部族集合体——夏人。由于聚居区域还比较分散，部族间的交往也不可能频繁，他们并没有完全融合为一个种族，因而被称为诸夏。

商人来自诸夏聚居区之外，尽管他们在军事上征服了夏人，并建立了商朝，但始终无法改变诸夏在人口数量上和文化上的优势。商朝期间，尽管主流文化已经是夏、商文化融合的产物，但人口的主体仍以夏人自居。商朝被灭后，残余的商人被强制迁移和监控，散处的商人成了诸夏的一部分。

周人虽是灭商的主力，但直到周朝建立，周人在总人口中还居少数。周朝分封的范围几乎都是诸夏的聚居区，被封的诸侯与他们的宗族、部属、军士、仆从在封邑中也未能居多数。因而除了在关中周人的旧地，占人口大部分的诸侯国的民众仍为诸夏，或仍以诸夏自居。到公元前880年周平王东迁时,经过400年的融合,江淮以北的诸侯国范围内的民众都已成了诸夏、夏人。

华,本义是花,引申为美丽、典雅、高尚,"华"由赞扬夏人"章服之美"扩展为形容夏人之"华",如今日之称"美丽中国"。诸夏、夏人乐意接受,并逐渐以此自称为"华夏"。以后,华夏亦被简称为"夏"或"华"。

华夏以外的部族、种族还有很多,到东周时,被泛称为胡、戎、狄、夷、蛮等,并根据分布区域、方位、特征被细化为林胡、山戎、北戎、伊洛之戎、赤狄、长狄、东夷、淮夷等,或者还保留着各自的名称,如彭戏氏、白翟、楼烦、屠何、东莱等。随着华夏人口的增加和农业区的扩展,一部分非华夏部族由牧业、狩猎或采集转化为农耕,并与华夏融合,一部分迁往北方。到秦始皇统一六国时,长城之内的黄河流域,基本上已没有聚居的非华夏部族。

秦汉期间,华夏人口从中原迁入河套地区、阴山南麓、长江两岸、巴蜀、岭南、辽东、朝鲜。在两汉之际、东汉末年至三国期间、西晋永嘉之乱后至南北朝后期、安史之乱至唐朝末年、靖康之乱至宋元之际,一次次大规模的人口南迁使华夏人口遍布于南方各地。在这一过程中,南方的三苗、百越(如山越、瓯越、闽越、于越、骆越等)、巴、氐、蛮、滇、僰、爨、僚、俚、僮等,大部分逐渐融入华夏,一部分退居山区或偏僻地区,形成或组合为不同的少数民族。

从秦朝到明朝,一部分华夏人口主动或被动地迁入匈奴、乌桓、鲜卑、朝鲜、高句丽、突厥、吐蕃、南诏、回鹘、契丹、渤海、党项、大理、蒙古、女真、满族的聚居区，在与这些民族融合的同时，传播了华夏的制度、礼仪、文化、技艺、习俗、器物等，扩大了中华文明的影响范围，促进了中华民族大家庭的逐渐形成。到了近代，成百上千万的内地移民闯关东，走西口，渡台湾，迁新疆，开发和巩固了祖国的边疆，也继续与当地的少数民族融合。

历代王朝的疆域内，特别是中原地区，一直在大量吸收境外或周边区域的非华夏移民。匈奴、东瓯、闽越、南越、乌桓、鲜卑、西域诸族、昭武九姓、突厥、粟特、吐谷浑、吐蕃、党项、高丽、新罗、百济、契丹、奚、女真、蒙古等先后迁入，这些民族的整体或大部分人口最终融合于华夏之中。

魏晋南北朝期间，面对大量迁入的非华夏种族和已经认同华夏文化的非华夏人口，华夏的主体更强调自己属于"中国"或中原的华夏，即"中华"。以后，中华与华夏并称，"华"成为中华与华夏的简称，也可以是中国的简称。

在不同的朝代，特别是历年长久的统一王朝，该朝疆域内的华夏和非华夏，均可以国号冠名相称，如汉（大汉）人、唐（大唐）人、明（大明国）人、清（大清国）人，并会在朝代结束以后长期沿用，如汉以后至南北朝都有"汉人"之称，此后往往以"汉"称呼华夏以区别于非华夏的"胡"。在清朝，内地十八省纳入编户的人口都称为汉人。而"唐人"一直用至近代，尤其是在海外华人中。

西汉元始二年（2），全国有 59594978 口人。由于"戎狄蛮夷"不纳入编户，而编入户籍的非华夏人口已"归化"认同于华夏，这一数字可以视为当时华夏人口的总数。以后历代的户口数同样如此，加上大多有隐漏，所以都可视为当时华夏人口的下限。清道光三十年（1850）全国人口达 4.3 亿。因当时西藏、内外蒙古、青海等地不列入户口统计，新疆和西南少数民族人口也申报不足，全国华夏（汉族）人口应超过 4.2 亿。

清朝末年筹办宪政，提出"五族"的概念，即满、汉、蒙、藏、回。中华民国建立时，定五色旗为国旗，象征汉、满、蒙、回、藏五族共和。汉族是全国人口的主体和绝大多数。

二、三苗

亦称有苗、苗民。据《战国策》记载，尧、舜、禹时代广泛分布于彭蠡（今鄱阳湖一带）、洞庭（今洞庭湖及其周围）以及文山与衡山之间。舜时三苗被迁于三危，一说在今甘肃敦煌一带，一说指南方某山。有人以为系今苗族、瑶族的先人。

三、巴

早期分布于今湖北西部。周武王灭商后，封巴为子国，称巴子国。西周时，巴人的主体已西迁至今重庆市和四川东部，都城也由夷城（今湖北宜都市）迁至江州（今重庆市渝中区）。春秋时，巴国的极盛疆域包括四川盆地大部，北至秦岭，南至今贵州中部，东至湖北西部。战国时渐趋衰落，国都由江州北迁垫江

（今重庆市合川区），再迁阆中（今四川阆中市），东南部被楚国吞并，周慎靓王五年（前316）为秦所灭。留在汉中和阆中一带的巴人以后被称为板楯蛮，部分与氐人混杂。未西迁的巴人一部分南迁湘西，成为武陵蛮。另一部分东移鄂东，东汉时被称为江陵蛮。

四、蜀

长期聚居于四川盆地中西部，西周初已建国，在成都平原建都，秦惠文王更元九年（前316）灭于秦。秦国迁入秦民万家，以后又不断迁入移民，蜀人逐渐被融合。部分蜀人退居今雅安，后又经今越西、西昌、云南姚安，由元江东南进入今越南北部，击败当地雒王，建立政权，称安阳王。越南历史上称为蜀泮，所建为蜀朝。公元前180年为赵佗所灭。

五、羌

亦称羌戎、西羌，或与氐混称为羌氐、氐羌。甲骨文中已有记载，商周时已广泛分布于西北今青海、甘肃、新疆南部、四川西北等地，是随周武王伐纣的部族之一。秦献公在位（前384—前362）时，一支羌人自渭河上游出发，到达今青海贵德、共和一带的黄河河曲，然后循青藏高原东部和川西高原间的谷地分别迁移至今甘南、川北、川西以至云贵高原这一广大区域间。部族众多，有先零、烧当、卑湳、卑禾、婼、参狼、白马、牦牛、钟、越巂等部。西汉时的"西南夷"，大多即由羌人迁入形成。羌人未迁入前以游牧为主，为其中的巂、昆明等部族所保持。而在徙、笮都、冉駹等部族中只有游牧，显然羌已与土著杂居融合。

公元前221年前后，秦始皇开疆拓土、修筑长城、移民等措施，将羌人限制在秦长城以西，大致在今黄河、洮河以西，河西走廊以南的甘肃、青海等地，而以黄河、湟水、大通河（浩亹水）交汇处为中心。公元前2世纪中叶，部分羌人又回到今甘肃南部洮河流域和渭水、汉水、白龙江上游地区，处于汉朝的监护之下。

汉武帝元鼎五年（前112），遣徐自为率数万人渡河筑令居塞（在今甘肃永登县西庄浪河西岸），断绝羌人与匈奴间的联系，引起羌人恐慌，引发10万羌人暴动。武帝出动军队镇压，五六年间羌人被逐出河、湟之间，退至青海湖及其以西地区。

宣帝时，羌人强行越过湟水，地方官无法禁止。元康三年（前63），先零羌与其他部族酋长结盟，做反抗准备，神爵元年（前61）起兵。次年被镇压，1万多人被杀，3万多人投降，被安置在金城属国（金城郡境内河湟谷地）和西北若干地点。此后羌人仍不时有反叛行动。

王莽执政时，为炫耀"威德"，胁迫羌人献出"西海之地"（今青海湖一带），设置了辖有5县的西海郡。王莽覆灭后，羌人夺回故地，并进而侵入金城、陇西二郡。东汉初，割据陇西的隗嚣利用羌人对付东汉军队，到建武九年（33）隗嚣覆灭时，羌人已遍布凉州（今青海东部、甘肃大部和宁夏西部）。

建武十一年，先零羌被马援击败后投降，被安置在天水、陇西、扶风三郡，进入关中盆地西部。永平元年（58），被窦固收降的羌人被安置于三辅（京兆、左冯翊、右扶风），向东扩大至整个关中盆地。永初元年（107）冬，羌人全面反抗，汉军大败。永初二年，羌人向东一直攻至赵、魏（今河南北部和河北中南部）。永初五年，攻至河东（今山西西南部）和河内（今河南北部）。汉朝只得将金城、陇西、安定、北地、上郡五郡和居民全面内撤，羌人内迁规模更大。直到元初五年（118），"羌乱"才基本平息，羌人除被大量屠杀外，其余就在凉州境内定居，小部分被迁回塞外，或被迁于河西走廊安置。永和元年（136），羌人又攻入关中，至永嘉元年（145）才平息。迁入内地的羌人越来越多，范围越来越大，有的已迁至洛阳或中原其他地方。东汉末年的战乱中，关中平原的人口大量死亡或外迁，羌人一般聚居于盆地边缘或渭北高原，受损较小。至曹操统一北方时，羌在西北和关中人口中比例大升，成为仅次于华夏的第二大族。羌人往往与汉人错居，通婚已较普遍。

六、氐

商周时已分布于今甘肃、陕西和四川毗邻地区，大部分集中于武都（今甘肃成县西北）一带，有不少部族支系。汉武帝于元鼎六年（前111）设置武都郡，氐人向西北迁往陇东和河西走廊，但仍以在武都为主。东汉建安二十四年（219），曹操将武都氐人迁至天水、扶风、京兆，而以小槐里（今陕西武功县东）一带最为集中。其中一支原在巴郡的宕渠（今四川渠县东北）迁来的巴氏，被安置在略阳郡（今甘肃天水市麦积区东北）。

七、氐、羌

魏晋史料中往往氐、羌不分，只能一并叙述。西晋初，氐、羌及其他部族在关中分布已广。而自东汉末年以来已经无法设置行政区的今陕西北部至内蒙古南部已成"羌胡"聚居区，其中也包括氐人。

西晋元康六年（296），匈奴郝度元与冯翊、北地的马兰羌、卢水胡起兵反晋。秦州（今甘肃甘谷县东）和雍州（今西安市西北）的氐、羌拥立氐帅齐万年为帝，围泾阳（今甘肃平凉市崆峒区西北）。原聚居在略阳郡清水县（今甘肃清水县西北）的氐族首领杨茂（一作戊）搜率部落四千家迁回仇池（今甘肃西和县西南西汉水北岸）。仇池"地方百顷，因以百顷为号，四面斗绝，高平地方二十余里，羊肠蟠道，三十六回。山上丰水泉，煮土成盐"。杨氏以仇池为据点，进可向周围扩张，退可峙险固守，直到晋咸安元年（371）才被苻坚攻下，人口全部被迁入关中。晋太元十年（385），苻坚战败被杀，杨定从关中奔回仇池，自称仇池公，"招合夷、晋"，仍能聚集不少氐、羌。宋元嘉十九年（442），宋军平仇池，首领杨难当奔北魏，大多数氐人还在仇池一带。

元康六年（296）后，另一支以李特兄弟为首的氐人从略阳迁出。李氏原是巴郡宕渠（今四川渠县东北）氐人，东汉末迁至汉中杨车坂，后投奔曹操，迁至略阳。李特兄弟随十余万流民入蜀，其中氐接近万人。李特于晋太安二年（303）起兵，建立成（汉）政权，以成都为都，极盛时据有今四川大部和汉中盆地。东晋永和三年（347）为晋所灭。成主李势及其兄弟亲属十余人被迁往建康，氐人移民就此定居，融合于华夏。

　　秦、雍二州的氐、羌等族大批迁入关中，一部分还迁至今山西中部，其中部分后又被迁往襄国（今河北邢台市襄都区）及其周围地区。晋咸和四年（329），关中和陇西的数十万氐、羌等族又被迁至今河北中部。333年，秦、雍二州又有"华戎"十余万户被迁中原，其中南安赤亭（今甘肃陇西县西南）羌人首领姚弋仲所率数万部众被迁至清河（今山东临清市东南），略阳临渭（今甘肃天水市麦积区东北）的氐人首领蒲（后改苻）洪所率大批部众迁驻于枋头（今河南浚县西南）。氐、羌的上层多定居于邺（今河北临漳县西南），受华夏文化影响更大。

　　后赵第三位皇帝石虎死后中原大乱，晋永和七年（351），"青、雍、幽、荆州徙户及诸氐、羌、胡蛮数百余万，各还本土，道路交错，互相杀掠，且饥疫死亡，其能达者十有二三"。生存下来的氐、羌大多返回关中和西北地区。苻洪之子苻健建秦国（前秦），晋升平元年（357）苻坚即位后基本统一北方。晋太元五年（380），苻坚将约60万氐人分散迁至北方各地。383年苻坚在淝水之战中大败，氐人损失惨重，少数逃回关中，散布各地的氐人不得不归属于其他政权，此后就不见于记载。

氐人吕光受苻坚之命经略西域，回师河西时，以姑臧（今甘肃武威市凉州区）为据点，于晋太元二十一年（396）建后凉，其辖境中有较多氐、羌人口。晋元兴二年（403）后凉主吕隆向后秦投降，河西的氐、羌或死或迁，基本消失。但在西汉水流域、汧（千）水流域还有较多氐人，如汧川氐、平阳氐、武都氐等。

晋太元九年（384），羌人姚苌在渭北起兵，两年后进占长安，建后秦。关中氐人已降至次要地位，一般称为"羌胡"，而不再称"氐羌"。晋义熙十三年（417），刘裕进抵长安，后秦主姚泓出降，姚氏宗族或被杀，或被迁江南，十余万羌人西奔陇上，十多万氐、羌和秦、雍流人迁入北魏境内。

北魏统一后，部分氐羌返回关中和秦陇故乡，直到唐朝，关中的羌人和羌村仍较普遍。有的羌村的名称保持至近代。但唐朝以后，关中的羌人已不再作为非华夏人口存在，羌人后裔大多已不知自己的族属，甚至讳言自己的羌人祖先。氐人消失得更快，除因人数少于羌外，因长期与汉人杂居，华化程度高，融合于华夏的速度更快。

八、匈奴

亦称胡。战国时分布于燕、赵、秦三国以北地区。秦始皇三十二年（前215）为蒙恬所败，放弃河南地（今河套一带）及王庭头曼城而北迁。秦二世元年（前209），冒顿单于即位，并东胡、月氏、楼烦、白羊、丁零，向南夺取河套，占据河西走廊，向西控制西域，统治大漠南北。汉文帝初年，征服月氏、楼兰、乌孙、呼揭等二十六族。汉武帝时匈奴屡为汉军所败，实力大损。严重的自然灾害更加速了匈奴的衰落。汉宣帝神爵二年（前60），匈奴内部分裂，演变为五单于并存，形成南单于与北单于对峙局面。南单于向汉投降后，在汉朝扶持下，仍维持在长城以北的统治。

武帝中期前，仅有少量匈奴降俘人员，一般分散安置于长安附近或中原，很快被融合。元狩二年（前121），昆邪王率四万余人降，为此在五个边郡的塞外设置属国集中安置，"因其故俗"，保持游牧。少数精于骑射的匈奴人被编为"胡骑"，驻扎关中。至西汉末，内迁匈奴及其后裔不下20万。

西汉末年，王莽挑起与匈奴的战争，导致匈奴南迁，属国辖地几乎全部被占。东汉初，匈奴更深入汉朝西北八郡，当地汉人内迁，南下匈奴与原来已定居于当地的匈奴或其后裔会合。东汉建武二十四年（48），匈奴分为南北两部，南部呼韩邪单于降汉。建武二十六年，汉朝为之在五原西部塞80里处（今内蒙古包头市九原区西）建单于庭。不久又让南单于率部进入云中郡（今内蒙古土默特右旗一带），并再次迁至西河郡美稷县（今内蒙古准格尔旗西北）。南单于入塞后，匈奴各部散布在今甘肃、宁夏、内蒙古、山西、河北缘边地带。北匈奴也不断有人南下投奔。

永和五年（140），南匈奴内乱，汉朝行政机构后撤，居民内迁，自河套至壶口的黄河以西地区已完全属匈奴等族，部分匈奴渡过黄河进入汾水流域。中平四年（187），南匈奴又发生内乱，国人杀羌渠单于,另立须卜骨都侯为单于。羌渠之子於扶罗去洛阳控告,适逢汉灵帝死后京城大乱,无人受理,于是在河内、太原诸郡(今河南北部和山西中部)寇掠,滞留在平阳(今山西临汾市尧都区)一带。

建安二十一年(216),曹操将在河东匈奴部众编为五部,分置于兹氏(今山西汾阳市)、祁阳(今山西祁县东南)、蒲子(今山西隰县)、新兴(今山西忻州市忻府区)、大陵(今山西文水县东南)。还在太原置匈奴中郎将,监护五部。部分匈奴已转化为定居农民,上层人物迁至太原、邺、洛阳,接受华夏文化,结交学者名士,迅速华化。数万匈奴人被当作奴婢,掠买至中原各地。

西晋末年,五部匈奴首领刘渊起兵反晋,于建武元年(302)称汉王,永嘉二年(308)称帝,迁都平阳。建兴四年(316),汉将刘曜攻占长安,后建前赵政权,定都长安。这一阶段,平阳和长安一带成为匈奴聚居区。咸和四年(329),羯人石勒的将领石虎灭前赵,刘氏宗族和匈奴被迁往洛阳、襄国(今河北邢台市襄都区)等地。东晋永和五年(349),后赵大乱,残存的匈奴人大多又回到今山西境内。少数已迁入中原的匈奴人又转迁南方,但因杂居和通婚,很快与汉人无异。北魏期间,匈奴的名称逐渐在史籍中消失,或被混称为"胡",但后裔都已融入华夏或其他族。直到唐朝,宰相刘崇望、平原公刘政会等人及与刘氏出于同源的独孤氏人士还有明确的匈奴血统,但已不作为匈奴族人存在了。

九、北匈奴

东汉永元三年（91），北单于被汉军打败后向西逃亡至乌孙西北的悦般国，数十年后又迁至康居。约在160—260年期间，统治康居多年。约在260—350年期间，又统治了粟特（在今阿姆河、锡尔河之间的泽拉夫尚河流域）。约在350—374年侵入位于西亚和黑海北岸的阿兰，此后进入欧洲。但此时的"匈人"，已是当初西迁的匈奴与沿途多个民族经过200多年杂居繁衍的产物。

十、月氏（支）

秦汉之际游牧于今甘肃敦煌和祁连山之间，一度拥有"控弦者可一二十万"，全部人口应有三四十万或更多。西汉文帝初年（约前175）被匈奴冒顿单于击败，大部分西迁至今伊犁河流域。但不久又同样被匈奴驱赶而来的乌孙人驱逼，不得不继续西迁至妫水（今中亚阿姆河流域），征服当地的大夏人，设置王庭，建立国家。

十一、小月氏（支）

月氏西迁时，"其余小众不能去者，保南山羌，号小月氏"。小月氏进入南山（今祁连山）后，与羌人杂居通婚，基本融合。

东汉中期还分布在湟中和令居（今甘肃永登县西北）一带，以后不见记载。

十二、乌孙

原聚居于河西走廊西部今敦煌一带，约公元前139—129年间西迁至今伊犁河流域和伊塞克湖一带，赶走先迁居至那里的月氏人，就此定居，以赤谷城（在今伊塞克湖南）为都城。西汉后期属西域都护府，有户口63万。南北朝时已西迁葱岭北，和北魏关系密切。辽太宗会同元年（938）曾遣使入贡，后与他族融合。

十三、乌桓（丸）

是东胡一支。汉高祖元年（前206）被匈奴击破，余众聚保于乌桓山（今辽河上游西拉木伦河以北、内蒙古阿鲁科尔沁旗附近大兴安岭山脉南段），臣服于匈奴。汉武帝元狩四年（前119）攻破匈奴左部，乌桓被迁至上谷、渔阳、右北平、辽东、辽西五郡的塞外（今内蒙古东南部、河北北部和辽宁北部一带），以在上谷塞外白山（今河北大马群山）部分最为强大。东汉建武二十二年（46），乌桓乘匈奴内乱，击败匈奴，游牧范围扩大。建武二十五年，数千乌桓人被编入驻守洛阳一带的警卫部队。以后不少乌桓人陆续迁入五郡塞内，并集中于汉朝设置护乌桓校尉的上谷宁城（今河北张家口市万全区）。

东汉末年，蹋顿统治辽东、辽西、右北平、上谷乌桓，借中原大乱之际，掠夺或招引中原二十余万户汉民。建安十二年（207），曹操在柳城（今辽宁朝阳市）斩蹋顿，得投降的人口二十余万，又将幽、并二州乌桓余众一万余落全迁中原。乌桓或被编入军队，或散居各地，就此被融合。留在塞外的乌桓或被鲜卑吸收，成为鲜卑的一部分；或陆续迁入塞内，被就地安置。

十六国期间，还有"乌丸""乌桓杂类"的记载，代建国二年（339）还将"诸方杂人来附者，总谓之乌丸"。在盛乐、襄国、平原、关中、幽州等地还看得到他们的踪影。到北魏时，乌桓已不再作为一个种族存在。

十四、鲜卑

东胡的一支。早期聚居于大鲜卑山（今大兴安岭北段），西汉后期南迁至大泽（约在今嫩江下游），是拓跋鲜卑的源头。另一支鲜卑在西汉初与乌桓同时被匈奴击败，余众聚居于鲜卑山（今大兴安岭南段）。汉武帝元狩四年（前119）乌桓南迁至汉朝缘边五郡塞外后，鲜卑这才南迁至乌桓旧地今西拉木伦河流域。东汉建武二十四年（48）南匈奴降汉后，鲜卑也接受汉朝的招抚，并接连进攻北匈奴。估计就在此后数年间，鲜卑的一部分开始西迁，填补了二部匈奴间的空白，并与拓跋鲜卑会合，分布在汉朝北部缘边自敦煌至辽东的广阔地带。元和二年（85），鲜卑与南匈奴、丁零、西域诸族从四面攻击北匈奴，迫使它"远引而去"。章和元年（87），鲜卑又从东面打击北匈奴，造成"北庭大乱"，单于西奔，鲜卑从此控制漠北匈奴旧地。留下的匈奴人有 10 万多人，"自号鲜卑兵"，迁至辽东，成为以后宇文部的主要部分。

东汉后期，檀石槐成为鲜卑共同首领，在高柳（今山西阳高县）以北 300 里的弹汗山（在今内蒙古商都县附近）建立牙帐，在击败丁零、夫余、乌孙后，完全占据了匈奴故地，分为东、中、西三部，分别设置"大人"统治。部分鲜卑人和其上层已经过着定居生活。檀石槐死后，轲比能一度统一过中部和东部鲜卑。魏青龙三年（235）轲比能被曹魏暗杀，鲜卑又陷入分裂，其中的东部分为宇文部、段部和慕容部。

十五、宇文部

主要分布在今西拉木伦河及老哈河流域，东晋初灭于慕容部所建的前燕。

十六、段部

分布在辽西。西晋永嘉（307—312）年间，首领段务勿尘被封为辽西公，居住在令支（今河北迁安市西）。其子匹䃅出任晋幽州刺史，控制"西尽幽州，东界辽水"的范围。东晋大兴四年（321）被石虎击败后，"遗黎数万家"被迫迁至今河北中部，其中主要应为鲜卑人。晋咸康四年（338），在令支的段辽被前燕和后赵击败，余众被并入慕容部。宇文部的五万余落被迁至昌黎（今辽宁义县）。

十七、慕容部

鲜卑于西晋初迁至徒河青山（今辽宁义县东）和棘城（今辽宁义县西北）一带，东晋咸康三年（337）慕容皝称燕王（前燕），并吞了段部和宇文部，建都于龙城（今辽宁朝阳市）。晋永和六年（350）迁都于蓟，两年后迁都于邺（今河北临漳县西南），鲜卑人也随之扩散到今淮河以北的河南、安徽、江苏、山东和山西、河北大部，而以邺城周围最为集中。晋太和五年（370）前燕亡，近20万鲜卑人被迁至关中。

淝水之战后，在中原的慕容鲜卑分别建立政权。东晋太元九年（384）慕容垂占据中山（今河北定州市），建后燕。次年慕容泓建西燕，在长安定都，后慕容永迁都长子（今山西长子县）。晋隆安二年（398），慕容德建南燕，起初定都于滑台（今河南滑县东），后来迁至广固（今山东青州市西北）。慕容部鲜卑大多随各政权迁移，这一过程中大量部族死亡。东晋太元二十年（395）后燕在参合陂被北魏击败，万人被俘。两年后中山被攻陷，鲜卑余众迁回辽西，遗民被迁往平城，或散处中原各地。东晋义熙六年（410），南燕为刘裕所灭，部分鲜卑人被编入部队，随军定居南方。北魏太延二年（436）北燕覆灭，鲜卑大部分被内迁，散处北方各地。

十八、西部鲜卑

乞伏鲜卑五千余户于西晋泰始（265—274）初迁于夏缘（确地无考，约在今宁夏北部或相邻内蒙古境内），不久合并高平川（今宁夏境内黄河支流清水河）鹿㳟部七万余落，又收降另外几部鲜卑五万余落，迁居苑川（今甘肃榆中县东北），385年建西秦。

另一支秃发鲜卑分布在"东于麦田（今甘肃靖远县东北）、牵屯，西至湿罗，南至浇河（今青海黄河南岸贵德县南），北接大漠"。西晋泰始年间，首领树机能一度战胜整个凉州，不久失败。传至秃发乌孤时居于广武（今甘肃永登县西南），东晋隆安元年（397）建南凉，二年后迁至乐都作为都城（今青海海东市乐都区），后又迁至西平（今青海西宁市）。

东晋义熙十年（414）西秦灭南凉，秃发部大多为乞伏部所并，部分先投北凉，再投北魏，迁于平城。魏主引秃发为系出同源，赐姓源氏，秃发鲜卑融入拓跋鲜卑，散处北魏各地。宋元嘉八年（431）夏灭西秦，西部鲜卑被俘十万口西迁途中遭吐谷浑袭击，被迁至吐谷浑境内或流落当地。

十九、拓跋鲜卑

与秃发鲜卑同源，于三国魏甘露三年（258）从五原迁至盛乐（今内蒙古和林格尔县北），形成部落联盟。传至禄官（295—308在位）时，拆分部众为三部：一在上谷以北、濡源西（今河北丰宁县西），一在代郡参合陂（今山西大同市西）之北，一在盛乐，控制范围扩大至今山西境内桑干河一线。另有白部鲜卑居于并州北部（今山西北部）。西晋永嘉四年（310）首领猗卢被封为代公，强行将辖地向南扩展至今山西代县、朔州市和繁峙县一带，鲜卑聚居区随之扩大。建兴三年（315），猗卢受封为代王，以平城为南都。

东晋太元元年（376），前秦苻坚灭代国，将鲜卑大部留在阴山南麓一带，少数宗室被迁至长安。太元十一年前秦亡，拓跋珪收集旧部复国，同年迁都盛乐，称魏国。北魏皇始三年（398）迁都平城。到太武帝拓跋焘在位时（424—452），北魏已基本统一北方，鲜卑除集中于平城外，广泛分布于北魏境内。

孝文帝太和十七年（493）迁都洛阳，原在平城的鲜卑人大多南迁。太和十九年，孝文帝诏令"迁洛之民，死葬河南，不得还北。于是代人南迁者，悉为河南洛阳人"。太和二十年，孝文帝又下令改拓跋氏为元氏，其他鲜卑和胡姓也改汉姓，并与汉族通婚，彻底实行华化，鲜卑完全融入华夏。此后，即使血统明确的鲜卑人也以华夏自居，或者不再见于史籍记载。

北魏与南朝接壤后，在双方战争与疆土盈缩中，一些鲜卑人被俘或投奔南朝。其中少数在战争以后重返北方，多数就此在南方定居，融入华夏。

二十、吐谷浑

慕容鲜卑部一支,本来在徒河(今辽宁锦州市)一带游牧。西晋初年首领吐谷浑率部众一千七百余户西迁至今甘肃、青海之间,征服当地氐羌等族,吸收汉族士人,建立政权。至孙叶延时即以吐谷浑为族称。5 世纪初,居住和活动范围大致相当于今青海、四川二省的昆仑山和巴颜喀拉山的东北部分和甘肃的洮河、白龙江上游一带。阿豺(418—428 在位)"兼并氐羌,地方数千里,号为强国"。可汗夸吕(535—591 在位)时,定都伏俟城(今青海湖南),仿照中原政权设置一些行政官职,但仍以游牧为主。唐初分为两部:西部以鄯善(今新疆若羌县)为中心,依附吐蕃。东部以伏俟城为中心,臣服于唐朝。咸亨三年(672),东部受吐蕃攻击,残部迁往灵州(今宁夏灵武市,辖今贺兰山东麓、中宁、中卫等市县北,盐池县以西地区)境内,唐为其置安乐州。肃宗时为吐蕃所占,迁往朔方(今陕西靖边县北白城子)和河东(今山西北部),部族分散,被称为退浑、吐浑。五代至宋,部分人从河东返回甘、凉一带。元以后已经看不到吐谷浑记载。

二十一、羯

亦称羯胡。以前的一种说法系入塞匈奴十九种之一的羌渠种的后裔,实际来自索格狄亚那、塔什干(今乌兹别克斯坦)一带，随匈奴迁居蒙古高原，魏晋之际迁入今山西中部，集中于上党武乡（今山西榆社县西北）等地。西晋太安年间（302—303）并州饥荒，不少羯人流落（太行）山东。东晋太兴二年（319），羯人首领石勒称赵王（后赵），建都襄国（今河北邢台市襄都区）。东晋咸康元年（335），石虎迁都于邺（今河北临漳县西南）。羯人数量不多，集中在襄国和邺一带，散居在后赵境内。东晋永和五年（349），冉闵率赵人屠杀羯人殆尽，少量遗留者散居在各地，如前秦时关中还有羯人；或混同于他族，被称为杂夷。经前秦亡后战乱，羯人从此消失。

二十二、百越

亦称越、粤、百粤，先秦至西汉泛指分布于长江中下游以南地区的诸多部族。《吕氏春秋·恃君览》："扬汉以南，百越之际。"《汉书·地理志》颜师古注引臣瓒曰："自交趾至会稽，七八千里，百越杂处，各有种姓。"见于著录的有越、扬越、瓯越、东越、东瓯、闽越（粤）、南越（粤）、骆越、山越、西呕（瓯）、夷越、夔越等。其分布范围涉及今江苏、浙江、安徽、江西、福建、台湾、广东、广西以及今越南北方，显示其生活方式和习俗的遗迹还涉及湖北、湖南、重庆、四川、贵州等地。秦汉以来，部分部族与华夏杂居，或迁入华夏区域，大部分与华夏融合，宋以后已不见于文献记载。一部分融入其他民族，或逐渐演变为现存的少数民族。

二十三、东越（粤）

百越的一部分，秦汉时主要分布在今福建、浙江南部和江西相邻地区。

二十四、东瓯、瓯越、东海

相传为越王勾践后裔，西汉初年聚居于今浙江南部瓯江、灵江流域。首领摇于惠帝三年（前192）被封为东海王，以东瓯（今浙江温州市）为都，又称东瓯王。武帝建元三年（前138）受闽越围攻，向朝廷求救，举国被迁至江、淮间，其中4万多人被安置在庐江郡（今安徽庐江县西南，辖今安徽江南大部），逐渐融入当地民众。其中部分越人曾在元朔、元狩间（约前122）被迁至河东（今山西省西南）种植水稻，后来不知所终，应该已经融入当地，或分散至各地。

西汉后期在当地设置回浦县（今浙江台州市椒江区东南），遗留的越人陆续被编入户籍，已与其他居民没有区别。

二十五、闽越（粤）

分布于秦闽中郡（今福建省）。秦末恢复自立，汉高祖五年（前202）被封为闽越王，以今福建闽江下游为中心建闽越国，以东冶（今福建福州市）为都城。元封元年（前110），汉军平定闽越国中东越王馀善的叛乱，趁机废除了与朝廷合作的（闽）越王繇，将越人全部迁至江淮之间，使当地成为无人区。闽越的名称从此消失。

二十六、南越（粤）

分布于南越国境内。秦南海尉赵佗联合越人首领，于公元前206年所建，以番禺（今广东广州市）为都城，管辖今广东、广西全部、贵州南部及越南北部。西汉元鼎六年（前111）为汉武帝所灭。除少数越人外迁，绝大部分都在与汉人杂居、通婚中逐渐融合。

二十七、山越

东汉末年，主要集中在今浙江、安徽、江西交界一带的山区。自建安初至孙吴嘉禾三年（196—234），孙吴政权多次出动军队将山越掳掠或驱赶出山，编入军队，或成为定居农民。在原山越聚居区普遍设置郡县，迁入外来移民，加速了融合过程。

二十八、蛮

先秦至西汉已见于记载,广泛分布于南方,是多个不同种族的泛称。东汉后不时发生"蛮乱"。三国至南北朝期间,由于人口迁移和长期战乱的影响,在与蛮人居住区相近的平原、河谷出现不少人口空白区,蛮人大量从山区迁至附近的平原和河谷,有的因此成为当地的定居人口。

蛮族广泛分布于淮河流域、长江流域和南方山区。其中在江淮一带的蛮人,在三国时已经"部落滋蔓,布于数州,东连寿春（今安徽寿县）,西通上洛（今陕西商洛市商州区）,北接汝颍,往往有焉"。到十六国期间,"渐得北迁,陆浑（今河南嵩县东北）以南,满于山谷"。蛮人以今桐柏山、伏牛山、大别山和附近丘陵山区为基地,向江淮之间、南阳盆地和伊洛平原等平原、河谷地带扩展。在汉水流域山区,蛮人也大量迁入沿江平原。

在南北政权的对峙中,处于交界地区的蛮人是双方都要利用的力量,常有他们"内附""内属""归附"的记载,少数上层人物被安置于首都或其他城市,其他人一般就地或就近纳入郡县,编为民户。清廉强干的地方官会积极招抚,妥善安置。如在南朝宋宁蛮校尉、雍州刺史刘道产任期,蛮人都已迁出山区,沿汉水定居。

部分蛮人被强制迁移或易地安置。如南朝宋元嘉十九年（442）沈庆之进攻讨伐蛮人,曾在湖阳（今河南唐河县西南）、郧山（今湖北西北一带）、南新城（今湖北房县一带）俘获十多万蛮人,除安置于白楚（今湖北襄阳附近）,建设两座城安置以外，都迁往建康，编为营户。元嘉二十五年，将蛮民安置在太湖（今安徽太湖县）、吕亭（今安徽桐城市东北）；于弋阳郡（今河南潢川县西）以蛮部置茹山等七县；于西阳郡（今湖北黄冈市东）以蛮部置建昌等十八县。元嘉二十七年，臧质将从汝南西境（今河南汝南县以西一带）"刀壁"等山蛮俘获的万余人送往建康。北魏景明三年（502），鲁阳（今河南鲁山县）蛮万余家被迁于河北诸州及六镇（今河北、山西北部和内蒙古南部），不久向南奔逃，几乎全部被杀。彭城王元勰也因为收纳和降灭建安（今河南固始县）山蛮，杀、俘"以数万计"而受到表彰。北周也有在邻州（今四川大竹县）、唐州（今河南唐河县）俘获数千山蛮的记录。

至南北朝结束，定居的蛮人基本已与华夏杂居融合，除了偏远闭塞的山区，平原、河谷、丘陵地带不再有成片的蛮人聚居区。

二十九、獠

古老种族，因分布于闭塞山区，与外界接触少，至三国时代才在记载中见到。聚居于永昌郡（相当于今云南西南部及缅甸北部），数量可观，有自己"邑落"。散居于秦岭南麓的汉中盆地至今四川西部山区之间。

十六国成汉政权李势在位（344—347）期间，獠人在巴西、渠川、广汉、阳安、资中等地"攻破郡县"，"北至犍为、梓潼，布在山谷，十余万落"。此后直到南北朝后期，獠人几乎遍及今陕西、四川、重庆。由于生存空间大为扩展，人口数量也大幅度增加。但到了隋朝，獠人中的富户上层已经与华夏民族没有区别，底层獠人也已与蜀人没有区别。

南北朝政权都曾大肆掳掠獠人作为奴隶，这些被强制分散的獠人就此被融合。

三十、突厥

起源于今俄罗斯叶尼塞河上游，后迁至今新疆天山北麓。5世纪被柔然征服，又被迁往阿尔泰山。6世纪中叶迅速崛起，先后灭柔然、铁勒，建立起疆域辽阔的汗国，其范围包括今内蒙古中西部、蒙古高原、贝加尔湖东西的西伯利亚南部、今新疆大部和中亚咸海、巴尔喀什湖以东的阿姆河、锡尔河、楚河流域。部众以游牧为主，散布于国内，而以牙帐（可汗驻地）所在的今蒙古国杭爱山脉东段较为集中。隋唐之际，向南侵略至今陕西、山西、河北北部。隋文帝开皇二年（582）分裂为东西两部分，大致以阿尔泰山为界。

东突厥 建牙帐于今蒙古国哈拉和林西北鄂尔浑河西岸，唐贞观四年（630）为唐所灭。突厥大部被迁至朔方（今陕西北部和内蒙古南部），加以监护。酋长上层万余家被迁至长安，大多授予职爵。唐永淳元年（682）重新建国，史称后突厥。部众大多返回旧地，分布范围基本与被灭前相同，留存于唐朝境内的突厥人逐渐融入华夏。但内部已迁入或分化出不同部族，分有领地，如叶尼塞河上游有黠戛斯，贝加尔湖一带有骨利干，色楞格河流域有回纥。唐天宝三载（744）灭回纥，部分突厥迁入唐境，大多在原地被其他部族吞并，或逐渐融合。

西突厥 于唐显庆二年（657）为唐朝所灭。部众基本仍居原地，以后逐渐迁移或为其他部族所吞并。

三十一、沙陀（陁）

西突厥的一支。唐贞观年间（627—649）聚居于金莎山（今尼赤金山）之阳、蒲类海（今新疆巴里坤湖）之东。8世纪前期迫于吐蕃压力，迁至北庭（今新疆吉木萨尔县一带）。唐贞元年间（785—804）归附吐蕃，迁至甘州（今河西走廊中段一带）。元和三年（808），酋长朱邪执宜归附唐朝，安置在盐州（今陕西定边县、宁夏盐池县一带），后逐渐扩展至今山西北部，以太原为基地。咸通十年（869），其子赤心以战功赐姓李，名国昌。其后裔建后唐。另有臬捩鸡跟随朱邪部族内迁，以军功封洺州（今河北邯郸市永年区东南，辖境有邯郸市一带）刺史，其子即石敬瑭，建立后晋。另一支入居太原的沙陀有后裔刘知远，建后汉。后汉灭亡后，刘氏占据太原一带，史称北汉，延续至北宋太平兴国四年（979）。五代期间，沙陀较集中于开封、洛阳、太原、邺等地及其周围地区，散处于中原各地，逐渐融入华夏。

三十二、回纥（回鹘）

铁勒十五部之一，北魏时称袁纥，游牧于鄂尔浑河和色楞格河流域。隋时称韦纥，迁至土拉河北。隋大业年间（605—616）联合仆固、同罗、拔野古等部落对抗突厥，统称回纥。唐天宝三载（744）灭后突厥后，据有其旧地，边境东起大兴安岭，西至阿尔泰山，北抵贝加尔湖，南至河套。贞元四年（788）改称回鹘。开成五年（840）为黠戛斯所灭，回鹘大多西迁，境内余众被其他种族分化合并。

西州回鹘 西迁至天山东段今新疆乌鲁木齐至哈密一带，与当地回鹘会合，以高昌故城为都城，又称高昌回鹘、高昌。12世纪初，其疆域扩展至塔里木河流域（今库车一带）。后成为西辽附属国，13世纪初归附蒙古，13世纪中叶后成为元朝属地。回鹘后裔与当地多种民族长期杂居、通婚，融合为新的民族。

河西回鹘 迁至河西走廊中段，以甘州（在今甘肃张掖市甘州区）为中心。11世纪前期灭于西夏，融合于本地民族。

葱岭西回鹘 向西迁葱岭以西楚河流域，投奔葛逻禄。10世纪初与葛逻禄等族共同建立黑汗（喀喇汗国）。

三十三、吐蕃

青藏高原上部族互不统属，中部有宝髻、孙波等，东部有党项、嘉良、附国，西部有女国、象雄等。7世纪初形成三大势力——吐谷浑、苏毗（孙波、孙波如）和吐蕃。吐蕃在其赞普（首领）松赞干布时期崛起，由山南匹播城（今西藏琼结县）迁往都城逻些（一作逻娑，今西藏拉萨市）。先后兼并苏毗、羊同等部，击败党项、白兰、吐谷浑，征服大小勃律（在今克什米尔地区），向周边扩张。安史之乱后，取得唐朝大片土地。8世纪后期至9世纪初，吐蕃的极盛疆域西起葱岭，东至陇山、四川盆地西缘，北起天山山脉、居延海，南至喜马拉雅山脉南麓。吐蕃将大批唐朝吏民强制迁入，由于长途跋涉，生活条件艰辛，加上高山反应，人口损失严重，但仍有部分汉人在青藏高原定居，融入吐蕃。9世纪中叶，吐蕃发生内乱，内部分裂。10世纪时，河西地区只剩下一小部分，以后完全退出。12世纪后退出今新疆地区。13世纪中叶纳入元朝版图，吐蕃各部族长期聚居于今西藏、青海和毗邻的甘肃西南、四川西部和云南西北。

三十四、南诏（蒙舍诏）

乌蛮六诏之一，因在六诏中所处位置最南，故称为南诏。唐贞观二十三年（649），蒙舍诏在今云南巍山县建大蒙。8世纪初，蒙舍诏首领皮逻阁统一六诏，受唐朝封为云南王，迁移太和城（今云南大理市太和村）作为都城。唐大历十四年（779），南诏极盛时疆域包括今云南全部、四川大渡河以南大部、贵州西部，以及缅甸北部那加山脉和萨尔温江以东地区、老挝北部等地区。六诏及其后裔分布于南诏境内各地，而以太和城、拓东城（今云南昆明市境内）一带最为集中，但南诏境内还有白蛮、乌蛮等其他种族，包括被迁入的唐朝吏民。唐天复二年（902），白蛮贵族郑买嗣夺取政权，次年建大长和国。此后赵氏、杨氏先后建立天兴国、义宁国，至后晋天福二年（937）段思平建立大理国。白蛮成境内主要民族，南诏渐被融合，不再作为民族存在。

三十五、契丹

源于东胡，是鲜卑一支。北魏时始见于记载，分布于潢河（今西拉木伦河）和土河（今老哈河）流域，以游牧、捕鱼、狩猎为生。部族众多，到隋唐之际建立以大贺氏为首的部落联盟。唐开元年间（713—741），大贺氏衰落，遥辇氏兴起。唐天祐四年（907），迭剌氏首领耶律阿保机称帝，统一契丹和境内各部，大同元年（947）改国号为辽。辽的极盛疆域西起金山（今阿尔泰山），北至蒙古高原北缘和外兴安岭，东抵库页岛，其南界的西段大致按今中蒙边界分别与西州回鹘、西夏相接，东段在今内蒙古、山西、河北境内与北宋为界。灭渤海后拥有朝鲜半岛东北部。作为统治民族，契丹分布于境内各地，但仍保持游牧习俗，皇帝、贵族实行"四时捺钵"（不同季节迁移于不同场所），后期逐渐集中于首都、陪都和军事驻地。保大五年（1125）为金所灭，逐渐与汉、女真、蒙古融合，蒙元时，已与北方汉人、女真人被统称为北人。辽亡前，宗室耶律大石率部分契丹人西迁，建西辽，这部分契丹人在西辽境内与其他民族融合。

三十六、党项（党项羌）

元代蒙古人称之为唐古忒、唐兀氏、唐兀惕。古羌人的一支。南北朝末期分布于今青海东南黄河河曲一带游牧，至唐朝初年，范围扩大至今四川松潘以西的地区。受吐蕃所迫，请求内迁，被陆续迁至今甘肃东部、宁夏和陕西西北部。其中以处于夏州（治今陕西靖边县白城子，辖境约当今陕西大理河以北的红柳河流域及内蒙古杭锦旗、乌审旗等地区）的平夏部最为强盛，其后裔于宋雍熙二年（985）袭据银州（约当今陕西榆林市榆阳区、米脂县、佳县及横山区东部），至宋宝元元年（1038）称帝，建西夏。西夏的疆域大致北起今中蒙边界，南至祁连山脉、今甘肃兰州市、靖远，宁夏同心，陕西靖边、佳县西南一线，西起今甘肃西界，东至今内蒙古乌拉特中旗、乌拉特后旗、乌梁素海、包头市西、鄂尔多斯市东胜区，陕西神木、佳县西一线。南宋初年，西夏取得今青海东部河湟地区。党项羌分布于西夏各地，而以兴州（今宁夏银川市）一带最为集中。西夏宝义元年（1227）为蒙古所灭，党项羌遗民流散各地，与各族融合。

三十七、蒙古

唐代开始见于记载，称为蒙兀室韦、蒙瓦，是室韦的一种。两宋、辽、金时有萌古、朦骨、盲骨子、蒙古里等不同译称。起初分布于额尔古纳河流域，后向西扩展至鄂嫩、克鲁伦、土拉三河上游肯特山一带，以游牧、狩猎为业。1206 年，首领铁木真统一蒙古高原诸部，称为成吉思汗，建立蒙古国。分布在东至金山（今大兴安岭），南至金界壕，西至阿勒泰山（今阿尔泰山）两侧，北至谦河（今叶尼塞河）流域和大泽（今贝加尔湖），统治着弘吉剌、汪古、乃蛮、吉利吉思、不里牙惕、八剌忽等部。此后南下、西征，先后灭西辽、西夏、金、大理、南宋，征服中亚、西亚、东欧、南欧，建立元朝和四大汗国。此后分布在元朝和四大汗国境内。在元朝，以大都（今北京市）、各行省省会和军政要地最为集中，迁入云南的也较多。1368 年元朝灭亡后，大部分退回蒙古高原，结合成鞑靼、瓦剌。明朝对留在境内的蒙古人规定只能与"中国人"（汉人）通婚，禁止"同类自相嫁娶"，基本被强制融合。

三十八、鞑靼

元灭亡后，明朝将蒙古高原东部蒙古成吉思汗后裔各部称为鞑靼。后来几度与鞑靼争夺、兼并、分裂，演变为漠南蒙古和漠北喀尔喀蒙古，明朝末年统一于清。

三十九、瓦剌（卫拉特）

亦作额鲁特、厄鲁特。元朝末年分布于匜盆河流域和准噶尔盆地，明朝初年分为马哈木、太平、把秃孛罗三部，被明朝封为顺宁、贤义、安乐三王。明正统元年（1436），瓦剌顺宁王脱懽统一瓦剌，两年后又控制鞑靼，后来在内乱中被杀，蒙古再次分裂，分为杜尔伯特、准噶尔、土尔扈特、和硕特四部。土尔扈特西迁后，辉特列为四部之一。清朝初年准噶尔部兴起，兼并各部，首领噶尔丹、策妄阿拉布坦、噶尔丹策零率部攻略喀尔喀蒙古、青海、西藏，深入漠南蒙古，威胁清朝统治。经康熙、雍正、乾隆用兵，至乾隆二十二年（1757）阿睦尔撒纳败亡，全部统一于清，改编为盟旗，纳入将军或办事大臣管辖。

四十、女真

亦称女直。源于唐代黑水靺鞨，五代时始称女真，分布于黑龙江、松花江下游。辽时以松花江以西为"熟女真"，课以赋役；以东为"生女真"，一般只是进贡。北宋初年，生女真完颜迁至按出虎水（今阿什河）定居。宋政和四年（1114，辽天庆四年），首领阿骨打以鸭子河（今松花江哈尔滨以西一段）一带为基地，起兵反辽。次年称帝，建国号金。天会三年（1125，辽保大五年）灭辽，天会五年（宋靖康二年）灭北宋。金的极盛疆域西至大兴安岭北段、今蒙古国乔巴山、内蒙古二连浩特市一线，东至于海，南至秦岭、淮河，女真人大多以军民合一的猛安谋克（三百户为一谋克，十谋克为一猛安）分布于境内各地，上层及文武官员散处首都及各行政中心、军事据点，先后以会宁府（今黑龙江阿城区南）、燕京（今北京市）、开封（今河南开封市）一带最为集中。金天兴三年（1234）被灭后，女真与契丹、北方汉人被统称为"北人"，逐渐融合。留在东北的女真中，在南部元辽阳等路辖境内的逐渐被融合，在北部松花江流域、黑龙江中下游的由元朝分设万户府、元帅府、千户所管辖，至明代被分为建州女真、海西女真、野人女真三部。

四十一、满洲

以建州女真为主干，结合其他各部形成。明万历四十四年（1616），努尔哈赤建金国，史称后金。天聪九年（1635），皇太极废除诸申（女真）旧号，定族名为满洲。崇德元年（1636）皇太极登位，改国号为清。自顺治元年（1644）清兵入关，满人基本内迁。至乾隆二十四年（1759）清朝形成极盛疆域，满人散布于全国，而以北京、各省会城市，八旗驻防地，各将军、大臣驻地最为集中。因均被编入八旗，又称旗人、旗民。

第六章

黄河

大河上下，国魂民根

黄河，古称河、大河，河曾经是黄河的专称。因含沙量大、河水混浊，公元前4世纪的战国时期已有"浊河"之称。公元前3世纪末汉高祖刘邦封功臣的誓文中出现"黄河"之称："使黄河如带。"7世纪初的唐朝开始正式采用黄河之称。

在距今115万年前的早更新世，在今天中国的北部出现了一些互不连通的湖盆，并各自形成了独立的内陆水系。此后，随着西部高原的抬升，一些河里的水不再流入湖盆，而是流向地势低的东方。有的湖盆缺水，甚至断水，有的被新形成的河流连通，成为河流的一部分。随着地势高差的增加，更多的小河汇聚成较大的河，或者没入了其他河道，或者侵夺了其他河道。水量的增加和流水比降的加大，加剧了对河床的下切和两岸的侵蚀。在黄土高原，这种侵蚀和夺袭尤其明显和迅速。历经105万年的中更新世，各湖盆逐渐连通，构成黄河水系的雏形。到10万年—1万年前的晚更新世，黄河演变为从河源到入海口贯通的大河。

黄河，中国的第二大河，世界的第五大河。发源于青海高原的巴颜喀拉山北麓约古宗列盆地，流经青海、四川、甘肃、宁夏、内蒙古、山西、陕西、河南、山东九个省区，在山东东营市垦利区流入渤海。干流全长5464公里，水面落差4480米。流域西起巴颜喀拉山，北抵阴山，南至秦岭，总面积79.5万平方公里（含内流区面积4.2万平方公里）。在历史上，黄河曾多次改道，一度注入黄海，其流域范围、面积也有过较大变化。

一、河源的探索和发现

中国最早的地理名著之一《尚书·禹贡》叙述黄河的起讫和流向:"导河积石,至于龙门;南至于华阴,东至于底柱;又东至于孟津;东过洛汭,至于大伾,北过降水,至于大陆;又北播为九河,同为逆河,入于海。"反映了到《禹贡》成书的战国后期,人们所了解的黄河源头就是积石。

比《禹贡》成书稍晚的《山海经》对黄河的源流又有不同的说法。《北山经》认为黄河发源于昆仑山东北的敦薨山:"又北三百二十里,曰敦薨之山,……敦薨之水出焉,而西流注于泑泽。出于昆仑之东北隅,实惟河源。"然后河水就潜入地下了,《西山经》说:"又西北三百七十里,曰不周之山,……东望盐泽,河水所潜也,其原浑浑泡泡。"又在积石山冒出:"又西三百里,曰积石之山,其下有石门,河水冒以西流。"研究《山海经》的学者一般认为敦薨山就是现在的天山东段,敦薨水就是今新疆的开都河,盐泽就是今罗布泊（又有人认为是指博斯腾湖）。按照《山海经》作者的见解,这条发源于天山东段的开都河,经博斯腾湖、孔雀河注入罗布泊,这就是黄河的正源。但黄河在罗布泊潜入地下,要到积石山再冒出地面,以下就是《禹贡》所记载的积石以下的黄河了。

西汉元朔三年（前126）,张骞出使西域归来,向汉武帝报告:"于阗之西,则水皆西流,注西海。其东水皆东流,注盐泽。盐泽潜行地下,其南则河源出焉。多玉石,河注中国。……盐泽去长安可五千里。"元鼎二年（前115）后,汉朝与西域的交往开通,汉使往返于西域各国更加频繁,"而汉使穷河源,河源出于阗,其山多玉石,采来。天子案古图书,名河所出山曰昆仑"。于阗即今新疆和田一带,流经于阗的河流就是发源于昆仑山北麓的喀拉喀什河和玉龙喀什河,合为和田河,下游为塔里木河,注入罗布泊,也就是当时的盐泽。也可能包括塔里木河上游另一条支流,同样发源于昆仑山北麓的叶尔羌河。昆仑山的名字自汉武帝确定后就一直沿用,至今没有改变。

班固的《汉书》成书于1世纪后期,其中《西域传》也有关于河源的记载:"南北有大山,中央有河,……其河有两原（源）:一出葱岭山,一出于阗。于阗在南山下,其河北流,与葱岭河合,东注蒲昌海。蒲昌海,一名盐泽者也。去玉门、阳关三百余里,广袤三百里,其水亭居,冬夏不增减,皆以为潜行地下,南出于积石,为中国河云。"中央的大河即塔里木河,它的两源就是叶尔羌河（葱岭河）与和田河（于阗河）,南山就是昆仑山,蒲昌海即罗布泊。叶尔羌河虽然也发源于昆仑山,但因先从西北流经葱岭（今帕米尔高原）的边缘,所以使时人产生发源于葱岭的误解。

总之，至迟到 1 世纪后期，人们对今新疆的塔里木水系和今青海循化小积石山以下的黄河经流都已经有了比较准确的了解，却硬要将两条完全无关的河流用"潜行地下"联系在一起，形成了黄河"重源伏流"的观点。

郦道元《水经注·河水》中的"(积石)山在陇西郡河关县西南羌中"，是现存最早的说法。河关县的故地约在今青海省贵德县西南一带，该县的西南就应该在今青海东部与甘肃接界处。可能就是指循化县附近的小积石山。

到了唐朝，积石山有了大小之分，并且都有了具体所指。李吉甫《元和郡县志》在河州枹罕县下记载："积石山，一名唐述山。今名小积石山，在县西北七十里。按河出积石山，在西南羌中，注于蒲昌海，潜行地下，出于积石，为中国河，故今人目彼山为大积石，此山为小积石。"在鄯州龙支县下也说："积石山，在县西九十八里。南与河州枹罕县分界。"小积石山介于枹罕与龙支二县之间，就是今循化县东北黄河北岸的小积石山，而大积石山就是今天的阿尼玛卿山，黄河绕着山脉的东段拐了一个大弯，看来当时人对黄河源的认识就到此为止了。

由于《禹贡》的地位已经因儒家学说得到尊崇而大大提高，"导河积石"成了不可动摇的结论，"伏流重源"说十分得体地弥补了《禹贡》的漏洞。

至元十七年（1280），元世祖召见都实和他的堂弟阔阔出，要他们去查到黄河发源的地方，在那里建一座城，供吐蕃商与内地做买卖，并在那里设立转运站，将贡品和物资通过水运抵达首都。于是授予都实招讨使，佩戴金虎符，与阔阔出在当年四月从河州（今甘肃临夏市东北）启程，四个月后到达河源，冬天返回，将城和转运站的设计位置画成地图上报。元世祖大喜，命都实为吐蕃等处都元帅，筹集工匠和物资，后因故停止。

他们的考察结果，和地图学家朱思本从八里吉思家里得到的帝师（西藏宗教领袖）所藏的梵文图书中的知识，得以在《元史·地理志》记载（今译）：

黄河源上在土（吐）蕃朵甘思的西边，在方圆七八十里的范围内有一百余个泉眼。由于积水和淤泥，无法走近观察。从高山上往下看，在阳光下就像群星灿烂，所以称为火敦脑儿，"火敦"就是星宿的意思。（朱思本：从地下涌出的水像井一样，有百余口，向东北流出百余里，汇成一个大湖，叫火敦脑儿。）很多股水奔流而下，五七里后，汇集为两个大湖，名叫阿剌脑儿。由西而东，不断汇入水源，经过一天的路，形成了河流，名叫赤宾河。两三天后，亦里赤河由西南方流入赤宾河。又过了三四天，忽兰河从南面注入。又有也里术河从东南方流入赤宾河，至此才形成一条大河，被称为黄河。

僧人宗泐明洪武十五年（1382）从西藏归来时经过河源，他在《望河源》诗中记道："河源出自抹必力赤巴山，番人呼黄河为抹处，牦牛河为必力处。赤巴者分界也，其山西南所出之水则流入牦牛河，东北所出之水是为河源。"抹必力赤巴山即巴颜喀拉山，牦牛河即通天河（长江上游），说明当地藏人了解巴颜喀拉山是长江和黄河的分界岭，黄河发源于巴颜喀拉山的东北；也说明了当时已将黄河称"抹处"（今译玛曲）。

16世纪后半期开始，蒙古和硕特部首领固始汗率军进入西藏，协助达赖喇嘛统治西藏，又共同派遣使者朝见清朝皇帝。在这些交往过程中，人们了解到在黄河上源有"古尔班索罗谟"，即三条支河。为了证实这一情况，康熙四十三年（1704），康熙皇帝派拉锡和舒兰二人前往河源探寻，拉锡等在当年六月到达鄂陵湖和扎陵湖，又在星宿海西部做了考察。他们将结果绘制成《星宿河源图》，舒兰又写成《河源记》。《星宿河源图》在渣凌诺尔（扎陵湖）以西绘了三条河，中间一条绘得最长，并注上："黄河源三河名固尔班索尔马。"康熙五十七年绘成的全国地图《皇舆全览图》中，绘有黄河源的三条支流，中间一条注为阿尔坦必拉，显然是根据此前派去的喇嘛楚尔沁藏布兰木占巴和理藩院主事胜住等实测的结果。

乾隆二十六年（1761），齐召南著《水道提纲》，就是以《皇舆全览图》为主要资料来源的。其中有关河源的论述是：

黄河源出星宿海西、巴颜喀拉山之东麓，二泉流数里，合而东南，名阿尔坦河。……又东流数十里，折东北流百里至鄂敦他拉，即古星宿海，《元史》所谓火敦脑儿也。自河源至此已三百里。……阿尔坦河东北会诸泉水，北有巴尔哈布山西南流出之一水，南有哈喇答尔罕山北流出之水，来会为一道（土人名三河曰古尔班索尔马），东南流注于查灵海。

这证明从 1704 年开始，中国的河源考察已经取得了正确的结果：河源的三支河，北支是扎曲，西南支是卡日曲，西支是约古宗列曲。这些与现代考察的结果是一致的，只是《水道提纲》将约古宗列曲（阿尔坦河）定为黄河的正源。

乾隆四十六年（1781），黄河在江苏、河南决口。当时认为黄河之所以泛滥成灾，是由于没有找到真正的河源进行祭祀，于是乾隆帝在次年派阿弥达再次探寻河源。阿弥达调查的结果是：星宿海西南的一河，名阿勒坦郭勒，蒙古语阿勒坦即黄金，郭勒即河也。此河实系黄河上源，其水色黄，回旋三百里，穿入星宿海。

这条河就是卡日曲，这说明阿弥达的调查重新肯定了卡日曲是黄河正源。但由于乾隆皇帝坚持黄河重源伏流的教条，纪昀在编纂汇集河源考察资料的《河源纪略》时，依然将塔里木河和罗布泊说成是黄河的真正源头，从地下潜流后至卡日曲复出，并以卡日曲水色黄来证明"大河灵渎，虽伏地千里，而仍不改其本性"。

1952年派出的黄河河源查勘队，对河源地区做了四个多月的考察，行程5000公里，获得了丰富的资料。但这次考察的结果错误地认为约古宗列曲是黄河的正源，又对扎陵湖和鄂陵湖的位置提出了与以往不同的看法，加以对调；对黄河的长度也沿用了传统的数字。

1978年，青海省人民政府组织了对河源地区的综合考察，结果再次肯定黄河的正源应该是卡日曲，对扎陵湖和鄂陵湖也恢复了传统的命名。根据卡日曲的长度重新测定的黄河全长是5464公里。

黄河的正源是从巴颜喀拉山北麓各姿各雅雪山（海拔4830米，东经95°55′18″，北纬34°55′52″）流出的卡日曲，长140多公里。它流经大面积出露的第三纪红色地层，携带大量红色泥沙，被当地的藏民称为"红色的河"（藏语卡日曲）。

黄河的另一个源头约古宗列曲发源于约古宗列盆地，处于巴颜喀拉山的北麓。巴颜喀拉山的主峰雅拉达泽山，海拔5214米，山脊上覆盖着终年不化的冰雪，是黄河水的主要来源。约古宗列盆地河汊交接，泉眼溪流遍布，草甸湖盆相映。西南隅有一个三四平方米的小泉，被称为黄河第一泉。无数涓涓细流汇聚起来，逐渐形成源头最初的河道——玛曲曲果（藏语，意为小河源头）。河宽水浅，流速缓慢，形成大片沼泽草滩，穿过18公里长的茫尕峡谷，进入星宿海。在河源区域的最北部，还有一条发源于查哈希拉山南麓的扎曲，长70多公里，河道宽，支流少，上游平坦，中间要穿越峡谷，小湖密布，但水量有限，一年中的大部分时间断流。

近年来，对应以哪一支作为黄河正源依然存在争论，有的学者主张仍应取玛曲（约古宗列曲）作为源头，也有的学者提出还有比卡日曲更长的源头。但这些更多的是对确定河源标准的不同意见，可以说黄河源头的状况已经基本清楚。

二、泥沙堆积的悬河

黄河流经世界上面积最大、覆盖最厚的黄土高原，从青海境内进入，至宁夏银川市向南流出；自山西河曲又进入，到河南新安县才流出。黄土的厚度一般在50～80米之间，而甘肃通渭华家岭至定西马衔山一线以北至兰州附近厚度达200～300米。黄土的组成物质主要是细粉沙，黄土质地疏松，多孔隙，透水性和湿陷性都很强，抗水蚀和风蚀能力却很差。从银川到河曲这一段的黄河虽然离开了黄土高原，却要流过乌兰布和沙漠和库布齐沙漠，附近还有腾格里沙漠和毛乌素沙漠，北面和西北的蒙古高原和大戈壁就是黄土的来源。黄河和黄土、黄土高原结下的不解之缘，使它成为世界上含沙量最高的河流。据1919—1960年的资料统计，黄河多年平均输沙量达到16亿吨，平均含沙量约每立方米37.8公斤，高时可达590公斤，最高甚至达900公斤以上。由于黄河水量不大，不可能将这些泥沙全部带入海洋，其中四分之一堆积在山东利津以上的下游河道，二分之一堆积在利津以下的河口三角洲和滨海地带，只有四分之一能输入海洋。

由于中游的河道狭窄，坡降大，流速快，泥沙不易淤积，而下游河道宽，坡降小，流速慢，所以这4亿吨泥沙都堆积在下游河道里。河道被不断抬高，逐渐成为高于两岸地面的悬河。历史上黄河改道不计其数，只要是使用了较长时间的下游河道，最终无一不成为悬河。根据20世纪以来的测量，下游河道平均每年淤高3～5厘米，20世纪末已增加到每年10厘米左右。现在下游河堤内的滩地一般要比堤外高3～5米，河南柳园口附近的滩地高出开封市地面7米，封丘县曹岗附近滩面高出堤外地面10米。悬河中流淌着的河水全靠两面堤防约束。随着河床逐渐淤高，河堤也得不断加高。每当洪水来临，水面更是大大高出两岸，堤防稍有损坏，后果就不堪设想。

三、频繁改道的大河

在历史上,黄河有"善淤、善决、善徙"的特点。黄河流经宁夏平原、内蒙古后套平原和龙门、潼关间的河道虽也时有变迁,但一般只是在两岸间的小幅摆动。如以"三十年河东,三十年河西"著称的今陕西大荔县朝邑镇东三十里的蒲津关,又名临晋关,北宋时名为大庆关,就会随着黄河河道的改变,时而处在河东,时而在河西。又如在黄河东移时,汾河就北移到山西河津市西南入黄河;而当黄河西摆时,汾河的入河口也随之移到万荣县西南的荣河镇一带。但这些摆动一般在一二十公里至数十公里之间。

自河南武陟县、荥阳市以下,黄河曾有大幅度改道,见于历史记载的大小决徙约一千五六百次,多数集中在下游,故道形成一大折扇形,最北经今河北霸州市、天津市海河入海,最南经由颍水、涡水夺淮河入海,一部分黄河水还由淮河经里下河注入长江。其中大的改道有 26 次。

1. 先秦时期

自新石器时代至战国中期全面筑堤前,黄河下游均取道河北平原注入渤海,多次发生决溢改道。《汉书·沟洫志》所引王横"定王五年(前 602)河徙"只是其中的一次。但决口的位置、改道的方向已不可考。"河"原来是黄河的专称,《汉书·地理志》记录的河北平原上称"河"的河流有十几条,都是西汉以前某一时期黄河的干流、决流或岔流,或者先后更迭,或者同时并存。

在先秦文献中可考的春秋战国时代的下游河道有三条：(1)《尚书·禹贡》大河，故道从今河南武陟县东北流至河南浚县西，折北至河北平乡县北，东北流，分为"九河"（多股入海岔道），最北一支为干流，北流于河北深州市南，折东北至天津市区东南入海。(2)《山海经·北山经》大河，故道自今河北深州市南与前《禹贡》大河相同，以下东北流经河北霸州市南，东流至天津市区入海。(3) 见于《汉书·地理志·沟洫志》，《水经注·河水》称为大河故渎，是先秦文献中零星记载的最早一条大河（约公元前7世纪中叶）。春秋战国时黄河下游以走第三条为主，有时也走第一、第二条，或者两条并存，或者轮流作为干道。战国中期约公元前4世纪40年代，齐国与赵国、魏国各在当时河道（第三条）两岸修了长数百里的长堤，此后其他两条河断流，专走这一条，直到汉代。

2. 西汉时期

《汉书·地理志》所记载的河水和《水经注》的大河故道。故道从今河南浚县西南向东北流，经河南滑县南、河南濮阳市西、河北大名县、河北馆陶县东、山东临清市、山东高唐县南，折北经山东德州市东、河北南皮县西，又东北至今河北黄骅市东北入海。汉文帝十二年（前168）开始有决溢记载，此后大多发生在魏郡、清河、平原、东郡境内。武帝元光三年（前132），在东郡濮阳县瓠子口（今河南濮阳市南）决口，往东南流入巨野泽，连通淮水、泗水。二十余年后才被堵塞。元封年间以后又决口出一条屯氏河，分流河水，一定程度减轻了水患。元帝、成帝后频繁发生决溢，有时在山东滨州市附近入海，有时从今河南荥阳市由汴水入泗水，流入淮水。

3. 东汉至宋初

王莽始建国三年（11），黄河在魏郡元城县（今河北大名县东）以上决口，河水向东溃溢，水灾延续近60年，至东汉永平十三年（70）王景治河成功后，河道比较稳定，即《水经注》《元和郡县志》所载当时的大河。故道自今河南濮阳市南，东北流经山东聊城市茌平区南北折，经山东禹城市西，又东北经山东滨州市南入海。其后至唐末，虽仍有决溢，但不频繁，决口集中在河南浚县、河南滑县和河口附近山东惠民县、山东滨州市两个河段。自唐末至宋初，决口数次，改道后不久即被堵塞。较重要的改道有三次：一是唐景福二年（893）在海口附近改道，经山东滨州市西北入海。二是五代后周显德年间决出一条分支——赤河，大致在唐代大河之北，今冀、鲁交界处的河北无棣县、河北庆云县、河北盐山县一带入海。三是北宋景祐元年（1034）在澶州（今河南濮阳市）横陇埽决口后形成一条新道——横陇河。

4. 北宋庆历后

庆历八年（1048）六月，河决于澶州商胡埽（今河南濮阳市东北），次年形成新河道，自今河南濮阳市东北折而北流，经清丰县、河南南乐县之东，河北大名县、河北馆陶县、河北枣强县、河北冀州区、河北武邑县东，与今滏阳河汇合，经河北献县东，东北流至青县，由南运河至天津，经海河入海。宋人称此道为北流。嘉祐五年（1060），黄河又在大名府魏县第六埽（今河南南乐县西）决出，东北流经今山东冠县、山东夏津县，大致沿今马颊河至冀、鲁交界处入海。当时称此道为东流。熙宁二年（1069）闭塞北流，导入东流。元丰四年（1081）又于小吴埽（今河南濮阳市西南小吴村）决而北流，绍圣元年（1094）又引导东流，闭塞北流。元符二年（1099）又于内黄口决而北流，直至北宋灭亡。三次北流所经都在滏阳河和南运河之间，下游经南运河、海河入海。

5. 金、元至明万历初

南宋建炎二年（1128），东京留守杜充于滑县西南李固渡人为决河，河道东流夺泗水，入淮河。此后河道变迁极其混乱。重要决口西移，河道逐渐南摆，正流不再经浚县、滑县之间。经常数条河道并行，交替为主道、副道。东流由马颊河，或由徒骇河，或由北清河入海，南流则夺泗、汴、睢、涡、颍等河入泗入淮。大体就走今开封市至徐州市一线，史称贾鲁河。至明代，南北岸都有决口。但因向北决口往往会冲溃运河，阻碍漕运，所以一般都堵塞北口，使正流从汴、睢、涡、颍诸河入泗入淮。嘉靖中叶后，南流故道全部淤塞，全河从徐州、邳州夺泗水入淮。

6. 明万历初至清咸丰五年（1855）

潘季驯治河，完全截断旁出河道，把金、元以来黄河东出徐州由泗夺淮的主流固定下来，成为下游唯一的河道，大致即今淤黄河。以后280年，虽经常发生决口改道，因推行潘季驯的"筑堤束水，以水攻沙"（束水攻沙）的治河方针，决口后不久即筑堤堵塞，恢复故道。明朝末年崇祯十五年（1642）人为决河，洪水夺涡入淮，灾情严重，但清初即恢复故道。康熙至乾隆年间，河南、山东境内河道较为安宁，河患多集中在安徽萧县以下至河口段，河床淤高，河口不断向海中延伸。嘉庆、道光以后，河政腐败，河道淤废严重，险情迭出，或南决夺涡入淮，或北决由大清河（北清河）入海。

7. 清咸丰五年至 20 世纪 40 年代

咸丰五年黄河在河南兰考县境内铜瓦厢（当时属兰阳县，已坍入河中）决口，改道东流，分数段穿张秋运河，夺大清河至山东利津县入海。至光绪元年（1875）全面筑堤完成后，形成今日河道。此后 70 余年间，又曾发生大小决口数十次，皆不久即塞。1938 年蒋介石决开郑州花园口大堤，河水泛滥至颍、涡入淮，1947 年才恢复故道。自山东利津以下海口段，因一直未筑堤防，八九十年间改道约 20 次。

四、中华民族的魂

五千多年前，在中华大地形成了裴李岗文化、仰韶文化、良渚文化、红山文化、马家窑文化、大汶口文化、龙山文化等众多的文明雏形，考古学家形象地比喻为满天星斗。但最终能延续并发展成为中华文明主体的都集中在黄河中下游地区，绝不是偶然的。

黄河中下游绝大部分属于黄土高原和黄土冲积平原，地形平坦，土壤疏松，大多为稀树草原地貌，是早期农业开发极其有利的条件。在尚未拥有金属农具的条件下，先民用简单的石器、木器就能完成开垦荒地、平整土地、松土、播种、覆土、除草、排水、收获。

黄土高原和黄土冲积的平原地处北温带，总体上适合人类的生活、生产和生存。五千多年前，这一带的气候正经历一个温暖期，三千年前后有过一个短暂的寒冷期，然后又重新进入温暖期，直到公元前1世纪才转入持续的寒冷。因此在五千多年前，这一带气候温暖，降水充沛，农作物能获得更多热量和水分，物种丰富，成为当时东亚大陆最适宜的成片农业区。这片土地是当时北半球面积最大的宜农土地，足以满足不断扩大的农业生产和持续增长的人口需要。

在这片土地中间，没有太大的地理障碍，函谷关、太行山以东更是连成一片的大平原。黄河及其支流、独立入海的河流、与河流相通的湖泊，形成天然的水上交通网。交通便利，人流、物流和行政管理的成本较低。这样的地理环境，使一些杰出人物萌发统一的理念，逐步形成大一统观念，由政治家付诸现实。这一片土地成为大一统观念的实践和基础，"中国"的概念由此产生，并逐步扩大到整个中国。

中华文明的起源和早期发展阶段，呈现出多元格局，并在长期交流互动中相互促进、取长补短、兼收并蓄，最终融汇凝聚出以二里头文化为代表的文明核心，开启了夏商周三代文明。黄河文明是早期中华文明的核心和基础，黄河中下游地区是中华文明的摇篮，黄河是中华民族的母亲河。

中国历史上的统一时期，政治中心都在黄河流域（包括历史上黄河改道形成的流域）。宋代以前，全国的经济中心和大多数区域的经济中心都处于黄河流域。春秋战国时的黄河流域是文化最发达的地区。儒家学说的创始人孔子是鲁国曲阜（今山东曲阜市）人，他曾周游列国，晚年回到曲阜，致力于儒家典籍的整理和教学，他的众多学生主要来自鲁、卫、齐、宋等国，他的主要传承人孟子、曾子等也都活跃在这一带，齐鲁地区是儒家文化的中心。战国时百家争鸣，几种主要学派的创始人和主要传播地区也集中在黄河流域。墨子（墨翟），道家的创始人老子，道家学派代表人物杨朱、宋钘、尹文、田骈，庄子，从道家分化出来的法家慎到，战国中期产生的黄老学派，法家商鞅，荀子（荀况），法家韩非等，以及其他各家的代表人物，都不出黄河流域的范围。

秦汉时代，黄河中游已是名副其实的全国性政治中心，其影响还远及亚洲腹地。黄河下游是全国的经济中心，是最主要的农业区、手工业区和商业区，黄河流域的优势地位由于政治中心的存在而得到加强。两汉时期见于记载的各类知识分子、各种书籍、各个学派、私家教授、官方选拔的博士和孝廉等的分布，绝大多数跨黄河流域，"关东出相，关西出将"的说法反映了当时人才的分布高度集中的实际状况。

从公元589年隋朝统一至755年唐朝安史之乱爆发，黄河流域又经历了一个繁荣时期。隋唐先后在长安和洛阳建都，关中平原和伊洛平原再次成为全国的政治中心。唐朝的开疆拓土和富裕强盛还使长安的影响远及西亚、朝鲜、日本，成为当时世界上最大最繁荣的城市。尽管长江流域和其他地区已有了很大的发展，但黄河流域在农业、手工业、商业以及国家财政收入中还占着更多的份额。唐朝这一阶段的诗人、进士、学者主要分布在黄河流域，显示出文化重心所在。

从河源到出海口，亿万中华各族人民在黄河流域生活、生产、生存。他们或农，或牧，或工，或商，或狩，或采；或住通都大邑，或居茅屋土房，或凿窑洞，或栖帐篷，或依山傍水，或逐水草而居。他们的方言、饮食、服饰、民居、婚丧节庆、崇拜信仰，形成丰富多彩的地域文化。

总之，中华文明的源头就是黄河文明，就是中华民族的先人在黄河流域创造的，中华民族最早的生活方式、生产方式、行为规范、审美情趣、礼乐仪式、伦理道德、价值观念、意识形态、思想流派、文学艺术、崇拜信仰，都是在黄河流域形成的，或者是以黄河流域所形成的为主体，为规范，然后才传播到其他地区。

黄河，不愧为中华民族的魂。

五、中华民族的根

大量历史事实足以证明，黄河曾经哺育了华夏民族的主体，曾经哺育了中华民族的大部分先民，她的儿女子孙遍布于中华大地，并已走向世界各地。

夏朝的建立和长期存在形成了由各个部族融合成的夏人，又称诸夏。在商、周时代，人口的主体是夏、诸夏，他们被美誉为华夏（华的本义是花，象征"章服之美"，即美丽、高尚、伟大），以后常被简称为夏或华。华夏聚居于黄河流域，通过周朝的分封和迁移，扩散到更大的地域范围，并不断融合残留的戎、狄、蛮、夷人口。到秦始皇统一六国时，长城之内的黄河流域，非华夏族都已被融合在华夏之中。

秦汉期间，华夏人口从中原迁入河套地区、阴山南麓、河西走廊、长江两岸、巴蜀岭南、辽东朝鲜。在两汉之际、东汉末年至三国期间、西晋永嘉之乱后至南北朝后期、安史之乱至唐朝末年、靖康之乱至宋元之际，一次次大规模的人口南迁使华夏人口遍布于南方各地。一部分人口主动或被动迁入匈奴、乌桓、鲜卑、高句丽、突厥、吐蕃、南诏、回鹘、契丹、渤海、党项、女真、蒙古、满族的聚居区，在与这些民族融合的同时，传播了华夏的制度、礼仪、文化、技艺、习俗、器物，扩大了中华文明的影响范围，促进了中华民族大家庭的逐渐形成。到了近代，成百万上千万的内地移民闯关东，走西口，渡台湾，迁新疆，开发和巩固了祖国的边疆。至 20 世纪初，从黄河流域迁出的人口与他们的后裔，已经遍布中国大地。

在向各地输出移民的同时，黄河流域也在大量吸收其他地区的移民，特别是来自周边地区的非华夏移民。匈奴、东瓯、闽越、乌桓、鲜卑、西域诸族、昭武九姓、突厥、粟特、吐谷浑、吐蕃、党项、高句丽、百济、契丹、奚、女真、蒙古等先后迁入黄河流域，这些民族的整体或大部分人口在这里融合于中华民族的主体之中。

尽管今天全国各地的汉族人口并非都来自黄河流域，在南方一些地区和边疆地区其实是世代土生土长的人口占了多数，但绝大多数汉族家族，甚至一些少数民族家族都将中原视为祖先的根基所在。显然他们所认同的不仅是血统之根，更是文化之根，而这个根就在黄河之滨、黄河流域。

黄河，不愧为中华民族的根。

第七章

长江

滔滔大江，文明映辉

长江，古称江、大江，江曾经是长江的专称。至迟在西汉初年，已有长江的名称，以后逐渐成为长江的通称。隋唐时期在扬州城南长江边有渡口扬子津，以后将今镇江以下的长江称为扬子江，沿用至近代。西方传教士来华后，误以为扬子江是长江的全称，因此将长江译为扬子江（Yangtze River）。

长江全长 6300 千米，是中国第一大河，世界第三大河。上源沱沱河出于青海省西南唐古拉山脉各拉丹冬峰，在囊极巴陇纳入当曲后称通天河，南流至青海玉树市巴塘河口以下至四川省宜宾市之间称金沙江，四川宜宾以下始称长江。宜宾至湖北宜昌段称川江，湖北宜都市枝城至湖南岳阳市城陵矶段称荆江，安徽境内段称皖江，自江苏扬州以下称扬子江。流经青海、西藏、四川、云南、重庆、湖北、湖南、江西、安徽、江苏等省区，在上海市入东海。流域面积 178.3 万平方千米，河口年平均流量 32400 立方米/秒，水资源总量 9616 亿立方米，是黄河的 20 倍。

一、长江和三峡的形成

　　距今 1.8 亿年前的三叠纪末期的印支造山运动，昆仑山、可可西里山、巴颜喀拉山以及横断山脉开始出现，秦岭突起，长江中下游南半部也隆起为陆地。古地中海逐渐往西退缩，在横断山脉、秦岭和云贵高原之间，出现一些断陷盆地和槽状凹地，如云梦泽、巴蜀湖、西昌湖、滇湖等，它们相互连通，从东向西，经云南西南部的南涧海峡，流入古地中海。这就是流向正与今日相反的古长江的雏形。

　　距今 1.4 亿年前的侏罗纪时，发生了更大规模的地壳运动——燕山运动。长江上游的唐古拉山脉在此期间形成，整个青藏高原缓慢抬升，并褶皱成许多高山深谷、洼地和裂谷，长江中下游大别山和川鄂间的巫山等山脉隆起，四川盆地凹陷，西部的古地中海进一步缩退。

　　距今 1 亿年前的白垩纪时期，四川盆地缓慢、均衡地上升，夷平作用不断发展，云梦、洞庭盆地继续下沉。由于气候炎热多雨，降水分布又比较集中，所以河流切割作用剧烈，湖北西部的古长江加强了向三峡一带山原的溯源侵蚀。以巫山为分水岭，西部的古长江流入四川盆地（巴蜀湖），东部的古长江流入云梦、洞庭盆地（湘鄂湖）。

距今 4000 万—3000 万年前的始新世又发生了强烈的喜马拉雅运动。印度板块顺着古地中海的北缘海沟俯冲到亚欧板块之下，两大板块相互强烈挤压，使青藏高原隆起，古地中海随之消失。长江流域普遍间歇上升，由于西部上升急剧，东部上升和缓，从而形成了长江流域西高东低的地势。地壳的剧烈隆升使长江上游金沙江两岸高山突起，青藏高原和云贵高原显著抬升，并形成一些断陷盆地。伴随着地壳的隆升，河流产生强烈的下切作用，出现了许多峡谷。原来自北往南流的水系，受云贵高原的阻挡、构造控制或河流间袭夺等影响，改变流向，相互归并、沟通，顺地势的倾斜折向东流。四川盆地西缘的水流受高原抬升的影响，也加强了向西的溯源侵蚀，并截夺了从高原上东来的水流，形成了金沙江河段和四川盆地河段相贯通的水系形态。由于长江中下游上升幅度较小，仅形成中低山和丘陵，一些低凹地带则下沉为平原，如两湖平原、南襄平原、鄱阳湖平原、苏皖平原等。

距今 300 万年前喜马拉雅山强烈隆起，长江流域西部进一步抬高，从湖北伸向四川盆地的古长江溯源侵蚀作用加快，最后切穿巫山，使东西古长江贯通，注入东海。两水汇合后，这一带的下切仍在不断进行。由于三峡地段是由坚硬的石灰岩构成，而向斜部由抗蚀力较弱的砂页岩组成，江水下切背斜逐渐形成峡谷，下切斜处形成宽谷。年深日久，终于形成气象万千的长江三峡。地质演变还在三峡地区造就了丰富的地质构造和多彩的地理景观，广泛分布的石灰岩层中发育着形态各异的溶洞、天坑、地缝、地下河、暗河、钟乳石、石笋，流经岩盐层的地下水出露为盐泉。

二、长江源的发现和定位

成书于战国后期的《尚书·禹贡》称"岷山导江"，误以为长江出于岷山，显示了先秦地理知识的局限。但《汉书·地理志》在越嶲郡遂久县下注明：绳水出徼外，东至僰道入江。绳水即今金沙江，僰道在今四川宜宾市叙州区境，遂久在今云南永胜县北，隔金沙江与丽江相望。证明至迟1世纪，人们已知道长江的源头远在岷山以西的金沙江，至少在今丽江更上游的"徼外"（汉朝设置的行政区域以外）。而郦道元的《水经注·若水》说得更清楚："绳水出徼外，南经旄牛道至大筰，与若水合，自下绳、若通称，东北至僰道入江。"旄牛道在今四川汉源县南大渡河南岸，说明至6世纪时人们已知道金沙江的上游更在汉源以西的巴塘一带。

明崇祯十一年至十三年（1638—1640），徐霞客考察云南、贵州、四川，著《江源考》，近代地理学家丁文江认为是对长江源的重要发现，实际上并未超过《汉书·地理志》和《水经注》的认识。但徐霞客尊重事实，大胆否定儒家经典中"岷山导江"的谬误，是难能可贵的。

清朝康熙年间进行全国性的地图测绘，也包括长江上游地区。在康熙五十七年（1718）制成的《皇舆全览图》中对长江上游有了更具体的显示。齐召南成书于乾隆二十六年（1761）的《水道提纲》主要根据《皇舆全览图》等实测地图，将木鲁乌苏河列为长江源，又描述其上源托克托乃乌兰木伦河（今沱沱河）等水。

1956年8月，由长江水利委员会在长江源头的曲麻莱等地实施的实地查勘发现，长江分南北二源：南源为木鲁乌苏河，发源于唐古拉山北麓，北源为楚玛尔河，发源于可可西里山南麓。1977年，由长江流域规划办公室等单位组织的江源考察队再次考察长江源头地区，确定长江的正源是发源于青海省唐古拉山北麓的各拉丹冬冰峰下的沱沱河。

2008年，青海省三江源头科学考察队测得沱沱河长度为348.63公里，而一度被认为是长江支流的当曲的长度则为360.34公里，比沱沱河长11.71公里。但国家对长江源头的地理定位并未改变。

三、河道和水系的变迁

长江源远流长，自湖北宜昌以上称为上游，湖北宜昌至江西湖口称为中游，湖口以下为下游。上游河段流经山岭谷地之间，历史时期河床平面摆幅极小。宜昌以下长江进入中下游平原地区，摆幅增大。特别是江汉、洞庭地区，九江、鄱阳湖地区和镇江、扬州以下的河口地区，地势平坦开阔，历史时期水系变化频繁而复杂。在此三者之间，平原相对缩狭，矶头较多，河床演变主要表现为江心洲的形成和发展、单一河型与分汊河型的相互转化。

1. 云梦泽的演变

长江出三峡至江陵进入江汉平原，在历史时期河床形态有过重大演变。江汉平原地势平坦低下，堤垸绵亘不断，河道纵横交错，湖泊星罗棋布，素有"九曲回肠"之称的下荆江横贯其中，构成一片典型的陆上三角洲的地理景观。这是历史上著名的云梦泽在长江、汉水泥沙长期沉积，湖泊三角洲不断扩展合并，湖沼景观向平原景观演变至目前阶段的地貌形态，与云梦泽的历史演变密切相关。

根据先秦相关记载，云梦是一个包括山地、丘陵、平原和湖泽多种地貌的广阔区域，几乎包括今湖北东南部大半个省。而云梦泽是云梦范围内的湖沼形态，位于今江汉平原内，南部以大江（下荆江）为界，与江南的洞庭湖区无关。

先秦时期，云梦的主体是东西两大平原——江陵以东的荆江三角洲，城陵矶至武汉的长江两侧的泛滥平原，云梦泽介于两大平原之间，南北与长江、汉水相沟通，西部接纳荆江三角洲上长江的夏水和涌水。秦汉时代，长江在城陵矶以东继续通过夏水和涌水分流分沙的结果，荆江三角洲不断向东发展，并和来自潜江一带向东发展的汉江三角洲合并，形成江汉陆上三角洲。汉代在夏水自然堤北侧设置华容县，在三角洲顶部设置云杜县，至此云梦泽被分隔成东北和西南两部分，部分已演变为沼泽形态。

魏晋南北朝时期，由于江汉地区新构造运动有自北向南掀斜下降性质，荆江分流分沙量均有逐渐南移、汇集的趋势。约自东汉后，涌水分流分沙量激增，涌水以南的长江东岸形成鹤穴分流，荆江三角洲在向东延伸的同时，迅速向南扩展，迫使云梦泽的主体向下游方向的东部转移。原来在华容县南的云梦泽已成为新扩展的三角洲平原。随着夏、涌二水分流顶点高程的增加，平水期水流归槽的结果，夏、涌水逐渐变成冬竭夏流的季节性分洪道。分流口之间的长江中开始出现沙洲，迫使大江主泓形成"江曲"。其后江曲继续向西发展，曲率逐渐增大，但受到西岸公安故城制约，形成江陵以南荆江S形河床形态，涌水源头逐渐枯竭，鹤穴分流不再见于《水经注》记载。云梦泽的主体位于云杜、惠怀、监利一线以东，由大浐、马骨诸湖组成，"周三四百里，及其夏水来汇，渺若沧海，洪潭巨浪，萦连江沔"。在大浐湖东北，汉江通过沌水口分流，潴汇成太白湖。云梦泽范围不及先秦之半，湖床平浅。南朝以后，随着江汉三角洲的进一步扩展，到唐宋时基本淤成平陆，马骨湖仅剩余周围15里的小湖沼，大面积的湖泊主体已为星罗棋布的湖沼所代替。

东晋时江陵金堤的兴筑，荆门一带水流在此汇聚，加上新构造运动长期下沉的结果，三角洲北侧的云梦沼泽区逐渐演变成一连串的湖泊，有赤湖、离湖、船官湖、女观湖等。

唐宋时期太白湖周围的沼泽化极其严重，葭苇弥望，被称为"百里荒"。随着江汉平原大量泥沙在此汇集，排入长江，湖底高程不断升高，洪水湖面逐渐扩展，至明末清初，已成江汉平原上最大浅水湖，周围二百余里。由于泥沙长期淤积，至清光绪年间，太白湖基本消失，成为低洼的沼泽区。与此同时，洪湖地区则因平原排水不畅，逐渐潴汇成湖，19世纪中后期迅速扩展，光绪年间已形成水面浩渺的洪湖。

2. 荆江河床的演变

长江出三峡至湖北枝江市、湖北松滋市境进入冲积平原，因摆脱两岸山地约束，河流比降陡减，河床中沉积一系列沙洲，开始形成分汊河道。从东晋江陵荆江河段北岸创筑金堤开始，长江泛滥泥沙沉积在荆南地区。宋元明时期北岸穴口暂堵，水沙大量涌向南岸，使荆南地区地势逐渐变成北高南低。古地貌改观的结果，自北南流的虎渡河终于形成。从此，油水改注虎渡河南流汇入澧水而不再入江。至清同治年间，虎渡河西边的松滋河溃决形成，油水再次被夺，改入松滋。

先秦两汉时代，长江出三峡至松滋老城西北三里开始形成分汊河道，南为江，北为沱。江、沱约在今湖北松滋涴市镇合流后沿今水道东流于江陵。当时沮水下游在今江陵西南李家埠附近折向东流至江陵城南，又东纳入阳水。魏、晋时代，江、沱的分流量逐渐趋于平衡，故江又被称为外江，沱被称为内江。内江流量增加，导致沮水下游东折流路被江水劫夺。因江水紧逼江陵城下，东晋时开始沿江北岸创筑金堤。同时逼沮水南下，形成江陵西南的北江分汊河道。原来江、沮之间的滩地被水流冲断，形成一系列沙洲。沮水继续向西摆，明万历以前西移至今湖北枝江市的江口一带。

明嘉靖年间，由于内江径流量不断增大并超过外江，终于在今江口附近横断百里洲，东南与外江相汇，使江、沱汇合点上移至今松滋新闸附近，百里洲被分为上、下两个。原来的主泓道外江由于沙洲棋布，壅塞江中，逐渐演变成大江的岔流。下百里洲北和东的内江故道被遗弃，是径流量大减的结果，与之相关的江陵北江也不断萎缩。江陵南江则因径流量加大，河床不断刷深拓宽。至明万历年间，沮水下游泛滥，江口一带水流壅塞，改行下百里洲东北内江故道，东南流沿萎缩中的北江故道东折，至江陵东南注入长江。

江陵以下荆江河段河床的形成经历了三个阶段：西周前为荆江漫流阶段。周秦至两汉为荆江三角洲分流阶段，荆江在云梦泽陆上三角洲成扇状分流水系向东扩散，主泓横穿湖沼区至城陵矶合洞庭四水。魏晋至唐宋时期为荆江统一河床的塑造阶段，江陵以下的上荆江河段开始在公安附近形成河曲，荆江三角洲上的涌水分流则因荆江西移而断流，夏水分流在南向掀斜运动的支配下向南摆动劫夺涌水的下游河段。唐宋时期，江汉平原上的云梦泽已完全解体，监利境内的云梦泽消失，荆江统一河床最后塑造完成。

3. 下荆江河床形态的演变与边界条件的形成

魏晋南北朝，河床两岸形成许多穴口和岔流，北岸有高口、故市口、子夏口、侯台水口、青阳口、土坞口、饭筐上口和饭筐下口，南岸有龙穴水口、俞口、清水口和生江口等。河床中沙洲非常快地发育，其数量比现在约多六倍。自西往东有黄洲、虎洲、北湖洲、赭要洲、扬子洲、清水洲和生江洲等。属分汊型河床，水位变幅小，流量较均衡，洪水过程极不显著。唐宋时期形成统一河床后，河床不断淤积抬高，洪水过程明显。宋、元、明时期，筑堤围垸工程兴起，沿江穴口岔流几乎全部淤塞消失，代之以人工穴口，如元大德七年（1303）重开小岳、宋、调弦、赤剥四穴，但兴废无常。至明末，下荆江河床完全被限于大堤之内，仅调弦一口分泄江流于潜沔。

由于壅水和洞庭湖顶托作用，至元末明初，下荆江河曲在监利以东地区首先形成，有自下游往上游推移的明显趋势。到明末清初，河床曲流已高度发育，"自监利至巴陵凡八曲折，始合洞庭而东北"。至清代，在河床边界条件及河滩人工筑堤围垸的支配下，河床曲流得到全面、迅速的发展，石首境内的河曲也开始从下游往上游发展。到嘉庆年间，石首至塔市下荆江的曲率已达2.50，监利境内的曲率可能出于自然截弯的原因下降到1.44，石首至城陵矶的曲率为1.90。

4. 洞庭湖的演变

洞庭湖是燕山运动中所形成的地堑型盆地，后经第三纪的抬升、夷平，湖盆形态已基本消失。随着新构造运动的来临，夷平面在第四纪之初的断块差异运动中迅速解体，洞庭湖地区凹陷成湖，重新开始接受沉积。新石器时代以后的先秦汉晋时期，洞庭地区虽有沉降趋势，形成一些局部性的小湖泊，但整个河网切割的平原景观仍很显著。

至东晋、南朝之际，在公安油口下游的荆江南岸，出现了景口、沦口两股长江分流汇合而成的强盛沦水，穿越沉降中的华容隆起，进入洞庭平原，开始干扰洞庭水系，使地表形态由沼泽平原迅速演变为大湖景观。南朝时期，洞庭湖的主体范围在今磊石山—赤山一线以北，赤山—明山—华容一线以东，今南洞庭湖地区，湖面尚未扩及，但河湖港汊已发育。唐宋时期，洞庭湖水面进一步扩大，诗文中出现了"八百里洞庭"一词。在湖区向西扩展的同时，荆江日漱而南，湘江日漱而东，湖面百里之内又常刮西南风，东部岳阳一带沿湖岸线白蚀倾颓颇为严重。

明嘉靖、隆庆年间，荆江北岸穴口基本堵塞，大量泥沙涌向南岸，排入洞庭地区，洞庭湖底不断淤高，洪水湖面水域继续扩张，西洞庭湖和南洞庭湖逐渐形成和扩大。清道光年间是洞庭湖全盛的顶点，洪水湖面达 6000 多平方千米，约为今湖面 2 倍。湖区华容、安乡、汉寿、沅江、湘阴、岳阳等县城皆耸立湖岸，层山、古楼山、寄山、凤山、明山、君山、扁山、磊石山、赤山等皆成湖中岛山，澧县东 15 公里的嘉山也濒临湖岸。由于湖底高程不断增加，湖水深度远不如唐宋时期，统一湖面在平水期会瓦解为若干区域性湖泊。除洞庭、青草、赤沙三湖外，汉寿县有天心湖、太白湖、安乐湖、太沦湖，沅江县有石溪湖、鹤湖、龙池湖，湘阴县有新塘湖、白塘湖、漉湖、羹脍湖，华容县有紫港湖、澌城湖、杜家潭湖、褚塘湖，安乡县有大通湖、大鲸湖、江西湖、安南湖，等等。

清咸丰二年（1852），荆江马林工在小水年溃决，形成藕池口，咸丰十年冲成藕池河。同治九年（1870）荆江大水造成黄家铺堤溃，至同治十二年又溃口，形成松滋口及其分流松滋河。加上虎渡、调弦两口，四口分流局面形成，荆江泥沙约 45% 通过四口排入洞庭地区，至今湖面萎缩一半以上，已不足 3000 平方千米。

5. 鄱阳湖的演变

鄱阳湖属新构造断陷湖泊。在 5 世纪初以前，今鄱阳南湖是一片河网切割的平原地貌景观，西汉时已设有鄡阳县，治所就在现湖中四山（四望山）上。所以今天的鄱阳湖并非古代的彭蠡泽。

更新世中期，长江出武穴之后，主泓流经太白湖、龙感湖、下仓铺，至望江汇合从武穴南流入九江盆地南缘的长江岔流。更新世后期，长江主泓南移至今长江河道，在江北遗留下一系列遗弃的河道。由于该地区处于下扬子准地槽掀斜下陷带，且全新世以来掀斜显著，遗弃河道随之扩展成湖，并和九江盆地南缘的宽阔长江水面合并，形成一个空前规模的大湖泊，就是《禹贡》所载的彭蠡泽。彭蠡泽的具体位置大致有今安徽宿松、望江间的长江河段以及以北的龙感湖、大官湖和泊湖等湖沼地区。长江出武穴之后，形成一个以武穴为顶点，北至黄梅城关，南至九江市的巨大冲积扇。江水在冲积扇上以分汊状水系形式东流至扇前洼地，岔流众多，《禹贡》称为九江。当九江主泓在今九江市折向东北汇注彭蠡泽时，受赣江水流的顶托，其所挟带的泥沙就在主泓北侧的脊线上沉积下来，经过不断加积，并和九江岔流带来的泥沙汇合，最后出露水面形成自然堤，把彭蠡泽中的九江主泓和彭蠡泽分离开来。

在新莽时，湖口断陷区已扩展成较大的水域。彭蠡泽和九江分离后，面积日渐萎缩，逐渐消失，彭蠡泽的名称被移用到湖口断陷区形成的鄱阳北湖。公元420年前后，此彭蠡泽已越过赣江与修水合流的婴子口并进一步向南扩展。至唐代，彭蠡湖周围已达二百余公里，大约相当于今鄱阳湖的二分之一。唐末五代至北宋时期，彭蠡湖迅速向东、向南扩展，已逼近鄱阳县城，从此兼有鄱阳湖之称。鄱阳县西的莲荷山、余干县西北的康山均在此时沦为湖。六朝时期的鄱阳、豫章两郡间的族亭湖、担石湖与鄱阳湖合并。明清时期，鄱阳湖形成很多汊湖并扩展。日月湖泄入鄱阳湖的水道扩展为巨大的军山湖，原来流经进贤西北的清溪、南阳、洞阳三水的中游地带也因下沉而扩展成大汊湖——青岚湖。清代以来，吴城以北的鄱阳湖逐渐淤浅，吴城赣江口外沙洲不断涌现，这些沙洲经过延伸合并，形成赣江鸟足状三角洲。此三角洲又造成其西部地区排水不畅、积水成湖及小湖合并成大湖。

6. 太湖水系的变迁

6000年前，长江由镇江、扬州一带入海。直到西汉时期，扬州一带的广陵潮还闻名天下。由于长江所挟带的泥沙大量在河口堆积，促使太湖平原发育，沿今丹徒、江阴、外岗、曹泾、王盘山一线形成了古老的海岸线。太湖接纳茅山、天目山诸溪，东由吴淞江、娄江、东江分流入海。三江分流处在今苏州东南，吴淞江、娄江大致和今水道流经路线相符。东江则穿过今澄湖、白蚬湖及淀泖地区，由今平湖市东南入海。

从战国至明代，三江还相当深阔，宣泄能力很大。而在三江系统存在的初期，太湖面积远小于今日，今太湖以东和以北诸湖荡绝大部分都不存在。据《越绝书·吴地记》的记载推算，战国至东汉时期的太湖面积只有今天的四分之三。长江三角洲的不等量下沉和沿海地区泥沙的加积，使太湖平原不断向碟形洼地发展，三江系统逐渐束狭以至淤废，太湖的面积则不断扩大，周围形成诸多湖荡。自宋元以来，太湖平原还在继续下沉，而下沉的量和下沉速度最大的地区是在太湖周围一带。沿海地区则由于潮流泥沙的不断加积，海岸线的位置迅速向外扩展。与此同时，沿海地区为阻挡潮流冲击，与海争地，修长了海塘以作防护，从而使该地与其以西地区的地面高程增大。太湖平原积水有日益加深的趋势，11世纪时淀山湖只有0.92～1.23米深，而1960年实测一般为2.5～3米，最深处达3.8米。

太湖平原这一地貌的演变，使河流比降相应地发生改变，原来宣泄太湖水入海的三江，反而成了海水内侵的主要通道。泥沙得以在河口地带大量堆积，促使三江水系的淤塞。太湖中部平原成了积水区域，先后形成零星的湖泊。《越绝书·吴地记》记载除太湖、芙蓉湖外，还有尸湖、小湖、杨湖、耆湖、乘湖、犹湖、语昭湖、作湖、昆湖、丹湖、麋湖、巢湖等。公元前3—2世纪形成谷湖和柘湖，2世纪初形成当湖。三江系统一直维持到8世纪，其后随着娄江、东江相继堙塞，出现湖泊广布的局面。

太湖流域的居民为了生活、生产和生存，历来重视兴修水利，消除水患。通过开凿运河、水渠，修筑堰塘闸坝，疏浚河道湖沼。在形成水网化的过程中，在平原中部低洼地区修筑堤岸，借以提高河流上游水位，增大水流的宣泄。还在沿海诸河口设置水闸，用以调节水流和陆上潮水倒灌。大量土地得到开发，湖泊面积日渐缩小，大量湖泊消失。太湖本身也明显缩小，洞庭东山在 18 世纪还是太湖中一岛，19 世纪中叶已与东岸连成一片，形成东山半岛。

自娄江、东江淤废后，吴淞江作为太湖的主要泄水道于 11 世纪做了两次整治，裁弯取直，正流改道今黄渡以北。但苏州、平望间增修长堤和吴江长桥（一名利往桥，又名垂虹桥）使吴淞江源受阻，流水不畅，以至下游日渐淤塞，水势不得不转向东北。经过不断冲刷，至 13 世纪末终于形成浏河，成为太湖入海大道。此后吴淞江淤塞更加严重，于 1458 年只能另辟新道，形成近代的苏州河。1403 年，夏元吉主持开浚范家浜，上接黄浦，通引太湖、淀泖水入海。18 世纪后，随着浏河日益束狭淤浅，黄浦江不断扩大加深，成为太湖下游唯一大河。

四、长江流域和长江文明的兴起

迄今为止已经发现的古人类和古文化遗址显示：长江流域和黄河流域等地区一样，是中国最早的人类发祥地之一，并孕育了足以与黄河流域并驾齐驱的灿烂的早期文明。距今 8000—3000 年的新石器遗址，广泛分布在长江流域。距今 5300—4000 年期间，浙江良渚（在今浙江杭州市余杭区）、湖北石家河（在今湖北天门市石家河镇北）与黄河流域的山西陶寺、陕西石峁交相辉映，相继进入古国文明阶段。

但是出于我们今天还无法完全了解的自然原因，长江流域的这些文化遗址都未能延续下来，或戛然而止，或不知所终，文明曙光熄灭了，或者以迄今为止还不为人知的方式融入了黄河文明或其他文明。四五千年前，长江流域气候湿热，降水过多，原始植被异常茂密，低洼地湖沼遍布，疾疫流传。西周初年的江南土著还是"断发文身"，文明程度远远落后于中原地区。到春秋战国时，尽管长江流域先后出现了巴、蜀、楚、吴、越等与北方诸侯抗衡的政权，尽管它们都曾有过富有地方特色的瑰丽多彩的文化，但总体上已难以与中原文化相提并论。西汉初年，今江西、湖南的长江以南地区还因"卑湿，丈夫早夭"而被中原人视为畏途。以成都为治所的蜀郡，在西汉前期还"辟陋有蛮夷风"。

公元前 1 世纪前后，气候由暖转寒，黄河流域的农业生产受到一定影响，而长江流域的气候却变得相当适宜，获得了发展的机遇。但长江流域人口稀少，经济基础相当落后；加上政治中心一直在北方，在北方的农业生产还没有饱和并出现危机之前，朝廷不可能重视南方的开发，更不可能为此而投入额外的人力和物力。在这种情况下，少量迁入长江流域的人口也大多是罪犯、无地农民、贫民或低级官员，数量和质量都不能满足大规模开发的需要。东汉末年至三国的分裂局面，曾经形成一次空前的人口南迁。但短期的分裂结束后，蜀、吴两国的上层人士，包括土著在内，都被迁往北方，南方的开发刚起步就中止了。

4 世纪初，西晋的内乱和少数民族入主中原驱使大批上层人士和汉族民众南迁，并以建康（今江苏南京）为首都建立了东晋和南朝政权，南北分裂的局面一直延续了近三百年。为了维持自己的政权，南迁的统治者和北方移民致力于南方的开发，并不得不调整与土著的关系，使自身的整体优势得到充分发挥。这次被称为"永嘉南迁"大移民的迁出地遍及黄河上、中、下游，而以中下游为主；迁入地也遍及长江上、中、下游，也以中下游为主；迁出人口包罗各阶层，中上层占有较高比例；移民在迁入地居统治地位，拥有政治特权和经济文化优势，但在数量上是少数。这就形成了一次黄河文明的系统南迁，但也经历了一个本土化的过程。所以当公元589年分裂结束时，南方文化与北方文化已旗鼓相当，甚至比北方文化保留了更多的中原传统。尽管由于政治中心依然在北方而使其开发进程再次延缓，但南方的经济基础已经奠定。

公元755年爆发的安史之乱和随后绵延不绝的内乱外患，使黄河流域再次沦为战场。由此引发的人口南迁出现一次次高潮，一直延续到10世纪前半叶的五代。在北方遭受战祸，经济倒退或停滞的二百年间，南方却由于较少战乱或基本维持了安定而以前所未有的速度得到发展，这既得益于源源不断的移民，也是在经济上摆脱了中央政权的财政重负的结果。晚唐已有"扬一益二"的说法，即就经济发达程度而言，扬州（今江苏扬州市广陵区，辖境今扬州市一带）第一，益州（今四川成都市城区，辖境今市区一带）第二，它们都在长江流域。一般认为，到10世纪后期中国的经济重心已经南移。尽管这一说法还缺乏量化分析的支持，但中国人口的南北分布比例从此经常保持在6比4，在基本依靠人力生产的条件下，经济实力的比例大致不会相差很大。而当时长江流域以外的南方开发程度还不高，所以说到10世纪中叶，长江流域在经济实力上已超过了黄河流域。北宋末年出现"苏常（苏州、常州，今苏南大部）熟，天下足"的说法，说明江南已是全国商品粮的稳定基地。

1127年的"靖康之乱"和此后一个半世纪的分裂,使中国再度出现数百万人口南迁。北方的上中层人士大多迁出,经济文化实力大受影响,而在此期间北方遭受的天灾人祸又远比南方严重,特别是在蒙古入主中原,以致出现了中国人口分布南北比例达8比2的极点。南方的经济文化优势已经完全确立,从此再未逆转。南宋时,范成大赞誉"天上天堂,地上苏(州)杭(州)",民间演化为"上有天堂,下有苏杭"。虽不无夸张,但能一直使用到近代,只能说明已经得到广泛认同。

明清两代,长江流域的优势地位不断加强。明朝中期出现了"湖广熟,天下足"的说法,说明湖北、湖南已经成为全国的商品粮基地。"松江衣被天下",证明松江府(大致今上海市辖境)的纺织品已可满足全国的需要。"苏松赋税半天下"虽有复杂的原因,但长江流域支撑了中央财政的绝大部分,江南漕粮保证了首都的粮食供应,却是五百年间的现实。至于文化、学术、教育、科举、人才等各方面的南方领先地位,稳定延续至近代。

1868年,轮船穿越三峡,驶进川江。长江成为新的产品、产业、技术、文化、科学、人员流通、输入的新渠道。溯江而上,南通、镇江、南京、芜湖、安庆、九江、汉口、沙市、宜昌、万县(今重庆市万州区)、重庆、宜宾,都发展成新型工商城市,沿江与沿海一样成为中国相对发达地区。上海也因居于"江海之汇,南北之中"而崛起为中国和亚洲第一大都会。

世界上只有中国完整地拥有两条世界级的大河——黄河、

长江。

中华文明在黄河流域形成和发展,在长江流域巩固和辉煌。当黄河流域遭受天灾人祸时,长江流域提供了广阔和适宜的发展空间,确保中华文明长盛不衰。中华民族由黄河和长江共同滋养,黄河流域和长江流域交相辉映,长江和黄河同样是中华民族的母亲河。

第八章

长城

秦城汉塞,三关九边

长城，亦称城、塞、障、障塞、边、边塞、边墙。始见于《左传·僖公四年》："楚国方城以为城。"因这类城明显不同于一般聚落外围的城墙，且有长度，战国时已被称为长城。如《战国策》："民力穷敝，虽有长城巨防何足以为塞？"秦始皇筑城时，就称为长城，见《史记·蒙恬传》。

在人类文明的初期就出现了城墙——在自己的聚落四周建筑封闭性的防御设施。在中华五千年文明史上的重要标志——城市的形成，几乎都伴随着城墙的出现。最新的考古发现或许能将城和城墙的历史上溯到上万年。但是这种线形的、有一定长度的、非封闭性的城，却到春秋时期才出现。

西周时虽已有成千的诸侯国，号称万国，但都服从于周天子，国与国之间不需要相互防范。而且绝大多数诸侯国只有一个或几个城，有城墙作为防御就足够了。再则，大多数诸侯国之间还存在"隙地"（无人区），基本不存在现实的军事威胁，自然没有在城墙以外再增加防范设施的必要。春秋时期，周天子的权威已名存实亡，礼崩乐坏，主要诸侯国不再"存亡继绝"，而是争夺兼并，到战国时形成了七个拥有数十上百个城的大国和若干个无足轻重的小国。另一方面，在中原地区，诸侯国间已不存在"隙地"，各国疆界接壤，甚至犬牙交错。因此在邻国间建筑线形的城墙成为有效的防范手段，一经出现就为各国所仿效，形成各自的长城。但在有些诸侯国之间还存在着天然的障碍或广阔的缓冲地带，或者所受的军事威胁并不大，而修筑长城毕竟需要耗费大量的人力物力，所以在这些地方就不建长城。春秋战国数百年间，诸侯国疆界是不断变化的。一些强大的诸侯国在前期主要是扩张，后期主要是防卫，所以往往修建了不止一道长城，以适应不同阶段的需要。但如果稳定的时间太短，就来不及修筑与此态势一致的长城。

一、楚长城

见于文献记载最早的长城,并已为考古发现所证实。《左传·僖公四年》:面对齐侯及诸侯之师的讨伐,楚国的使者屈完强硬地应对:"楚国方城以为城,汉水以为池。"说明至迟在公元前7世纪中叶,楚国已经利用方城的天然地形地势建成了一道线形的防御工程。这道长城大致可考的位置和走向,西南自今河南邓州市境,沿湍水东岸北上,进入今河南内乡县东北境与河南南召县西北境,折东,沿伏牛山脉南麓延伸至河南鲁山县东南境,向东南转入今河南叶县与河南方城县交界处,东至今河南舞阳县境,折南入今河南泌阳县境,西南入河南唐河县境。总长近500公里。部分城墙就利用山脉山地险要,大部分就地取材,以土石构建。

二、齐长城

西起今山东平阴县北黄河东岸,东经山东济南市长清区南境、泰山北、莱芜与章丘两区交界处、山东淄博市博山区山东南境、山东沂水与山东临朐两县交界处、山东安丘市西南境、山东莒县东北境，入山东五莲县境内，又经山东诸城市南境，至今山东青岛市西海岸新区西南境小朱山海边。对齐长城的建筑年代，历来说法不一。一说其西南段主要为防御鲁国，应建于鲁国尚强盛的春秋晚期。但《史记·楚世家》正义张守节注引《齐记》"齐宣王乘山岭之上筑长城，东至海，西至济州千余里，以备楚"。则其东部应至战国中期方由齐宣王续建。在平原地区用黄土夯筑，山岭地带多用石砌，或两边砌石，中间夯土。在山东莱芜、山东泰安等地遗迹尚存。

三、魏长城

有东西两条。一为河南长城，亦称河外长城。《水经注·济水》："梁惠成王十二年（前358）龙贾帅师筑长城于西边。"位于黄河以南，大梁（今河南开封市）以西。其走向：自卷（今河南原阳县西）西滨河之地东行，至阳武（今河南原阳县西南）西，折向东南，经圃田泽（今河南中牟县西）西至密（今河南新密市东北）。一为河西长城，筑于魏河西之地西界。《史记·秦本纪》：秦孝公元年（前361），"楚、魏与秦接界，魏筑长城，自郑滨洛以北，有上郡"。《史记·魏世家》：魏惠王十九年（前351），"筑长城，塞固阳（今陕西合阳县）"。其走向，南起今陕西华阴市西南，沿长涧水西岸向北行，越渭水，经沙苑过洛河，又循洛河东岸北上，于今陕西大荔县西境、洛河东岸的长城村附近转向东北，经今陕西澄城县东南境到今陕西合阳县西北境，折东，止于陕西韩城市南黄河之滨。以夯土筑成，在陕西大荔、韩城境内遗迹宛然，在陕西澄城、陕西黄龙交界地也有多段遗迹。

四、燕长城

有两条。一为易水长城，燕国筑于易水沿岸的长城。《史记·张仪列传》：燕昭王元年（前311）张仪说燕昭王，"则易水长城非大王之有"。则此长城当筑于燕昭王之前。其走向，起自今河北易县西，沿古南易水北岸东行，经今河北保定市徐水区、河北安新县，至今河北雄县境内，再转向东南入今河北文安县境内，长五百余里。其遗迹仍然可以见到，用土筑成。其中徐水区遂城以北一段保存最好。一为东北长城，系燕国筑于东北边界防范东胡的长城。《史记·匈奴列传》：燕将秦开袭破东胡后，"燕亦筑长城，自造阳至襄平，置上谷、渔阳、右北平、辽西、辽东郡以拒胡"。大约修筑在燕惠王到燕王喜初年（前278—前254）。其走向约西起今河北张家口市宣化区、张家口市北，东北经河北围场县、内蒙古赤峰市北，入内蒙古敖汉旗境，东经内蒙古奈曼旗、内蒙古库伦旗境内，进入今辽宁北部，东南至今辽宁辽阳市以东地。一种说法为经今辽宁阜新市东，再经辽宁彰武县、辽宁法库县、辽宁开原市，越辽河，折东南，再经辽宁新宾县、辽宁宽甸县东南，至古沺水。今辽宁赤峰市附近东至奈曼、库伦二旗内遗迹尚存，系利用天然屏障，就地取材，土筑或石筑。河北围场、河北丰宁县境内亦有部分遗迹。

五、赵长城

有两条。一条为漳滏长城，系赵国建于漳、滏二水流域。《史记·赵世家》赵肃侯十七年（前333），"围魏黄不克，筑长城"。越武灵王十九年（前307）也提到"我先王……属阻漳、滏之险，立长城"。起于今河北武安以西太行山下，于漳、滏二水间循二水东南行，于今河北磁县西南境折向东北，入今河北邯郸市肥乡区南境，抵于漳水。另一条为赵武灵王所筑长城。《史记·匈奴传》："而赵武灵王……北破林胡、楼烦，筑长城，自代并阴山下，至高阙为塞。"其时当在《史记·赵世家》所记赵武灵王二十六年（前300）"攘地北至燕、代，西至云中、九原"之后。东起代的北界（约今河北张家口市北），西至雁门（今山西北部），沿阴山（今大青山、乌拉山）山脉南麓而西，经九原（今内蒙古包头市九原区西）北，止于高阙（今内蒙古杭锦后旗东北）。赵长城建于山坡上或贴近山脚，除少数地段为石筑外，多为夯土筑，长城南段尚存烽火台、城障及居所遗迹。

六、中山长城

战国时中山国所筑长城。《史记·赵世家》：赵成侯六年（前369），"中山筑长城"。中山长城应主要用于防御赵国，其位置大致应在今河北、山西两省交界地带与河北省西南部。在今山西平定县和河北井陉县交界处分布的石砌残墙疑为中山长城遗迹。

七、秦长城

战国时秦国修筑的长城。主要有两条：一为《史记·匈奴列传》秦昭王时，"杀义渠戎王于甘泉，遂起兵灭义渠，于是秦有陇西、北地、上郡，筑长城以拒胡"。这条长城起于临洮（今甘肃岷县）西，沿洮水东岸北上，经今甘肃临洮县、甘肃渭源县北境而东北，再经今宁夏西吉县、宁夏固原市原州区、宁夏彭阳县，甘肃镇原县、甘肃环县、甘肃华池县、陕西吴起县，到达今陕西志丹县北，复至吴起县东。由此分为两支，一支经今陕西绥德县折向西北，至于秦上郡治所肤施（今陕西榆林市榆阳区东南）；另一支经今陕西靖边县、陕西神木市进入今内蒙古准格尔旗境，继续向东北行，止于内蒙古托克托县境西南黄河边。在今甘肃临洮县与甘肃渭源县、宁夏固原市原州区，内蒙古准格尔旗等地，其遗迹依然可见，系夯土构筑，因地制宜。长城内侧附近还有多处居所和烽火台遗迹。还有一条为《史记·六国年表》所记秦简公七年（前408）"堑洛，城重泉"，即在洛河侧畔修筑长城。此长城起于今陕西华阴市东南，向东北越过渭河，循洛河右岸而西北，至今陕西蒲城县东南境，越洛河北上，至今陕西大荔县韦林镇长城村，再越洛河而西北，进入今陕西白水县西北境。今陕西蒲城县境内洛河右岸的前、后阿坡村有其遗迹，夯土筑，南北向，残长 300 余米。

八、秦朝长城、万里长城

秦始皇灭六国后，曾拆毁部分原有长城。《史记·秦始皇本纪》：秦始皇三十二年（前 215）"刻碣石门。坏城郭，决通堤防"。刻石辞称："皇帝奋威，德并诸侯，初一泰平。堕坏城郭，决通川防，夷去险阻。"显然，堕坏的城郭并非各地通都大邑的城墙，而是原来各国间所建的长城。因为一旦统一，这些长城就成了国家内部的"险阻"，不仅会成为实施中央集权、贯彻皇帝政令的障碍，还可能为地方上潜在的敌对势力、割据势力所利用。必须拆毁的是那些妨碍交通、影响运输或存在不安全因素的，以及可能形成人为险阻、不利于上级政府控制的地段，没有必要也不可能拆毁所有的长城。这项措施应该是在灭六国的过程中就在进行的，到这一年已经全部完成，所以作为一项重大政绩予以记载和颂扬。

由于东胡、匈奴的军事威胁继续存在，原来燕国、赵国和秦国修筑在北边的长城非但不属拆毁范围，而且要全面修缮利用。《史记·蒙恬列传》：秦始皇三十三年（前 214），"乃使蒙恬将三十万众北逐戎狄，收河南，筑长城，因地形，用制险塞，起临洮,至辽东,延袤万里。于是渡河,据阴山,逶迤而北"。这条长城的基础是修缮连接原燕、赵、秦的长城,其走向与三国长城完全一致。也是西起今甘肃岷县,北傍阴山,东至辽东。但东端往南延伸到了朝鲜半岛清川江南海边,在西北端也在赵长城的基础上"逶迤而北",向西北延伸扩展。长城的合计长度已逾万里,故俗称为万里长城。

九、汉长城

亦称边塞。西汉武帝所筑长城。《汉书·匈奴传》：元朔二年（前 127）,在反击匈奴,收复秦朝故地,"遂取河南地,筑朔方,复缮故秦时蒙恬所为塞,因河为固"。这条长城基本就是沿用秦始皇长城,加以修缮巩固。但以后汉军多次深入蒙古高原,曾封狼居胥山（在今蒙古国乌兰巴托附近）,在阴山以北建成两条并列的外长城,蜿蜒于蒙古高原上,北长城直至阿尔泰山脉中,南长城转向西伸于内蒙古额济纳旗。又兴筑河西三条边塞：从甘肃永登县西北至酒泉市；自酒泉市沿北大河、疏勒河,西至敦煌市玉门关,自索果诺尔南沿弱水两岸,甘肃敦煌以西则筑亭燧,东起甘肃玉门关,西至新疆罗布泊北岸、孔雀河末流。汉昭帝、宣帝并筑亭燧西移,自新疆库鲁克塔格山南麓、孔雀河北岸,西北至新疆库车西北。西河、上郡、北地三郡沿边亦建塞筑障,在今内蒙古鄂尔多斯市东胜区西北、内蒙古伊金霍洛旗、内蒙古乌审旗西南、宁夏平罗县陶乐镇西南、宁夏灵武市东长城一线。

汉长城的遗迹广泛分布于内蒙古、宁夏、甘肃境内。阴山以北的外长城多以黄土夯筑，在河西走廊段就地取材，以砂石、黄土、红柳、芨芨草、芦苇、罗布麻、胡杨树枝等逐层堆积。长城内侧，有大量烽燧、居所、道路的遗迹。

十、北朝长城

北魏为防御柔然，修筑的长城，东起今河北赤城县，西达内蒙古乌拉特前旗东北。东魏为防御西魏，修筑的长城，西起山西静乐县，东北至山西宁武县东北。北齐为防御突厥，修筑的长城，南起山西代县西北，北至山西五寨县北；又自山西保德县、山西河曲县间，东经北京市昌平区居庸关南口，直至河北山海关附近；重城西起山西偏关县东，东至山西繁峙县平型关东北。北周为防御突厥，修筑的长城，西起山西代县北雁门关，东抵河北昌黎县北碣石。

十一、隋长城

隋代为防御突厥、契丹修筑的长城。隋朝曾多次修筑长城，见于《隋书》记载的如，开皇七年（587）二月，"发丁男十万余修筑长城，二旬而罢"。大业三年（607）秋七月，"发丁男百余万筑长城，西距榆林，东至紫河，一旬而罢，死者十五六"。大业四年秋七月，"发丁男二十余万筑长城，自榆谷而东"。但每次时间很短，估计只能对已有长城做些修缮加固，或个别地段的增筑。隋长城西起宁夏灵武市，东达山陕间黄河。西起内蒙古托克托县，东达山西浑河。另一段在河北山海关一线。

十二、金界壕

亦称壕堑、金源边堡，俗称成吉思汗边墙。金代为防御蒙古在北方边境地带所筑军事防御工程。掘成深度长壕，在壕内侧堆土为长堤，并在长堤上加筑马面。沿着其内侧每隔一定距离筑有边堡，并在重要交通道口建有关隘。主要分布在今内蒙古境内，少部分在蒙古国境内。横跨约 2500 公里，实际长度 7000 余公里。据《金史》记载，始筑于天眷元年（1138）前，大定十七年（1177）和大定二十一年（1181）、明昌三年（1192）至承安三年（1198）都曾兴筑。具体走向：东北起自今内蒙古莫力达瓦达斡尔族自治旗，西南沿兴安岭经索伦、突泉县西、达尔泊北，再沿阴山西延至黄河后套。今东段尚有土壁遗迹。今额尔古纳河上游北岸，西经内蒙古满洲里市北，直至蒙古国境，也是其边堡遗址。

十三、明长城

亦称边墙。明代为防御鞑靼、瓦剌的侵扰所筑长城。自洪武至万历，前后经历二百多年，基本完成长城的修筑工程，东起鸭绿江边虎山南麓，西抵嘉峪关，全长一万二千七百多里。其中鸭绿江边至山海关，至今大部已毁坏，山海关至嘉峪关保存较为完整。宣化、大同两镇之南，直隶、山西界上，并筑有内外城，其南边墙称为"内边"，其北边墙称为"外边"。居庸关为京都西北门户和屏障，周围十三余里，城墙高8.5米，厚6.5米，顶部厚5.7米，女墙高1米。山海关为东北重关，周八里余，城墙高10米，厚15米，顶厚12.34米，女墙高1.1米。嘉峪关为西北重关，周围640米，城墙高9米，厚6.6米，顶厚2米。据2009年4月18日首次公布明长城数据：其中，人工墙体的长度为6259.6公里，壕堑长度为359.7公里，天险长度为2232.4公里。

沿长城设置军镇，分段守卫。至嘉靖二十一年（1542），设有九个重要军镇，称九边，或九边重镇：辽东镇（今辽宁北镇市），隆庆后冬季驻东宁卫（今辽宁辽阳市白塔区）；蓟州镇，总兵起初驻桃林口，后移迁安寺子峪（也称狮子峪），天顺年又移至三屯营（今河北迁西县境内）；宣府镇，总兵驻宣府卫（今河北张家口市宣化区）；大同镇，总兵驻大同府（今山西大同市平城区）；偏头关（太原镇，也称山西镇或三关镇），总兵起初驻偏头关（今山西偏关县），后移驻宁武所（今山西宁武县）；延绥镇（也称榆林镇），总兵起初驻绥德州（今陕西绥德县），成化以后移至榆林卫（今陕西榆林市榆阳区）；宁夏镇，总兵驻宁夏卫（今宁夏银川市兴庆区）；固原镇（也称陕西镇），总兵驻固原州（今宁夏固原市）；甘肃镇，总兵驻甘州卫（今甘肃张掖市甘州区）。

为什么从春秋战国开始出现的诸侯国之间的长城，到秦始皇统一就从此废毁，以后即使在大分裂的时期也没有复建，而在北方防御东胡、匈奴的长城却屡次重建、新建，延续了两千多年，直到17世纪初呢？这是因为以农业文明为基础的中原王朝与北方游牧民族对峙的局面始终没有改变。游牧民族的主要军事手段是骑射，机动灵活，行动迅速，出其不意，进攻性、突击性强，打击半径大。他们的主要财产牛羊和帐篷可以随时转移，他们的成员兵民合一，大多数人有自卫能力。中原王朝驻守着漫长的边界和广阔的土地，粮食、房屋和财富无法随时转移，民众大多没有自卫能力，军队数量有限。而长城就是防御游牧民族骚扰、掠夺和入侵的有效手段，可以延滞和阻挡骑兵的翻越，为传递信息和调动军队赢得宝贵的时间，干扰和缩短弓箭的打击半径，增加掠夺的难度。虽然修筑时要投入较大的人力物力，但维护成本低，沿用时间长。就地取材建造长城，除了人力和简单的工具，几乎不需要其他投入。在冷兵器、无机械动力的时代，长城无疑是在长距离、大范围内防御游牧民族的最有效的手段。

但长城只是这项防御工程的基础或主要部分，还需要相应的、更为复杂的配套。单纯一道城墙，无论多高多厚多坚，只能在一段时间内阻挡骑兵，如果无人驻守或不主动出击，敌方不难掘开一个缺口，堆出一道斜坡，开出一条道路。而在那么长的距离上也不可能都布置防守兵力，所以要建立一系列的烽燧，随时观察对方动向，传递信息。在基本防卫点外配置机动兵力，根据信息调度和调整。为了主动进攻和反击的需要，保持必需的交通路线，进行日常维护，巡察和管理墙外缓冲区，长城上在一定距离内要设置关隘和出口，开辟道路。这就需要驻守将领士卒和保障人员，储备粮食、武器等物资，有条件的地方要配置住房、仓库、耕地、牧场等生活和生产基地和设施。就是一个瞭望哨、烽火台，也必须全天配置值守人员、武器、燃料、油料，为他们提供后勤保障。所以除了长城本身外，需要配置关隘建筑和设施，瞭望点，烽燧，壕沟，指挥和管理场所，营房，仓库，训练设施，生活设施，娱乐设施，文职人员、服务人员和家属生活区，水源，道路，控制点，拘留所等，有时还要配置农田、菜园、牧场等。在重要军政据点或战略要地，还要做纵深配置，甚至做多层纵深。长城沿线有些地方就有多道城墙、多重关隘，还要在后方屯驻机动部队。

明朝要在一万二千多里的长城沿线保持这样的配置，就得长期驻守数十万军队，加上后勤保障人员和家属得有上百万，沿长城设置了九座军镇和大量卫、所、屯、堡、站、营、村。为满足军镇中经常性驻守的高中级军官、文职人员及其眷属的需求，接待朝廷和上级官员，还形成奢侈品、餐饮、娱乐产业，成为繁华的商业城市。《五杂俎》称："九边如大同，其繁华富庶不下江南，而妇女之美丽，什物之精好，皆边寨之所无者。……谚称蓟镇城墙，宣府教场，大同婆娘为三绝云。"

长城沿线大多是高山峻岭、草原荒漠、穷山瘠地、人烟稀少，本地不产粮食，或者还来不及开垦出农田，附近地区也没有余粮可供，只能从遥远的后方长途输送。秦朝在河套一带修长城和守长城所需的军粮，要从今山东半岛靠人工运去，绝大部分都被运输者在往返途中食用，留下的只有六十分之一。从理论上说,要满足河套 30 万人的食粮,就得从山东输出 1800 万人的食粮。明朝供应九边的粮食要从江南运去,朝廷难以保证,只能实行"开中法",招募商人将粮食运到边镇规定的仓储,换取"盐引"(定额食盐专卖许可证)。这样我们才能理解,为什么修长城会被看成秦始皇的暴政,因为修长城的耗费实在巨大,不仅要调动大量人力物力修筑长城,还要驻守大批军人守卫维护,更多的人力物力为他们运输粮食、武器等物资。也正因为如此,修长城和守长城是不得已的,一旦外来军事威胁消除,就没有必要了。

清朝康熙年间,曾有人向康熙皇帝报告长城部分区段年久失修,有的关隘也塌坏了,建议重修。康熙批评他们"未谙事宜",所提建议"甚属无益",认为蒙古"较长城更为坚固",还需要长城干什么?所以,康熙朝以后,长城一般不再修葺,除了出于治安、贸易、管理的需要而做的局部整修。

所以,我们今天从历史文化、价值观念、文物古迹的角度,从中华文明和中华民族的角度看长城,应该充分肯定长城的作用。但是,从军事对抗的角度和国家统一的角度而言,长城的废弃是好事,是历史的进步,是长城两边保持和平,并统一为一个国家的标志。

现在有些说法认为,长城也是开放的象征,长城上的关口是开放的口岸,是商贸通道。这种说法是因果倒置,完全不符合历史事实。建长城是为了加强军事防卫,当然是要封闭,封闭得越严密越好。要是为了开放,还建什么长城?只有在长城两边合为一家,至少是保持和好的条件下,双方才可能开放。但不可能将长城都拆了,只能利用一些关口作为开放的通道和口岸,或者在长城上新辟通道和口岸。如西汉前期,曾一度汉匈和亲,单于才能"往来长城下"。后期也因为汉匈和好,才会"城门晏闭,牛马布野"。元朝、清朝时长城内外是一家,西方人从长城上关口出入,长城上的古北口、杀虎口成了重要的出入口,走西口晋商连接万里茶道,出山海关闯关东的移民川流不息昼夜不断。这是在长城失去军事防卫功能和边界的功能后对它的利用,怎么能当成它的本来功能呢?

长城是不是农牧分界线呢?所谓农牧分界线有两种含义:一是按自然条件划分的宜农与宜牧地区的界线,二是当时形成的农业和牧业的实际分界线。秦朝以后历代建筑长城的目的,都是防范北方游牧民族的侵略,守卫自己的疆域,自然不会主动放弃宜农土地,所以长城基本上就是第一条界线。当然这并不意味着是一条完整的界线,特别是在人口稀少、土地开发还不充分的条件下,将一些未开发的宜农土地留在长城外面也不意外。而出于军事控制的目的,在局部地段可能完全不考虑农牧业的自然界线。在长城建成后,农民不可能到长城外面去开垦耕种,牧民也无法越过长城放牧。时间长了,长城就成了第二条界线。当然这两条界线都不是绝对的,农民可能会偷偷出长城在无人区开荒种地,牧业区内也可能有人种粮食。但数量毕竟有限,不会改变分界线的实质。在长城废弃以后,这两条界线都会随着自然条件和生产力的变化而调整,长城作为农牧界线的作用随之消失。

长城是不是中国历史上的边界?当然不是。因为从公元前7世纪的楚长城开始,都是历史上中国内部政权或部族间的界线。春秋战国时各国修筑的长城,是楚、齐、燕、魏、赵、中山、秦之间，以及燕、赵、秦与东胡之间的界线。秦朝、汉朝筑的长城，是它们与匈奴之间的界线。北魏筑的长城，是它与突厥、柔然间的界线。东魏、西魏，北齐、北周的长城是为了相互防范，或作为它们与突厥之间的界线。隋朝所筑长城，是与突厥间的界线。金朝的界壕是为了防御蒙古。明朝筑的长城，是与鞑靼、瓦刺、女真、后金、清朝间的界线。无论这些中原王朝、地区或边疆政权、部族，都是历史上的中国的一部分，所以长城从来就不是历史上的中国的外部边界。

长城是不是中原王朝或某一政权的边界呢？基本都是。修筑长城的目的就是防御敌方的入侵或骚扰，当然要最大限度地防卫自己的疆土，将长城筑在自己疆域或势力范围的最边缘。如果考虑到地形、地势、气候、资源、人口等各方面的原因，或者为了留出军事缓冲区，而将长城筑在原有边界之内，那就意味着主动放弃了长城外这块疆土，筑成的长城还是本政权的边界。反之，如果只是权宜之计，肯定会在条件成熟后将长城推进到本政权的实际控制线。但这不是长城的常态，而是罕见的特例。

只有在长城两侧的政权和好时，或者长城的军事功能已经完全消除的情况下，长城才不是政权的边界。如在西汉后期，汉匈和好，汉朝可以到长城外筑城驻军，汉匈之间可以协商调整边界。东汉后期，东汉可以在长城外安置匈奴降人，也可以让匈奴迁入长城，东汉的实际边界不受长城的限制。另外，一个朝代存在的时间很长，不同阶段有不同的军事实力和综合国力。军事行动可以在短期内收效，长城却不能在短期内修筑或毁废，在局部地区，长城完全可能与边界不一致。中原王朝和北方的游牧民族政权都有可能突破长城夺取对方一块土地，而来不及或没有必要将长城调整到与边界一致的位置。明朝嘉靖年间已退缩到嘉峪关，关外已非明朝所有，关外的长城虽依然存在，却已经不是明朝的边界。

历史上的长城，无论本身的长度如何，无论存在时间的长短，毕竟都是一个政权的边界，所以长城这个名称不能滥用。有些人随意将某条并不太长的城墙称为"某某长城"，将在局部地区隔断少数民族的一小段"边墙"称为"某某长城"实在名不副实，也会产生消极影响。

一度流传一种说法，称长城是在太空唯一能够凭肉眼看到的人工建筑物。这一说法早已经被事实证明，无论制造者出于什么动机，这只是一种善意的谎言或夸张。

长城不是中国特有的。构筑封闭性的防御设施，是早期人类普遍拥有的手段。一些范围较大的政权或部落联盟都可能有构筑线形的、有一定长度的、非封闭性的城墙的需求。罗马帝国拥有辽阔的疆域和漫长的边界，不少方位和地段面临外敌的威胁，同样存在修筑长城的需要与可能。由于工程浩大，分布范围广，修筑质量高，至今还有广泛遗迹，如在英国境内的哈德良长城、安东尼长城，德国境内的日耳曼长城，东欧蛇墙，上、下图拉真长城等。其中的哈德良长城，始建于 122 年，总长超过 120 公里，1987 年被列为世界文化遗产。德国的赫德比边境古景观及土墙，是建于 1 世纪初至 2 世纪初的防御工程，2018 年被列入世界文化遗产。2021 年德国、比利时、荷兰、奥地利等国陆续公布了同属环地中海已发现的罗马帝国北部边界的防御系统，全长 5000 多公里。相匹配的罗马道路系统有 15 万公里，其中 8 万多公里是铺石大道。此外，在朝鲜、印度、伊朗等国家也有长度不一的长城。

各国各地古代长城的物理指标，如时间、跨度、长度、高度、厚度、建材的类型、修筑方式、遗迹遗址的保存程度等是可比的，可以排序，但这些长城在历史、文化及在各自文明中的地位、其精神价值和象征意义，是不可比的，也无须比较或排序。

长城，是中国历史地理的存在，是中华民族的传统文化和价值观念的一部分，是中华文明的构成部分。

第九章

运河

漕运万里，国脉所系

运河，是人工开凿的通航水道，用以沟通不同河流、湖泊、海洋等水域。古代称为沟、渠、漕渠、漕河、运渠。宋代始有运河之称，元明后渐成通称。

中国的先民很早就利用水运。三四千年前，包括中原地区在内，各地有很多河流、湖泊等天然水体。但这些水体并不是都能连通的，有的在水位下降时就连接不上，给水运或灌溉带来不便，于是就有人通过挖土引水将它们连接起来，形成原始的运河。在低洼的平原、土壤疏松的地方、水源充足的条件下，临时开凿一条小型、短距离的水道并无多大困难，所以这类原始的小型运河应该相当普遍。只是由于缺乏文献记载，加上这类原始运河与天然水道往往难以区分，其故道已无法鉴别或复原。

随着水运需求的增加和生产力的提高，先民开始在平原和水量充足的水体间开挖距离较长的运河。目前所知最早的运河，是见于《左传》记载的邗沟，公元前486年由吴国开挖，沟通长江、淮河，在今江苏扬州市南引长江水，北过江苏高邮西，折东北进入射阳湖，又西北至江苏淮安北入当时的淮水。中国的大江大河基本上都是东西向的，相互间平行而不连接，水运也无法连通。有了运河，就可以从这条河、这个水系进入那条河、那个水系。有了邗沟，吴国的运粮船就可以从长江进入淮河，又从淮河及其支流运往更远的地方。

在平原地区开凿沟通两个水系的运河相对容易，如果要穿越高地、丘陵，或者在河流的源头或上游开凿穿过分水岭的运河，就比较困难，甚至还相当艰巨。一方面，要凿开岩石，或要使运河两头保持在一个水平面上，都需要耗费很大的人力物力；另一方面，如果一条运河不在同一个水平面上，就得建造船闸帮助船舶通行，或者用人力控制船舶上升或下降。如大运河的山东段，因济宁至南旺一带要高于两边近40米，必须在运河上逐级建造拦河石闸，蓄水通航，南北两边都需要建二十多个船闸。漕船每过一个船闸，都要经过进闸、关后闸、开前闸、等待蓄水或泄水、驶入或被拉入下一个闸段、再关后闸、开前闸这样的过程，而无论由北向南还是由南向北，这样的船闸得通过四十多个。如此下来耗费了大量人力、物力和水，通行的速度很慢，效率极低。由于山东运河的通航能力有限，为了确保国家漕运，由南方运河来的一般商旅货物必须在王家营（在今江苏淮安市淮阴区）"起陆"，改为车马陆运。在漕运额度无法完成的情况下，部分漕粮也得起陆，或者在过了这些船闸后再用水运，或者全程陆运至北京。从通州到北京城的通惠河运力也不够，清朝漕粮到通州后也改成陆路运输。

要维持运河的通航能力，必须有稳定的水源，才能保证河道有足够的水量、水深和航道的宽度。但在降水不足的北方，或在河床有高差的河段，只能由人工蓄水、调水。为了保证会通河的水量，明朝初年从汶上袁口开了一条新河，在沿岸设置安山、南旺、马场、昭阳四个湖作为水柜（水库），将周围的水源，包括山泉水在内，全部汇集起来。每个泉眼都派一名"泉老"管理，确保数百股泉水全部汇入运河。山东本身缺水，但即使农田干枯，生活缺水，作为运河水源的泉水也"涓滴不许旁泄"。另一方面，由于运河本身的宣泄能力有限，汶水宽数百丈，而南旺一带运河宽不过十丈，来水过多又会造成运河的泛滥。

沟通不同水系有利于通航，大运河沟通五大水系，才能形成由北京到浙江杭州的水运航道。但沟通不同水系也会引起水患水灾，使原来只限于一个水系的灾害扩大到另一个水系。如华北平原上各条河原来都是分流入海的，曹操开平虏渠、泉州渠将不同的水系连接起来，洪水和泥沙也相互流通影响，一些较小的河的下游陆续淤塞，最终形成了海河水系，其他河都成了海河的支流，都集中在海河入海。又如运河沟通了黄河、淮河、长江，黄河水通过运河水道流入淮河，"夺淮"入海，占据淮河下游河道。黄河洪水甚至通过运河流入长江。运河与黄河是平面相交的，黄河水位高，运河水也充足；黄河形成洪水，泛滥决口，运河水量丰富，漕运畅通。所以，为了保证运河漕运，宁可不堵黄河的决口，也要等到漕运结束后才堵口筑堤。

每一条运河的开凿和维持，都必须考虑其必要性和可能性。如秦始皇时，出动大军征服岭南，需要为部队运送粮食。但沿着湘江最远只能将粮食运送到湘江源头，如何运送到岭南呢？因此在今广西兴安县境内开了灵渠，将湘江源与漓江源连接起来，运粮船可以通过灵渠进入漓江，再顺流而下进入珠江水系。溯湘江而上是逆水行舟，过分水岭也得靠一系列船闸控制，通行成本很高。战时运粮不惜代价，平时或商业性运输就不得不考虑成本。而且秦汉时期岭南人口稀少，本地生产的粮食和物资足以满足需求，没有从岭北南运的必要。而岭南的七郡对朝廷的贡献物资数量有限，直到东汉前期都是通过海运。东汉中期在南岭开通了"峤道"（山路），成为南北交通运输的干线。由于一直没有需求，灵渠在西汉后就长期废弃，以至唐代的地方官对这条渠道已经一无所知，经一番调查考察后才重新加以整治利用。

而隋炀帝开江南河，尽管是出于巡游的私欲，但因适应经济开发和交通运输的需要，河道所经地区水量充沛，地势平坦，这条运河产生了巨大效益，起到了不可替代的作用。隋开皇十一年（591），杭州的治所钱唐县由山麓迁至江干。20 年后江南河开通，杭州成了大运河的起讫点，水运可直达洛阳、长安，一跃而成为区域中心、东南都会。元、明、清三代，江南的漕粮也靠这条运河汇集北运。

历代统一王朝的首都都在黄河流域或北方，西汉、隋唐又都在关中，但主要的粮食产地都是在太行山以东、江淮或江南。西汉时长安的粮食供养就离不开关东的输送，汉武帝时开凿的漕渠提供了水运的便利。隋和唐朝前期，洛阳得运河之便，储存了充足的粮食，而再将粮食运到长安耗费较大。所以在关中粮食歉收或发生饥荒时，皇帝会率领文武百官和百姓至洛阳"就食"，或者长期留驻洛阳，武则天甚至迁都洛阳。安史之乱后，唐朝首都所在的关中地区的粮食和物资主要依靠江淮漕运供应，运河是不可中断的生命线。北宋首都开封的粮食供应区已从江淮扩大到江南，更离不开运河。到了元朝，首都大都的粮食供应几乎完全依赖江南，必须解决两地间的水运问题，于是不惜代价要开通和维护这条大运河。明太祖朱元璋虽建都南京，但还是想将首都迁到北方，一度以开封为北京，后来发现通往开封的运河已经淤浅，漕船无法顺利通行，不得不放弃。明、清两代能定都北京，完全靠大运河这条生命线支撑。可以这样说，没有大运河，就没有北京的首都地位，就没有国家的统一和稳定。尽管局部地区要为之付出巨大的代价，但就国家利益而言，是值得的，必需的。

元朝一直以部分海运取代运河漕运，以海运为主。北京东直门附近地名"海运仓"，就是因为元朝在那里建了一片库房，用来储存从南方运来的粮食。因为都是先海运到天津，再通过通惠河运到积水潭（今什刹海），所以这库房称为"海运"，明清沿用未改。但漕运最终还是离不开运河，到了明清更是全靠运河。这是因为当时还没有机器动力船，海上航行只能依靠洋流和风力。加上当时没有天气预报和远程通信，海运风险大，无法保证。而粮食是日常需求，对首都的粮食供应关系到国家的统一和稳定，不能冒险。所以尽管漕运一直是国家的沉重负担，运河运输成本居高不下，还是只能全力维持。

太平天国战争一度阻断江南漕运，不得不改走海运。但有了机动海轮，沿海普遍通了电报，海运安全可靠迅速，经济高效，完全可以替代运河。所以在光绪二十七年（1901）停止漕运，不再要求南方各省运粮食到北京，改为将该运的粮食折算成现金上缴，中央政府通过市场采购。1912年津浦铁路全线通车，南粮北运又增加了一条高效便利的通道，大运河的历史使命已经完成。一旦失去了漕运功能，政府自然不需要再花巨大的人力物力去维护，商业航运也不会再选择山东段运河，这段运河就此废弃。河北段运河不再维护，不久就淤塞断航。但台儿庄以南的运河始终水量充足，河道畅通，至今都是不可替代的黄金水道。

历史上可考的主要运河如下，大致按其开凿或形成的时间先后为序。

一、邗沟

最早见于文献记载的人工运河。《左传》作邗、邗沟，《汉书·地理志》作渠水，杜预注为邗江、韩江，《水经注·淮水》作邗溟沟、中渎水。故道从今江苏扬州市南引长江水北流，在今江苏高邮市南经武广湖东、陆阳湖西，下注樊梁湖（约为今江苏高邮市北界首湖），东北经今江苏宝应县东南博支湖、县东射阳湖，折西北至今江苏淮安市北末口入淮水。东汉建安中，因"患河道多风"，广陵太守陈登于樊梁湖北口开渠，北接白马湖，东北流抵末口入淮，较原水道为近直。但魏晋时今江苏淮安市南一段仍须绕道射阳湖，无法直达。东晋永和中，江都水断，曾一度从今江苏仪征市东北欧阳埭引江水为源。隋大业元年（605）重开邗沟，一说即开皇七年（587）所开山阳渎，大致循东汉建安故道，"渠广四十步，渠旁皆筑御道，树以柳"，自扬州直达淮安，不再向东绕道，大致即今里运河一线。唐时改称漕河、官河、合渎渠。

二、鸿沟

《水经注·渠水》引《竹书纪年》作大沟，鸿与大同义。战国魏惠王十年（前360）开凿。自今河南荥阳市北引黄河水南流入圃田泽，又自泽引渠东流经今河南中牟县、河南开封市祥符区北，折而南流经河南通许县东、河南太康县西，至河南周口市淮阳区入颍水。连接济、濮、汳（获）、濉、涡、颍、汝、泗、菏等主要河道，在黄淮平原上形成以鸿沟为干线的水道交通网，对促进各地经济、文化的发展产生了巨大作用。汉以后称狼汤渠。公元前203年，楚（项羽）、汉（刘邦）相争中议和，中分天下，以鸿沟为界，以东属楚，以西属汉。

三、狼汤渠

《水经注》作蒗蘯死渠，一作蒗荡渠，又简省作渠水，《括地志》作莨荡渠。即战国至秦汉间鸿沟。故道自今河南荥阳市北引黄河水东流，经河南中牟县北、河南开封市祥符区南（原经城北，秦王政二十二年王贲决渠灌大梁后，主流经城南），折而南流经河南通许县东、河南太康县西，至河南周口市淮阳区入颍水。魏晋后开封市以上改称汴水，以下改称蔡水（河）。

四、灵渠

原名溇渠，亦作零渠、秦凿渠。后又名湘桂运河，或兴安运河。在广西兴安县境内。秦始皇三十三年（前 214），为用兵岭南，转运粮秣需要，命令史禄开凿，沟通湘水和漓水。全长 34 公里。工程主要分南渠、北渠、斗门、堰坝等。南渠占总水量的十分之三，汇于漓江。北渠占总水量的十分之七，汇于湘江，故有"三分漓水七分湘"之说。斗门（或作陡门）是建在渠上的集中比降、提高水位的设施。历代屡有改建增设，唐代有 18 座，宋代增至 36 座，清代有 32 座。近代因公路、铁路的修筑，航道功能逐渐消失，成为以灌溉为主的河渠。

五、漕渠

汉、唐时由长安东至黄河的运渠。西汉元光六年（前 129），大司农郑当时调动数万士卒，由水工徐伯督率开凿。渠道沿终南山（秦岭）而下，长三百余里，三年完成。大大便利漕运，并可灌溉农田。开始时以灞水为源，以后开凿昆明池，又开了昆明渠往东连接灞水，汇合于漕渠。东汉时尚能通航，到北魏时已无水。隋开皇初改从长安（今陕西西安市）西北引渭水为源，又疏浚旧渠道通航，称为广通渠，亦称富民渠。仁寿四年（604）改称永通渠，但习俗仍称漕渠。不久又淤塞。唐天宝初陕郡太守韦坚、太和初咸阳令韩辽先后修治，堵塞渭水作兴成堰，傍渭水东流至永丰仓（隋开皇中的广通仓，仁寿末年改名，在今陕西华阴市东北），以下合渭水入黄河，规制大略与隋时相同。唐朝末年迁都洛阳，渠道堙废。

六、阳渠

亦名九曲渠。原系环绕古雒阳城（今河南洛阳市瀍河区）四周的渠道，相传由周公旦所开凿。东汉建武五年（29），河南尹王梁开渠，引谷水注雒阳城，渠开凿成功但水不流通。二十四年，张纯又从今河南洛阳市附近引谷水、洛水东流，过雒阳城，东至今河南洛阳市偃师区东南引入雒水（今洛水），以方便漕运。其中自雒阳城以东一段亦名阳渠。魏、晋时屡次经过修缮和治理，北魏后期废弃不用。隋朝另外修缮通济渠作为替代。

七、白沟

原来是黄河在宿胥口决口改道后，在故道上残留的一条小水沟，在今河南浚县西，发源处接近淇水东岸，东北流至内黄以下，另有一条亦是黄河故道上残留的清河。东汉建安九年（204）曹操将进攻袁尚，因漕运需要，在淇水入黄河处下大枋木成堰。此后上起枋堰，下合今河北威县以南的清河，都被称为白沟，成为河北地区的水运干道。到隋炀帝时才被永济渠所替代。故道南段相当于今河南淇河口至河南内黄县的卫河，亦即隋代所开永济渠的一部分。北段流经今河北大名县西，北流至河北威县东下接清河，现今已废弃。

八、平虏渠

1. 东汉建安十一年（206），曹操为北征乌桓并消灭与其联合的袁尚残余势力，所开凿的运渠。起自呼沱（今滹沱河，故道下游经今河北安平县、河北饶阳县、河北献县、河北青县南，东入海），下游注入泒水（上游即今沙河，故道下游经今河北饶阳县北、河北河间市、河北任丘市西、河北文安县、天津市静海区北，至天津市区入海）。故道就是今河北青县至天津市静海区独流镇间一段南运河的前身。一种说法是在今河北饶阳县西，实际上是司马懿征伐公孙渊时所开凿，详细参见《元和郡县志》。另一种说法在今河北沧县东北，为唐姜师度所开凿。

2. 唐神龙三年（707），河北道支度营田使所开运渠。傍海凿渠，借此来避免海运艰险。故道在今河北沧县东北，首尾起始不详。

九、泉州渠

东汉建安十一年（206），曹操为征乌桓、袁尚，与平虏渠同时开凿的运河。因渠道南起泉州县而得此名。渠水上承潞河（今北运河前身），下游即今天津市海河，向北经泉州县治（今武清区西南）东，又北经雍奴县（今天津武清区西北）东，历经沼泽地180里，入于鲍丘水（上游即今潮河，下游即今蓟运河入海），合口在泃河口东，称为泉州口，在今天津市宝坻区境内。《水经注》记载已涸废无水，仅存原有的水沟。

十、利漕渠

东汉建安十八年（213），曹操被封魏公，建都城于邺（今河北临漳县西南），开渠引入漳水，自今河北曲周县南，东南至今河北大名县西北、河北馆陶县西南注入白沟，借此来沟通邺都和四方漕运，因此得名。此后邺都可通过此运河通往河北平原北端。《水经注》中尚有记载，其后变迁不详。

十一、贾侯渠

三国魏文帝时期豫州刺史贾逵所开，故此得名。上承庞官陂（在今河南西华县东北），长200余里。故道约在今河南周口市淮阳区一带。后因川渠径复交错，郦道元著《水经注》时已无法辨认。

十二、破岗渎

亦名破岗埭。六朝建康（今江苏南京市）附近的运道。三国时期吴赤乌八年（245）派遣校尉陈勋率屯兵三万在句容县（今江苏句容市）和云阳县西城（今江苏丹阳市西南延陵西）间的高阜上开凿渠道，西接淮水（秦淮河），东连运道（今江苏丹阳市以北运河），沟通吴（吴郡）会（会稽郡）。因凿穿岗阜，故此得名。此后，来往于吴、会的漕船可以避开京江（今江苏镇江市长江段）风涛，由此渎直抵都城建康。南朝梁时避简文帝纲讳，改为破墩渎。后来废弃，另外开凿上容渎。陈高祖时修复。隋灭陈，又废弃。

十三、桓公沟

或作桓公渎，一名桓水。起自薛训渚（湖名，在今山东嘉祥县附近）引流分南北：向北注入巨野泽北与济水合并，名字叫洪水。南流利用原黄水河道，至方与县（今山东鱼台县西旧城）注入菏水。长三百余里。东晋太和四年（369）桓温伐后燕，因天气干旱，汴水道绝流，开凿渠连通清河，故此得名。义熙十三年（417）刘裕伐后秦时，水军自淮、泗入清河，又疏浚使之开阔。为公元四五世纪时黄河、淮河间南北水运航道之一。唐以后不见记载。

十四、广通渠

隋开皇四年（584）因渭水水流浅砂石深，漕运不便，命宇文恺、郭衍开凿。起自大兴城（今陕西西安市）引渭水东绝灞水，大致沿着西汉漕渠故道，至潼关（今陕西潼关县东北），连接黄河。建成后漕运便利，还可以灌溉农田，名为富民渠。因渠经过渭口广通仓，又名广通渠。俗称漕渠。仁寿四年（604）又改名永通渠。不久后淤废。唐天宝初，韦坚又做疏通治理。

十五、山阳渎

隋开皇七年（587）为沟通江、淮漕运而开凿的运河，因北起山阳县（今江苏淮安市淮安区）境而得名。一种说法是自今江苏淮安市东南流经射阳湖，南经今三垛、樊川、宜陵一线至江苏扬州市江都区东，西折经江苏扬州市广陵区南入长江。另一种说法即大业元年所开邗沟。

十六、通济渠

隋炀帝大业元年（605）开凿。分东西两段：西段起自东都洛阳（今河南洛阳市）西苑，引穀水、洛水，贯穿洛阳城向东流出，大致循东汉阳渠故道，至偃师入洛，由洛水入黄河。东段起自板渚（今河南荥阳市北牛口峪附近）引黄河水东行汴水故道，至今河南开封市别汴水折而东南流经今河南杞县、河南睢县、河南宁陵，至河南商丘东南，行蕲水故道，又经河南夏邑、河南永城、安徽宿州、安徽灵璧、安徽泗县，江苏泗洪至江苏盱眙对岸入淮河。渠宽四十步，渠两旁都开有御道，栽种柳树。因为隋炀帝巡游所用，故又称御河。这是隋代所开运河中最重要的一条，对当时和以后唐、宋两代中原和江淮地区间的经济和文化交流发展起了重大的促进作用。唐改名广济渠。唐、宋时通称西段为漕渠和洛水，东段称为汴河或汴渠。

十七、永济渠

隋炀帝大业四年（608），为便利由中原向河北的军事运输而开凿的运河。动用百万余人，疏浚今沁河下游，南引至黄河，北通涿郡（今北京市西城区），长二千余里。故道自今河南武陟县沁水东岸至河南卫辉市一段用沁水支流，即今孟姜女河（天上下雨时有水，平时为干涸状态）。自河南卫辉市至天津市一段，用清水下接淇水（白沟）、屯氏河、清河，大致与今卫河相同（自河南内黄县至山东武城县在卫河西，自山东武城县至山东德州市在卫河东）；自天津市至涿郡故城一段用沽水上接桑干水，即今天津市武清区以下北运河及北京市西南郊永定河故道和北京市南苑镇以下凤河。开通后不久，涿郡附近一段即废弃。唐以后，自天津市以南部分即专以清、淇两水为源，与淇水隔绝。宋以后通称为御河。金元以后屡经改道，至明称卫河，经流与今卫河、南运河相同。

十八、江南河

隋炀帝大业六年（610），为东巡会稽（今浙江绍兴市）而开凿，自京口（今江苏镇江市京口区）至余杭（今浙江杭州市），八百余里，河宽十余丈，使之可以通行龙舟。历代多有修治，是今江南运河的前身，称浙西运河。

十九、胥溪

在今江苏南京市高淳区、江苏溧阳市间，西连长江，东通太湖。本名濑水，因春秋时伍员自楚奔吴及其后助吴攻楚都经过此河，宋元后称之为胥溪。原来是天然河流，五代后被改造为运河。明朝初年建都南京，是太湖地区漕运的主要通道。

二十、漕运四渠

北宋建都开封（今河南开封市祥符区），有汴、黄、惠民、广济（五丈）四河通漕运，合称漕运四河。

二十一、惠民河

起自新郑县（今河南新郑市），引洧、溱诸水，经河南尉氏县西，东北流入开封（今河南开封市），折东北出城，经陈州（今河南周口市淮阳区）入颍。自新郑至开封一段本名闵河，北宋建隆二年（961）所开。自开封至陈州入颍一段本名蔡河，本来以汴河为源，此时导闵水入蔡为源。以后又导潩、洧二水下游经河南鄢陵、河南扶沟两县汇合蔡河，以扩大水源。开宝六年（973）改闵河为惠民河。京南、京西、淮西一带与开封之间水运交通都取道于此。金代还有航运之利。元朝初年，黄河屡次南决夺涡、颍入淮，蔡河久为决流所淤。泰定年间，河床中的淤泥已高出地面。明朝以后故道湮没，无法通航。现仅淮阳以南尚残存一段蔡河。

二十二、五丈河（广济河）

北宋漕运四渠之一，利用天然河道疏浚引水而形成的运道。原以汴水为源，起自河南开封，东流经河南兰考县、山东菏泽市定陶区，至山东巨野县西北注入梁山泊，下接济水（亦名清河）。因河广五丈得名。定陶附近一段本系菏水西段，其余河段系南济水中下游故道。五代周显德四年（957）于开封城西疏汴水入五丈河，以通齐鲁舟楫，即此。北宋建隆二年（961）因汴河含沙量高，河中淤泥多，不利于通航，故于开封城西汴河上架槽，引金水河为源。开宝六年（973）改名为广济河。每年可运送京东漕粮 62 万石。此后直至南宋建炎初年宗泽留守开封时，屡加浚通治理。金代后被黄河决流所湮。

二十三、浙东运河

钱塘江和姚江之间西起西兴镇、东至通明坝的几段内河的总称，浙东地区重要的水运航道。全长约 125 公里。各段完成时间先后不一：绍兴至曹娥江段见于《越绝书》，最迟在东汉时已完成。西兴至绍兴段又称西兴运河，为东晋会稽内史贺循疏浚。曹娥江以东，运河自梁河镇至通明坝。通明坝以下，利用天然河道可达宁波。北宋以后，因钱塘江口沙潬淤涨，外来的船只来中国大多由宁波取道浙东运河至杭州。

二十四、运河

又称大运河、南北大运河、京杭大运河。元朝修浚利用一部分隋唐以来原有的运河和某些天然河道，又在今山东临清市、山东济宁市间先后开凿了济州河、会通河，在今北京城区、通州区间开凿了通惠河，因而形成了一条自大都（今北京市）出发，可以经由通惠河、白河、御河（永济渠）、会通河、济州河、泗水、黄河、淮扬运河（邗沟）、浙西运河（江南河）直达杭州的沟通海河、黄河、淮河、长江、钱塘江五大水系的南北大运河。元朝末年山东境内的河道淤废。明朝永乐初年重开通惠河，此后四百余年除通惠河一段通塞不畅以外，其余各段经常通航（局部地段曾改易运道），成为当时南粮北运、公私商旅往来的主要运道。清咸丰五年（1855）黄河北徙改由今道出海，运河堤被冲毁，汶水被挟东流，运道涸竭。又因海运兴起，南北商贩日益兴盛，自此原来由江南各省承担的漕粮或者改为折合现金向朝廷上缴，或者改由海运，经由运河北运的只剩下一小部分。光绪二十七年（1901）将漕粮全部改为折合现金上缴，停止漕运。不久，自黄河北至临清一段运河全部淤积成陆地。

二十五、济州河

元至元十三年（1276）开始在济州（今山东济宁市）境内修凿的运河，工程期间有停歇，至至元二十年完成。北引汶水，东引泗水为源，两水通过洸河和府河汇流于济州城西，分流南北，南入泗水，北汇大清河（今黄河），全长150里，即今山东运河南起鲁桥北至安山一段的前身，唯有袁口以北故道在今道之西。河道开通以后，南来漕船自淮溯泗，由此河出大清河入海往直沽（今天津市）。六年后开会通河，因此河与通惠河相接，亦被通称为会通河。

二十六、通惠河

元至元二十九年（1292）至至元三十年由都水监郭守敬主持开凿。起自今北京昌平区附近，修堤筑堰，截温榆河源白浮等泉水，导使循西山山麓西折南，转注入瓮山泊（今昆明湖），东南流入大都城（今北京市城区），穿城向东出，至今通州区高丽庄入白河。全长160余里，置坝闸20座。开通后，漕运可直达大都城内的积水潭（今什刹海）。明朝初年淤积废弃。其后成化、正德、嘉靖及清康熙、乾隆间曾屡次加以修浚，都因水源只靠昆明湖水，不再远引昌平诸泉，或者暂时流通又很快淤积，或水浅量少无法承载重物，功效都不如元代。又因城内故道已被圈入宫墙之内，漕船一般都以城东南的大通桥为终点，故通称为大通河。

二十七、胶莱河

又名胶东河、胶莱新河。在今山东半岛西部，原分为胶河和沽河。胶河源出山东青岛市黄岛区铁橛山，北流至山东莱州市入莱州湾。沽河源出山东龙口市蹲犬山，南流至山东胶州市入胶州湾。元至元十七年至至元二十二年（1280—1285），为缩短海运航程，避免绕道成山角，由莱州（今山东莱州市）人姚演建议所开凿的一条人工运河。南起胶州（今山东胶州市）麻湾（今胶州湾），利用沽河河道上溯至今高密市境，向西挖通一段分水岭，接通胶河，北至掖县（今山东莱州市）海仓口入海。全长三百余里，因经胶、莱两州而得名。后因工程量大和经费问题难以修成而作罢。明朝嘉靖、万历年间多次复议重开，均因三十里分水岭难以开通，又需要借助潮水而运，而沙会随着潮水来，淤浅河道，终未成功。崇祯末年犹有人言及，都未能实行。

二十八、会通河

北段即今山东运河（南运河）、黄河间的故道，中段即今黄河至昭阳湖间运河，夏镇（今山东微山县）以南至江苏徐州市的南段久已湮塞。始开于元至元二十六年（1289），起自今山东梁山县安山西南，北抵山东临清市，上接济州河引汶水北流，下接御河（今卫河），长250余里，命名为会通河。此后由南而来的漕船无须远涉渤海，可经此河转御河直达大都（今北京市）。因地势中间济宁至南旺一带高，南北低，因而在运河上兴建拦河石闸，蓄水通航。到了至正元年（1341），在北起今山东临清市南至江苏徐州市的运道上建闸29座。另有隘船、进水等闸多座，用于抬高水位，控制水量。此后就将这一段运道，包括安山以北的会通河，安山、鲁桥间的济州河，鲁桥、徐州市间的泗水，统称为会通河。但因水源不足，河道内水量不够，吃水太浅，漕船航运时间有限，在元朝时期的漕粮北运还是以海运为主，到元朝末年甚至已完全废弃不用。

到明朝初年，约有三分之一的河道已经淤断。永乐九年

（1411）命工部尚书宋礼主持开复工程，宋礼采用汶上老人白英的建议，在东平州（今山东东平县）东六十里戴村（今山东汶上县东北）附近汶水上筑坝，长五里，拦蓄汶水南下汶上南旺湖。从此南北分流，北上临清入卫河，南下徐州入黄河。又从汶上袁口在旧河以东二十里开了一条新河，在沿岸设置安山、南旺、马场、昭阳四个湖作为水柜（水库），将周围的水源，包括山泉水在内，全部汇集起来。在西岸设置陡门（闸门），用以宣泄过量的涨水。并陆续增建船闸，使漕船能在河道中上升、下降，通过济宁—南旺这段地势高点。至明朝末年，会通河全线有51座闸，故又有闸河之称。为了增加水库，将鲁中山区西侧的泉源全部引入运河，因而又被称为泉河。河道建成后运道畅通，于是停止海运，每年400万石漕粮完全由运河输送。

以后南段经常遭受黄河决口泛滥而引起淤填，明隆庆、万历年间在昭阳湖东开新河，自山东鱼台县南阳镇至江苏沛县留城接入旧河，长140余里，湖西的旧河逐渐废弃。

明隆庆、万历年间，江苏徐州城北茶城运口年年被黄河所淤，有人建议将夏镇（今山东微山县）、徐州间运河至彭河之间开挖渠道，循泇河下游以通漕运。泇河有东西两源，东泇源于山东费县东南箕山，西泇源于山东费县东南抱犊崮，二源南流至今江苏邳州市三合村相汇，又南经泇口集，东南流，与彭、武、沂诸河交汇，又贯蛤鳗、连汪、周、柳等四湖，至邳州直河口（今江苏宿迁市皂河集西）入黄河。万历二十一年至二十九年（1593—1601）间曾再次动工但未能成功，万历三十二年运河总督李化成又大开泇河，终于完成。新道自沛县夏镇李家口引运河水，东流合彭河，又合丞水、泇、沂等水，出邳州直河口入黄河。全长130公里，设置水闸便于通航。此后运道由泇河经微山湖东，西北直达济宁州，避开了旧道从直河口溯黄河而至徐州的三百里风险。当时称为东运河。

清代通称北、中两段旧道及南段新道为山东运河。清朝末年停止漕运，黄河以北随即淤塞，黄河以南仍可断断续续地通航。

二十九、胭脂河

明朝洪武二十六年（1393），为沟通京师（今江苏南京市）与三吴之间的漕运，命崇山侯李新凿开胭脂岗，引丹阳、石臼诸湖水会秦淮河入长江，故名胭脂河。永乐年间废弃。故道在今南京市溧水区西。

三十、南运河

京杭大运河的一段。自天津市经河北南部至山东临清市。利用原有卫河加以疏浚而成。清朝以来将天津以北的运河（白河）称为南运河。

第十章

丝路

张骞凿空,中外连通

丝路，即丝绸之路。19世纪60年代，德国地理学家李希霍芬多次前来中国考察。他返回欧洲后，编辑出版《中国》一书，向西方世界介绍中国的地理概貌。在这部出版于1877年的著作中，李希霍芬首次使用"丝绸之路"一词，并提出"丝绸之路"的概念。

1936年，瑞典探险家斯文·赫定将他几次中亚探险经历结集出版，作为李希霍芬的学生，他把"丝绸之路"作为书名。这部书在西方学术界影响很大，被翻译为多国文字。凭借这部书，"丝绸之路"成为西方汉学界熟知的概念。

20世纪70年代，中日恢复友好邦交后，日本掀起一波了解中国的热潮。为了满足国民迫切的需求，日本NHK电视台与中国中央电视台联合拍摄了一部介绍中国西北对外交通历史的纪录片。纪录片的命名，采用了国际汉学界流行的"丝绸之路"。随着纪录片的播映，"丝绸之路"在中、日两国广泛流传。中国文艺界还借助这一概念进行了一系列文艺创作。例如由甘肃歌舞团编创的大型歌舞剧《丝路花雨》曾在国内外巡演，广受好评，加速了"丝绸之路"面向公众的传播。

一、狭义丝绸之路

李希霍芬在《中国》一书中是这样定义"丝绸之路"的:"公元前 114 年到公元 127 年间,中国与河中地区,以及中国与印度之间,以丝绸贸易为媒介的东西交通路线可以称为'丝绸之路'。"李希霍芬所称"丝绸之路"主要在两汉时期。这正是以"丝绸"冠名的原因所在,因为只有在这一时期,古代中国的对外贸易才以丝绸为主。两汉以后,西方逐渐掌握了丝绸制造技术,丝绸已不再是中西贸易的主要商品。此外,李希霍芬还强调"丝绸之路"是中国与中亚、印度之间,即经由河西走廊、新疆进入中亚的贸易路线,地理范围上并不涉及中亚以西的西亚、欧洲。

二、广义丝绸之路

到了《丝绸之路》的出版,斯文·赫定有意消除李希霍芬对"丝绸之路"时间、空间的限定,把"丝绸之路"定义为连接欧亚大陆古代各文明的贸易、文化纽带，由此"丝绸之路"有了泛指古代中国与欧亚大陆其他文明交通路线的意涵。我们今天对"丝绸之路"的理解，基本延续了斯文·赫定的看法，并进一步扩大至所有中国古代与外界的交通路线。

不过，在古代中国悠久的对外交流历史中，丝绸只是两汉时期特有的贸易商品，在其他时期并不占据主流地位。所以有学者尝试以"瓷器之路""茶叶之路"命名不同时期的中西交通路线。但这些提法没有被广泛接受。另外，西方汉学界提出的"丝绸之路"主要指中国经由河西走廊、新疆，进入中亚的交通路线。而历史上的中国并非只有这一条交通路线与外界沟通，于是又有学者把途经欧亚草原的对外交通路线称为"草原丝绸之路"，把途经四川盆地、云贵高原的对外交通路线称为"西南丝绸之路"，把经由青藏高原的对外交通路线称为"高原丝绸之路"，把经由海路与西方沟通的航路称为"海上丝绸之路"。这些提法的提出，不断拓展了"丝绸之路"概念的空间范围，使得"丝绸之路"成为中国对外交流所有交通路线的泛称。一般我们把这种泛称中国一切对外交通路线的"丝绸之路"称为广义丝绸之路，而把西方汉学界特指的中国经由河西走廊、新疆沟通西方的"丝绸之路"称为狭义丝绸之路。

三、丝绸之路存在的地理基础

欧亚大陆的东部被一系列的天然高山隔绝起来：从太平洋西岸北部的斯塔诺夫山脉（外兴安岭）开始，向西有雅布洛诺夫山脉（兴安山）、萨彦岭、阿尔泰山，再向南为天山、帕米尔高原，再向东为喜马拉雅山脉、横断山脉，这些山脉如同字母"C"把欧亚大陆东部隔绝成一个相对独立的地理单元。这个地理单元就是历史上中华各民族活动的舞台，也是中国清朝乾隆、嘉庆时期中国疆域范围，同时也是谭其骧先生所说的"历史上的中国"的地域范围。

然而这一系列高山所构成的自然地理障碍中分布着一系列孔道，成为历史上中国对外交流的通道。而其中以西部阿尔泰山、天山之间的伊犁河谷，以及帕米尔高原尤为重要，是古代中国对外交流的主要通道。为什么西部山脉之间的两个孔道最为重要，而不是北部山脉（所谓草原丝绸之路）、南部山脉之间的隘口（所谓高原丝绸之路、西南丝绸之路）呢？因为欧亚大陆各古文明几乎都分布在北纬 15 度至北纬 45 度之间，这是农耕文明存在的地理范围。古代中国与外部文明世界交流自然要利用两者之间的山脉隘口。至于南部山脉、北部山脉以外并无高度发达的人类文明，古代中华文明穿越这些山脉对外交流的需求不高，这些交通路线对中华文明的影响也十分有限。

虽然伊犁河谷、帕米尔高原是欧亚大陆东西部之间沟通的天然通道，但是对于中华文明而言，要想通往这两处通道，依然存在自然气候、自然环境方面的限制。伊犁河谷、帕米尔高原位于欧亚大陆中心，来自印度洋的暖湿气流受喜马拉雅山脉阻隔无法到达这里，而来自太平洋的暖湿气流，由于距离遥远也无法到达这里。因此，从古代中华文明的核心地区要想到达这两处隘口，必须跨越一段长距离的干旱区。今天地理学通常把年降水量低于 400 毫米大于 200 毫米的地区定义为半干旱区。400 毫米降雨线在西北地区基本位于今天甘肃省兰州市附近，由此再往西便属于干旱区、半干旱区。而今甘肃省玉门市基本为降雨量 100 毫米分布线，由此再往西便属于极端干旱地区。从兰州出发，向西逐渐进入干旱地区，自然景观以草原、荒漠为主，无法支撑农耕生产。而若是出了玉门市，自然地貌为沙漠、戈壁，已是人类无法生存的地区。中国先民若想抵达伊犁河谷、帕米尔高原，其难度可想而知。

在今甘肃省兰州市至伊犁河谷、帕米尔高原之间，分布着包括祁连山、昆仑山、天山等一系列东西走向的山脉。这些山脉的平均海拔在 4000 米以上，多为常年积雪的雪山。每当夏季冰雪消融，雪水由山脉流入沙漠、戈壁，便在山脉山麓地带形成连绵不绝的绿洲。这些绿洲如同一座座驿站，成为沟通伊犁河谷、帕米尔高原与中原地区的天然走廊。古代中国通往欧亚大陆西部的交通路线正是依托这些绿洲而存在的。具体而言，从兰州市出发，向西沿着祁连山北麓的绿洲带（河西走廊）至甘肃玉门市。交通路线在甘肃玉门市分为两支。南支沿着塔里木盆地南缘的昆仑山北麓绿洲带，向西可到达和田；由和田翻越喀喇昆仑山进入今巴基斯坦的印度河流域（古印度文明），也可继续前行至喀什翻越帕米尔高原进入中亚，这就是丝绸之路南线。玉门关以西，北支经由哈密、吐鲁番盆地至天山山脉，亦可分为两支。南支沿天山南麓绿洲带至喀什翻越帕米尔高原进入中亚，这是丝绸之路中线。北支沿天山北麓绿洲带经伊犁河谷进入中亚，这是丝绸之路北线。丝绸之路并非只有一条，而是由南、中、北三支路线构成。每条支线亦有多条小路。但无论如何，这些路线都是依托雪山山麓绿洲带而存在，故也有学者把丝绸之路称为绿洲丝绸之路。

丝绸之路主要依托绿洲而存在，然而绿洲的生态系统较为脆弱，因此绿洲的兴衰，也决定了丝绸之路的走向。例如天山南麓一系列山融雪水河流汇集形成塔里木河，昆仑山北麓一系列山融雪水河流汇集形成车尔臣河。两条河流流经塔里木盆地。塔里木盆地地势西高东低，塔里木河、车尔臣河由西向东流淌，在塔里木盆地东部汇合，形成大片湖体——罗布泊（古称楼兰海）。历史早期，发源于祁连山西段的疏勒河水量较为丰沛，可以自东向西汇入罗布泊，于是罗布泊绿洲成为中西交通的枢纽，楼兰古国便建立于此。然而，流经沙漠的塔里木河下游河道并不稳定，时常发生变化，这使得罗布泊成为一座游移湖，不仅位置经常改变，也会发生周期性盈缩。汉朝势力进入河西走廊和西域后，在疏勒河流域设置敦煌郡移民农耕，而在天山南麓、昆仑山北麓绿洲带驻兵屯垦。随着塔里木河、车尔臣河、疏勒河农业开发，取用河水灌溉农田，导致流入罗布泊的河流水量减少，特别是疏勒河不再汇入罗布泊。由此罗布泊绿洲不断萎缩，交通地位大大下降，使得原来地处中西交通要冲的楼兰、敦煌，其地位逐渐为吐鲁番和玉门所取代。

第十章 丝路：张骞凿空，中外连通 261

四、丝绸之路与中国历史

李希霍芬把丝绸之路的开端定在公元前 114 年，这是西汉张骞开通西域的时间。"张骞凿空"通常被认为是丝绸之路形成的开端。其实这种认识并不准确。丝绸之路早已有之，并非经由张骞才得以开通。考古学表明，远在西汉之前，中华文明便与西方文明存在陆路交流。公元前 3000 年左右，文明程度较高的中东两河流域古文明，其先进的农业、手工业生产技术，经由游牧民族向整个欧亚大陆扩散。有西方学者将这一趋势描述为"青铜时代的全球化"，而欧亚大陆东部的中华文明，也受到这次技术浪潮的影响。在此时期，中国境内出现了大麦、小麦等原产于两河流域的农作物，中东地区最早驯化的黄牛、绵羊也在中国出现，特别是青铜冶炼技术和车的传入，对于中华文明的发展具有重大意义。考古发掘揭示，这些先进的农业、手工业技术，正是通过游牧人群，经由新疆、河西走廊、陇右，再进入黄河流域，也就是后来的"丝绸之路"。在"丝绸之路"上，越往东，这些技术出现得越晚，正反映了西方技术由西向东传播的趋势。

公元前 3000 年，大量西方先进技术的东传，对于今中国境内古文明的发展具有重要影响。公元前 4000 年至公元前 3000 年，今中国境内地处长江流域的屈家岭文化、良渚文化要比黄河流域的仰韶文化更为发达。主要原因是长江流域是稻作农耕区，黄河流域是粟作农耕区，水稻的产量要高于粟，可以养活更多的人口，形成的社会组织也更为复杂。然而随着西方农业技术的传入，黄河流域种植的小麦产量与水稻不相上下。黄牛、马等大型家畜的引入，提高了农业生产水平。青铜冶炼技术和车的传入，不但推动了农业生产的发展，也提高了军事战斗力。正是在这一时期，黄河流域的龙山文化实现了对长江流域古文明的全面超越，屈家岭、良渚等古文化都没有延续，而是逐渐被黄河流域文明取代。中国史籍记载的第一个王朝是夏王朝，其崛起的时间在公元前2500年左右，正是西方先进技术大规模传入中国的时期。中华文明突然在公元前3000年左右由邦国跨越进入王国阶段，而且是更靠近游牧地区的黄河流域先于长江流域跨越进入王国阶段。尽管还有目前我们尚未完全了解的地理环境变迁方面的原因，但"丝绸之路"引入西方先进技术起了关键性的作用，是不争的事实。

公元前3000年之后，西方先进技术仍不断经由"丝绸之路"传入中国。史前时代，中国境内并无马车发现。而在公元前1200年左右，中国境内的殷墟遗址突然出现了马车随葬坑。马车在中国一出现，便是十分成熟的技术。西方学界通过研究，揭示出中国的马车制造工艺源自欧亚草原游牧文明，显然是通过游牧族群传入中国。而越来越多的证据表明，春秋战国之际又有一波西方技术集中进入中国，地处西北的秦国，正是这波"技术转移"的最大受益者。在中华文明由王国跨越进入帝国的阶段，经由丝绸之路传入的西方先进技术和知识究竟还有哪些？它们发挥了怎样的作用？这有待史学界、考古学界持续关注、大胆探索、深入研究。

这些传播都发生在张骞通西域之前，这说明由西域（*泛指汉朝以西的中亚、西亚及欧洲*）进入中国的道路早已存在。张骞出使时并没有带筑路人员,而是带了一位匈奴人当向导,这证明张骞已知道这些道路的存在,也证明匈奴人已熟悉通往西域的道路。那么我们该如何定位"张骞凿空"这一事件的历史地位呢?在张骞之前,中华文明并未实现与西方世界的直接沟通,所获取的西方技术主要是通过华夏世界周边的游牧人群间接传入的。张骞"凿空"西域,使汉人得以跨越伊犁河谷、帕米尔高原,直接进入中亚,实现了中华文明与西方文明的直接交流。在张骞之前,华夏世界对西方的认识十分模糊,未免有妖魔化的想象。张骞开通西域后,华夏世界第一次知道西方同样存在高度发达的文明,这对于更新华夏族群对世界的认知具有非常重要的作用。

但丝绸之路带来的西方技术对中华文明产生巨大影响的时期恰恰在张骞开通西域之前。而到了汉代,华夏地区文明程度已经不输于西方,甚至某些领域还超越了西方。汉代以后直至明朝末年,中华文明在欧亚大陆各文明中常常处于领先地位。所以汉代以后,丝绸之路带来的西方文化、技术对中华文明的影响十分有限,主要传入的是一些新物种、新技术,中国国家形态和社会组织并未因此发生重大改变。反而由丝绸之路传出的中国技术、文化要更多,对西方的影响也更大。例如火药和印刷术就被认为是瓦解欧洲中世纪的催化剂。我们应当合理认识历史上丝绸之路对中华文明和西方文明的影响。

总的来说,丝绸之路对中华文明的影响,在汉代以前被大大低估了,而汉代以后则被高估了。汉代以后,中华文明并无对西方技术的迫切需求,那么中国历代王朝为何不遗余力地打通、维护丝绸之路呢？以前有一种看法，中原王朝开通丝绸之路是为了对外贸易。其实这种看法并不正确。中原王朝开通丝绸之路，不仅要发动大规模的战争征服沿途政权、族群，在控制丝绸之路后，还要采取移民实边、驿站建设、道路维护、军事屯垦等一系列措施来保障道路的畅通，所耗费的人力、物力、财力是无法估量的。而仅靠对外贸易所得的经济收益，远远无法覆盖开通和维护丝绸之路的国家支出，实际上得不偿失。这提示我们，历代中原王朝不计成本地开通丝绸之路，算的不是经济账，而是政治账。以第一次直接打通丝绸之路的汉代为例。汉武帝派遣张骞出使西域的目的，《史记》里讲得非常清楚，是联合大月氏对抗匈奴。西汉建立之后，匈奴一直是汉朝的巨大威胁。汉朝与匈奴订立了屈辱的协议，通过向匈奴输送财物、和亲公主以换取边疆和平。汉武帝即位后，决心武力征伐匈奴，迫切需要寻找军事同盟。这正是汉武帝派遣张骞出使大月氏的目的。汉武帝击败匈奴后，匈奴远逃漠北。汉朝势力进入河西走廊、西域。而汉朝经营河西走廊、西域的最主要目的，是保持与游牧于天山以北的乌孙之间的联系，让乌孙成为汉朝对抗匈奴的军事同盟。另一个目的则是阻断匈奴与游牧于青藏高原的羌人之间的联系，防止他们联合起来，对汉朝发动军事进攻。唐朝是继汉朝之后，又一个致力于经营西域的王朝。而唐朝开通西域的目的与汉朝同出一辙，是通过丝绸之路建立与西域、中亚国家之间的军事同盟，共同对抗突厥汗国。另外，借助河西走廊和西域断绝突厥与日益崛起的吐蕃之间的联系，防止他们联合，对唐朝采取军事行动。而清朝乾隆皇帝出兵新疆，消灭准噶尔汗国，也是因为准噶尔汗国一直怀有统一蒙古各部，与清朝争夺欧亚大陆东部领导权的野心。可以说，历代中原王朝开通丝绸之路、经营西域无不是为了国家安全，而非经济、文化目的。

也正是因为开通和维护丝绸之路需要投入大量人力、物力、财力，绝非对外贸易的收益所能覆盖，所以对丝绸之路的经营，必须以强大的国力作为保障。西汉中后期和唐朝初年，国力比较强盛，所以能够维持对丝绸之路的掌控。而一旦国家实力衰落，或是陷入战乱，中原王朝的势力便会退出西域。例如东汉王朝的国家实力已不如西汉后期雄厚，经营西域常常感到力不从心，屡次主动放弃西域，所以有东汉时期西域"三通三绝"的说法。而到了西晋以后，中国处于分裂割据状态，对西域的经营更是有心无力，甚至完全放弃。唐王朝初年虽然势力一度进入中亚，对丝绸之路的控制远超前代，然而安史之乱爆发后，唐朝势力便迅速退出中亚，最后不仅西域没有守住，连河西走廊也丧失了。唐朝以后，历代中原王朝都没有足够的国力可以开通和经营丝绸之路。元明两朝虽然恢复了对河西走廊的控制，但基本采取守势，到嘉靖年后势力已不出嘉峪关。这一局面直到清朝乾隆皇帝消灭准噶尔汗国才根本改观。客观地讲，丝绸之路在历史上大多数时间都处于断绝状态，畅通的时期很短，主要集中在西汉后期和唐朝初期。所以在看待丝绸之路对中国历史的影响时，特别是汉代以后的中国历史，不宜高估丝绸之路起到的作用。

五、海上丝绸之路

最早提出海上丝绸之路的是法国汉学家沙畹（1865—1918）。纵观汉代以后的中国历史，唐代以前中原王朝都有开通丝绸之路的愿望。例如前秦、北魏和隋代，都曾向西域拓展。除了保障国家安全，建立与西方文明的陆路交通道路也是重要考量。然而到了唐代以后，各中原王朝似乎对开通丝绸之路兴趣不大，即使明朝恢复了对河西走廊的控制，也没有进一步向西域扩展势力的想法。造成这一局面的主要原因，是中国对外交流开始依靠海上交通，即今天所说的"海上丝绸之路"，而不再需要凭借自然条件恶劣的西北陆路交通建立与西方文明的联系。

位于欧亚大陆东部的中国，拥有漫长的海岸线。钱塘江口以南的今浙江省南部、福建省、广东省海岸线，以岩质基岸为主，多天然良港，非常适合开展海上交通。生活在这里的居民，世代以海上贸易和渔业为生。考古发掘已经证明，早在史前时代，这里就存在活跃的海上交通。中国东南沿海地区的史前文化多与中南半岛同属一个文化系统，正是民众频繁利用海路往来的反映。

秦代以前，中国文明的重心在黄河、长江流域，并未进入东南沿海。根据文献记载，先秦时期的东南沿海分布着越人，从浙江南部的瓯越，福建的闽越，广东的南越，直至越南北部的骆越。这些越人风俗相近，语言相通，主要居住在沿海，而不深入内陆，依靠海路相互往来。秦始皇统一中国后，开始向外扩张，越过南岭、武夷山脉占领了东南沿海地区。但很快秦朝就灭亡了，直到汉武帝逐一消灭东南沿海的越人政权，设立郡县，中原王朝对东南沿海的控制才正式建立起来。

从广州南越王墓出土大量带有波斯和印度文化因素的器物来看，当时中国东南沿海地区的海上交通已经十分活跃。汉王朝控制东南沿海后，也继承了这些海上交通路线。在《汉书·地理志》的最后，作者班固收录了一份从徐闻、合浦港出发，船行六个国家的日程记录和当地风俗。虽然学术界对这个六个国家的具体方位尚有争议，但是都认为最远的"已程不国"在今斯里兰卡，其余五国主要分布在东南半岛的东西两岸。

从考古发掘来看，越人的航海技术还比较有限，主要体现在海船的规模较小，而且尚未掌握成熟的风帆技术，所以航船不具备远洋能力。当时的航船主要是沿着海岸线进行的近海航行，且以接力的方式，一站一站地短途航行。相较于欧亚大陆东部的越人，欧亚大陆西部地中海文明很早就发展出比较成熟的航海技术。具体表现为利用坚硬的木材作为原材料，以榫卯式结构建造船体，且有完善、类型多样的风帆系统。这种船船体坚固，载重量大，远洋能力强，可以脱离海岸，借助季风实现跨洋直航。地中海世界造船技术在1—2世纪，也就是中国的东汉时期，开始向东传播，大约在东汉末年传入中国境内，中国开始出现具有远洋能力的帆船。三国时期，控制东南沿海的孙吴政权，拥有较强的远洋航海能力，曾派出舰队远航至台湾（古称夷洲）和辽东半岛，正是借助了新引入的造船、航海技术。当时的波斯人利用自身地处地中海、印度次大陆中间的有利地理位置，大力发展航海业，可以实现从波斯湾到印度，再从印度到中南半岛的跨洋直航，实际垄断了印度洋的航海交通。不仅如此，大量波斯商船还越过马六甲，来到中国东南沿海，建立了从波斯至印度再至中国的航线。5世纪，东晋僧人法显途经丝绸之路前往印度学习佛法，后来从印度搭乘商船回到中国。这些商船大概率是往来于印度、中国之间的波斯商船。

7世纪，迅速崛起的阿拉伯帝国灭亡了波斯帝国。原来由波斯人建立的海上霸权也被阿拉伯帝国所继承。阿拉伯帝国的商船成为印度洋和南中国海的主宰，几乎垄断了海上贸易。唐朝的东南沿海各港口，均有大量阿拉伯商人居住，形成"蕃坊"。很多阿拉伯旅行家乘坐商船来到中国，将自己的游历记录下来，向阿拉伯世界传播。如苏莱曼的《中国印度见闻录》，奥贝德的《航海旅行记》。当时的阿拉伯商船技术先进，可靠性强。20世纪70年代阿曼国采用传统造船技术，复制了一艘古阿拉伯帆船，以阿曼港口城市"苏哈尔"命名。1980年，苏哈尔号从阿曼启程，沿着古阿拉伯航海家记录的前往中国的航线，历时8个月成功抵达中国广州，重现了古阿拉伯航海成就。

在与阿拉伯频繁的海上交流过程中，中国的造船工艺也迅速发展，并且创造了一些非常重要的技术。例如今天被广泛使用的水密隔舱技术，就是在晚唐时期由中国人创造的。水密隔舱技术的应用，增强了海船在风暴、触礁中的存活概率，意义十分重大。除此以外，中国发明的油灰捻缝技术增强了海船的密封性，而司南的使用，令海船不易迷失方向，越洋航行更为安全。随着这些技术的创造及应用，大约在宋代，中国的造船技术实现了对阿拉伯造船技术的反超，处于世界领先地位。越来越多的商人选择乘坐更安全、更舒适的中国海船。由此中国海船逐渐统治了南中国海的海路交通，出现了中国海船垄断南中国海（南洋），阿拉伯商船垄断印度洋（西洋）的格局，这种格局一直保持至大航海时代的到来。

　　航海技术的发展，使得海路交通的优势逐渐显现。欧亚大陆各国家之间的经济、文化交流越来越依赖海路，传统陆地丝绸之路的作用有所下降。8世纪中叶安史之乱爆发，由河西走廊连接中亚、西亚的传统"丝绸之路"受阻，阿拉伯、波斯商人转入海上。宋元时期，中国对海上贸易持支持、鼓励的态度，航海活动有了巨大发展。中国对外官方交流也越来越多地利用海路，如元朝曾派遣色目人亦黑迷失六下西洋，与印度洋沿岸国家建立外交关系。元朝还曾派遣舰队远征占城（今越南中部）和爪哇（今印度尼西亚爪哇岛），显然是要保障元朝对海路交通的控制。直至明朝初年，永乐皇帝派遣郑和七下西洋，同样凭借海路与阿拉伯世界各国家建立联系。亦黑迷失、郑和都是回教徒，这与元明两朝主要通过海路与阿拉伯世界国家交往有关。

　　宋明之际，中国的航海活动达到一个高潮，航海技术处于世界领先地位，垄断了南中国海的海上航路，凭借海路与印度洋沿岸国家进行经济、文化交流。与陆地丝绸之路的开通主要依靠国家行为不同，海上航路的开通，更多依赖的是民间力量，其经济收益很高，也带动了沿海地区的经济发展。例如阿拉伯世界对中国瓷器需求较高，宋元时期东南沿海地区形成了完整的外销瓷器产业链，出现了很多著名瓷窑。就连景德镇也生产了数量巨大的"外销瓷"。直到今天，伊朗、土耳其等国家博物馆仍能看到大量元明时期的青花瓷。以瓷器、茶叶为代表的商品贸易成为东南沿海人民赖以谋生的重要手段。发达的海上贸易反过来也促进了航海技术的进步。明朝初年郑和能够率领由数百艘海船组成的舰队连续远洋航行，正是中国先进航海技术、造船技术的体现。

然而也正是从郑和下西洋开始，中国对海外贸易的态度发生了转向。郑和下西洋的主要目的，是引导海外诸国与明朝政府建立"朝贡"关系，即通过特殊的单方面优惠贸易换取各国形式上的"向化""效忠"，扩大明朝对外的政治影响，巩固永乐帝对内的政治合法性。由此开始，明朝逐渐限制民间海外自由贸易，取而代之的是由政府主导的朝贡贸易。这种转变与明朝建立的历史背景有关。宋元时期海外贸易的蓬勃发展，使得东南沿海地区成为财富聚集地，财富、物资、人员的积累与流动，使当地掌握了大量资源，在全国范围内的影响力也大幅提升。元朝末年，与朱元璋争夺天下的张士诚、方国珍都曾以东南沿海为基地。所以明朝对东南沿海的贸易活动一直心存疑虑，希望由官府进行管控。然而，明朝严格限制东南沿海商业贸易的行为，实际上断绝了当地百姓的生路。很多百姓不顾政府禁令，铤而走险，从事走私贸易，沦为与政府对立的武装走私集团——"海盗"。这些海盗还招募日本盗匪，组成"倭寇"，对东南沿海进行袭扰，形成明朝后期严重的"倭患"。而随着明朝后期欧洲殖民势力抵达中国沿海，欧洲、日本、中国本土势力三方结合，形成声势巨大的海上武装集团。先有汪直以舟山群岛为根据地，勾结日本，为害江浙沿海数十年。后有郑芝龙以台湾、厦门为根据地，兼并东南沿海各武装走私集团，多次挫败明朝的军事围剿，还击败荷兰、葡萄牙舰队，完全垄断了南中国海和东海的航路。凡是途经上述海域的船只，或是改换郑芝龙的船队，或是取得郑芝龙的准许方得通行，实际上形成了独立的海上王国。

明朝被清军击败后，残余势力首先想到的是投靠郑氏集团。在郑成功的支持下，南明残余势力多次深入内陆打击清军，还一度逼近南京。这促使清朝采用极为残酷的"迁海"政策，通过内迁沿海居民，不许片帆入海，彻底断绝郑氏集团的资源获取渠道。虽然康熙皇帝后来收复台湾，消灭了郑氏海上集团，但清朝政府一直担心东南沿海再次与海外势力勾结，形成反清势力，因此一直采取严格的限制政策，仅允许广州一口岸对外通商，且必须在政府的严密监视下进行。当由大航海时代开启的全球化时代到来之时，中国却因为封闭的对外政策迟迟不能顺应世界历史发展趋势，最终由西方殖民者通过武力敲开中国国门。此时的中国，不仅是被动地被拉入世界体系，而且已远远落后于世界先进文明。

主要参考文献

谭其骧：《长水集》，北京：人民出版社，1987年。

谭其骧：《长水集续编》，北京：人民出版社，1994年。

谭其骧主编：《中国历史地图集》1～8册，北京：中国地图出版社，1988年。

史念海：《中国的运河》，西安：陕西人民出版社，1988年。

张维华：《中国长城建置考》，北京：中华书局，1979年。

邹逸麟：《中国历史地理概述》，上海：上海教育出版社，2013年。

中国历史大辞典编纂委员会：《中国历史大辞典·历史地理》，上海：上海辞书出版社，1996年。

中国科学院《中国自然地理》编纂委员会：《中国自然地理·历史自然地理》，北京：科学出版社，1982年。

陈永龄主编：《民族辞典》，上海：上海辞书出版社，1987年。

陈桥驿主编：《中国七大古都》，北京：中国青年出版社，1991年。

荣新江：《从张骞到马可·波罗：丝绸之路十八讲》，南昌：江西人民出版社，2023 年。

葛剑雄：《中国历代疆域的变迁》，北京：商务印书馆，1997 年。

葛剑雄：《中国人口发展史》，成都：四川人民出版社，2020 年。

葛剑雄：《中国移民史》第 1 卷，上海：复旦大学出版社，2022 年。

葛剑雄：《黄河与中华文明》，北京：中华书局，2020 年。

葛剑雄：《葛剑雄文集》第 5 卷《追寻时空》，广州：广东人民出版社，2015 年。

目录

都城	1
政区	16
都城	24
人口	39
黄河	49
长江	51
长城	61
运河	72
丝路	89

都城

秦疆域图

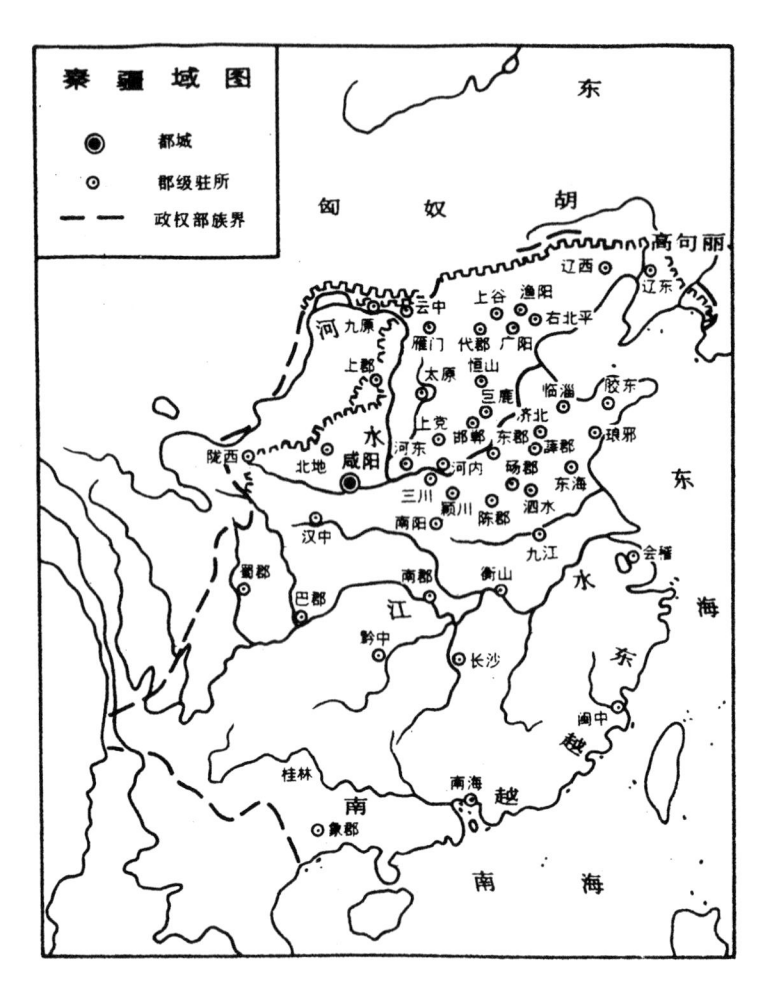

资料来源：葛剑雄：《中国历代疆域的变迁》，北京：商务印书馆，1997年，第38页。

西汉疆域图

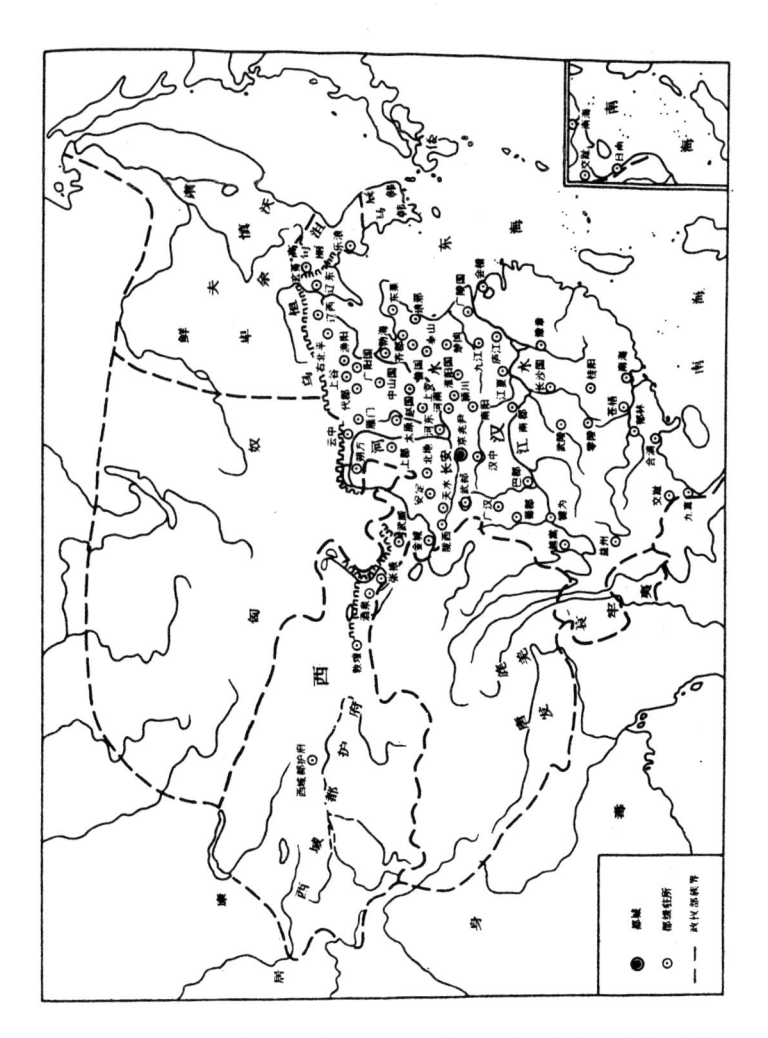

资料来源：葛剑雄：《中国历代疆域的变迁》，北京：商务印书馆，1997年，第43页。

东汉时期形势图

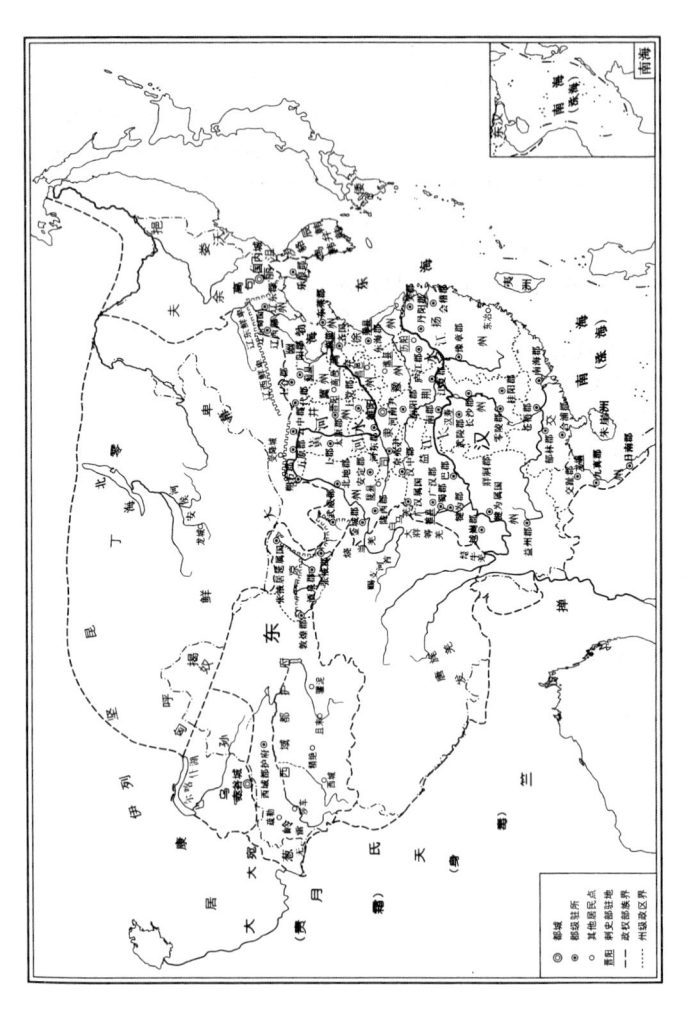

资料来源：邹逸麟：《中国历史地理概述》，上海：上海教育出版社，2005年，第105页。

三国时期中心区域图

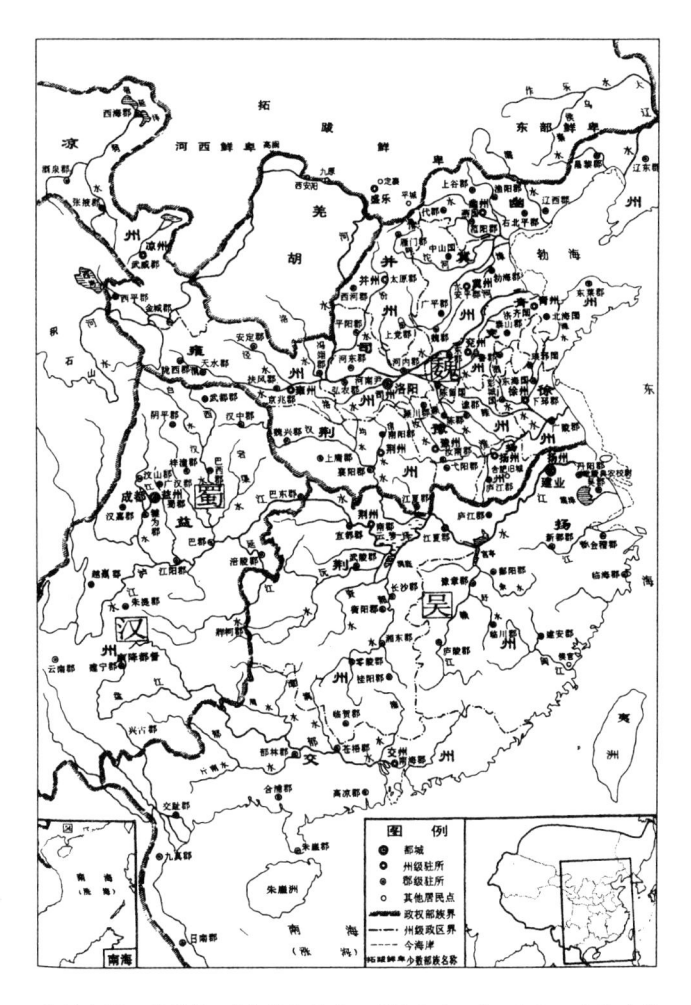

资料来源：葛剑雄：《我们的国家：疆域与人口》，上海：复旦大学出版社，2010年，第41页。

西晋时期形势图

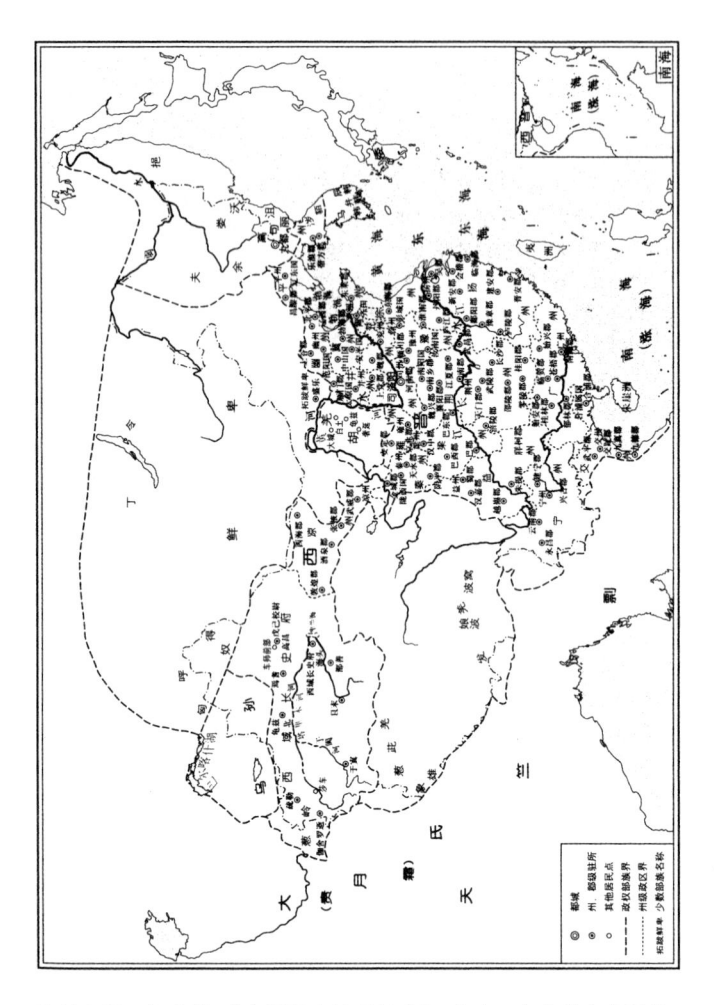

资料来源:邹逸麟:《中国历史地理概述》,上海:上海教育出版社,2005年,第113页。

东晋时期形势图

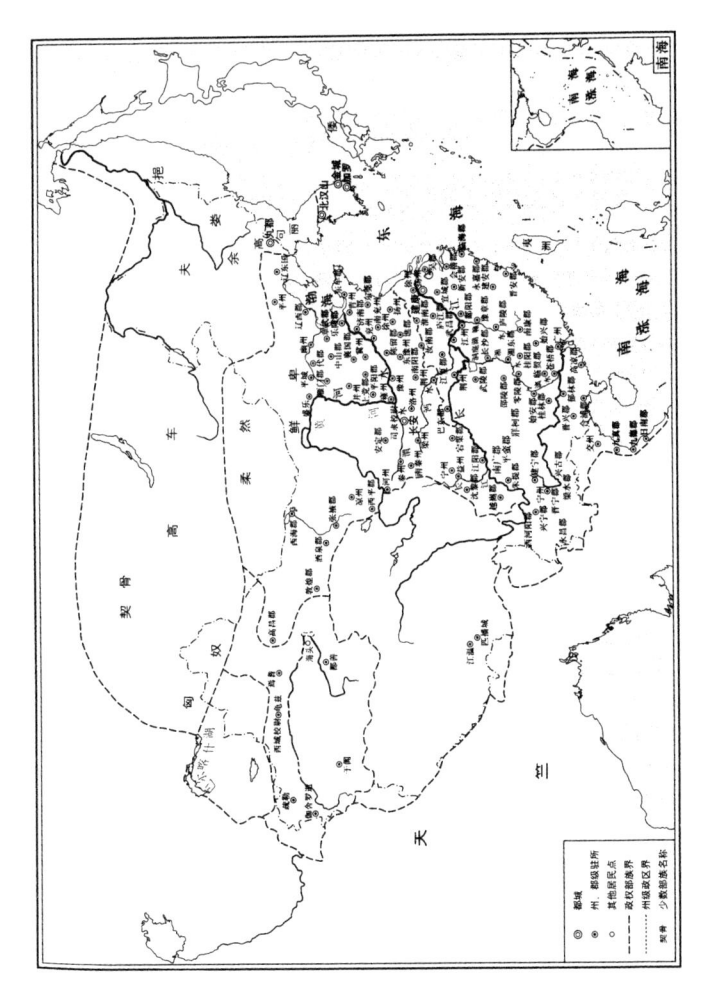

资料来源：邹逸麟：《中国历史地理概述》，上海：上海教育出版社，2005年，第115页。

隋时期形势图

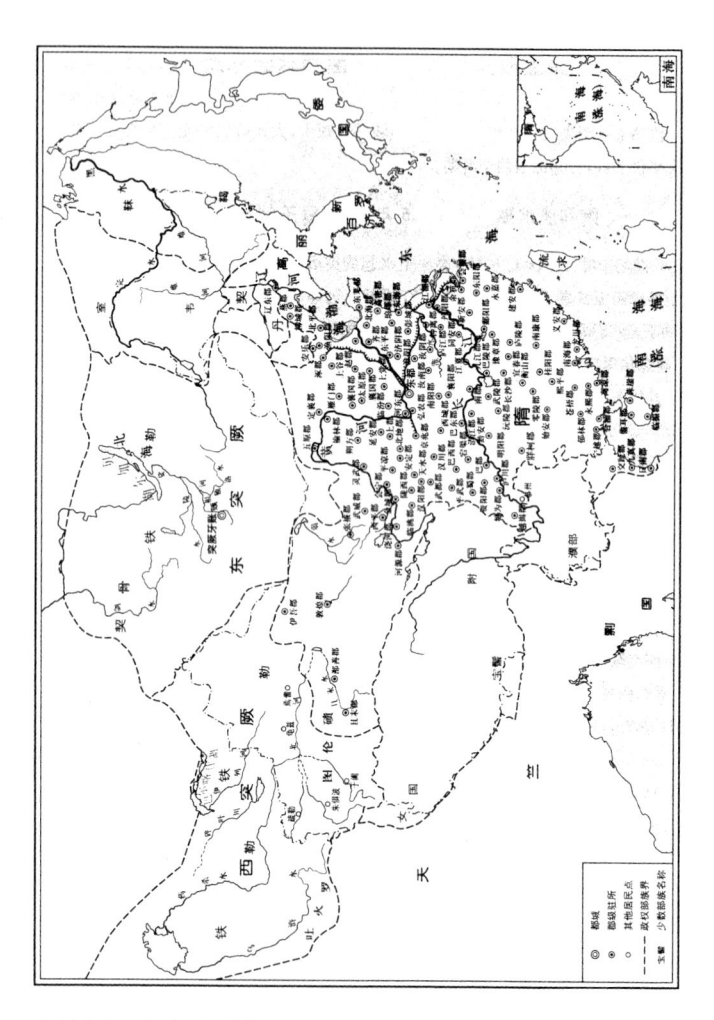

资料来源：邹逸麟：《中国历史地理概述》，上海：上海教育出版社，2005年，第118页。

唐疆域图

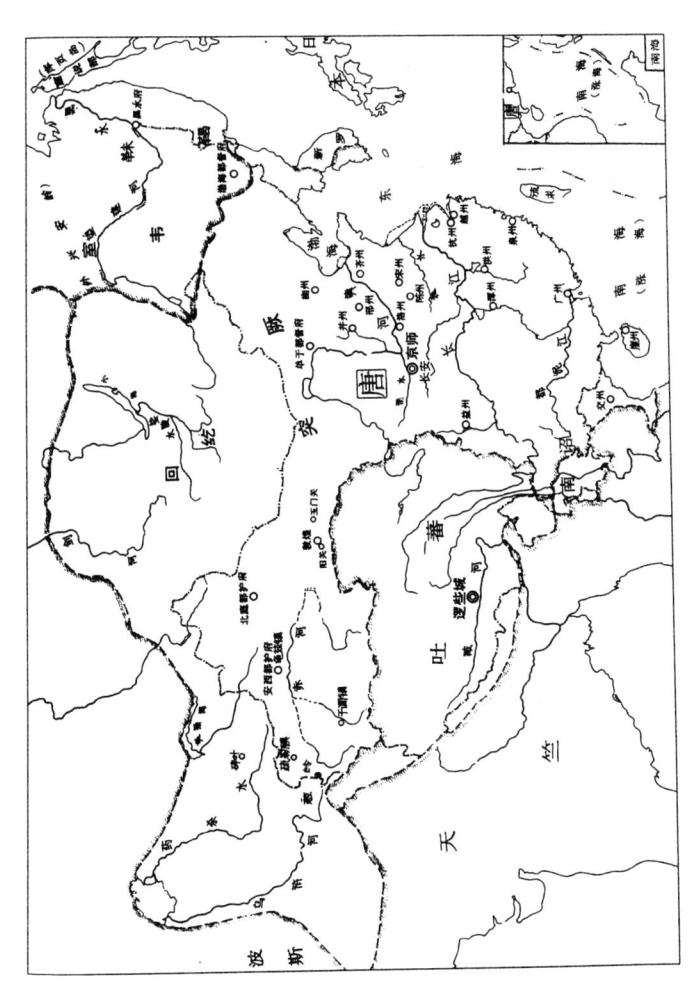

资料来源：葛剑雄：《我们的国家：疆域与人口》，上海：复旦大学出版社，2010年，第61页。

辽、北宋、西夏形势图

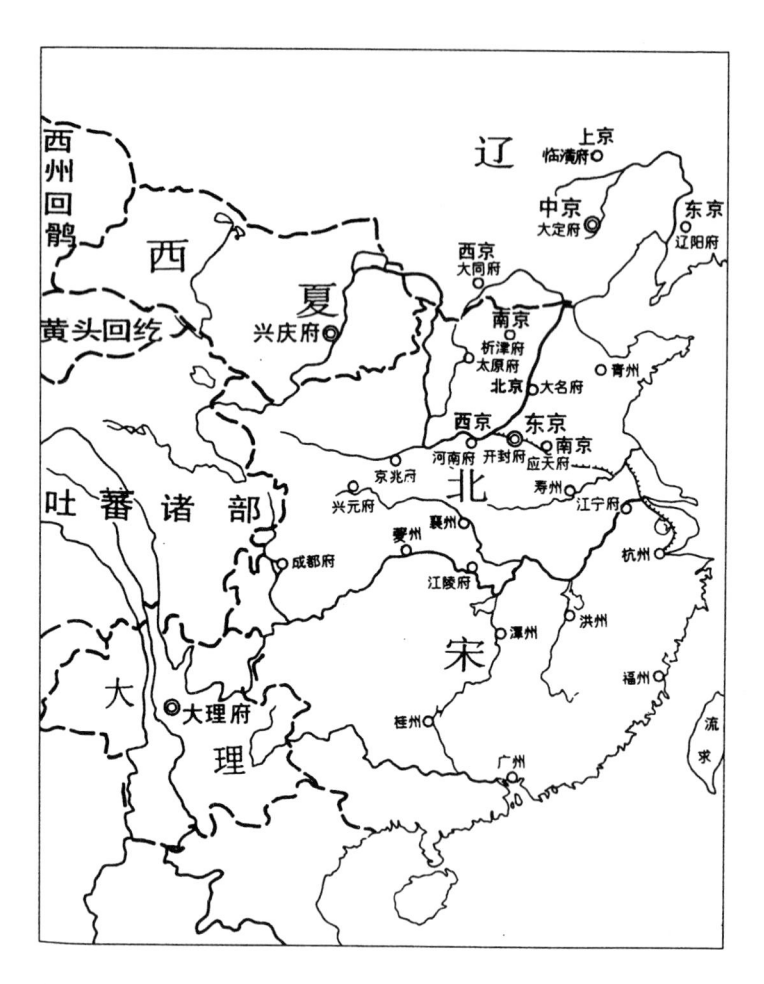

资料来源：葛剑雄：《我们的国家：疆域与人口》，上海：复旦大学出版社，2010年，第78页。

南宋时期形势图

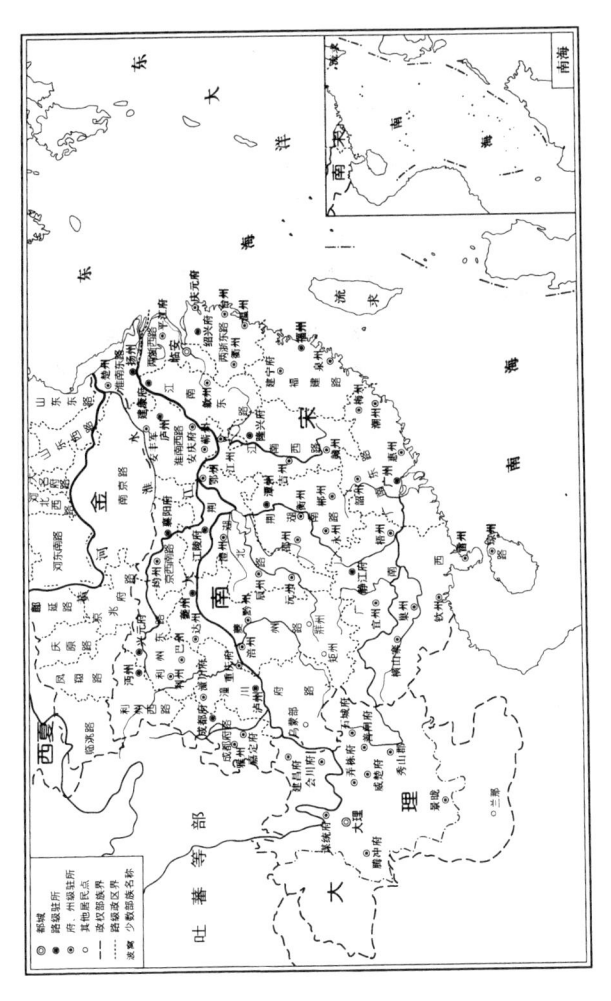

资料来源：邹逸麟：《中国历史地理概述》，上海：上海教育出版社，2005年，第132页。

金、西夏时期形势图

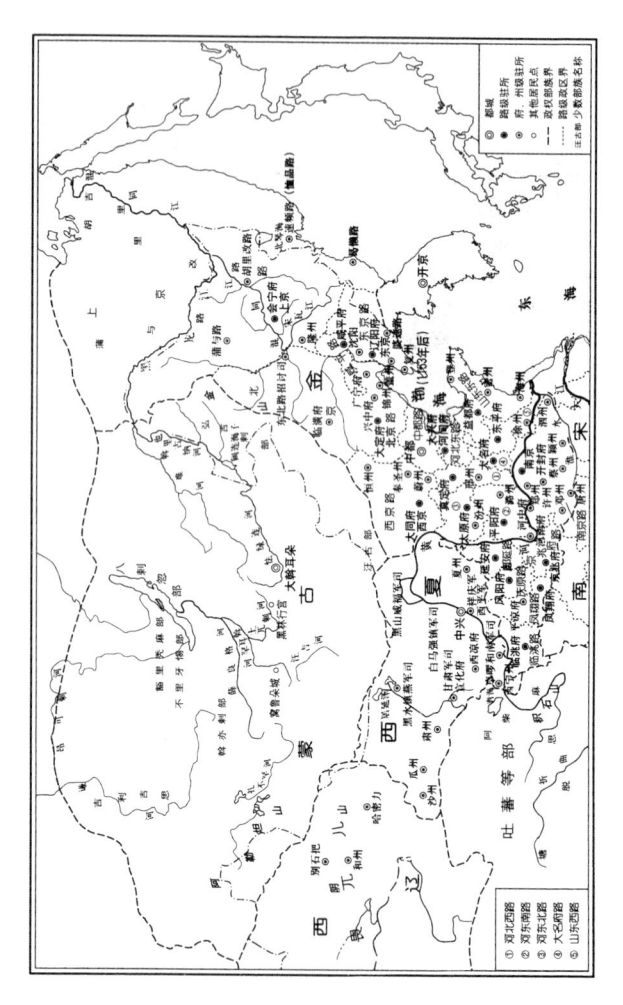

资料来源：邹逸麟：《中国历史地理概述》，上海：上海教育出版社，2005年，第133页。

元时期形势图

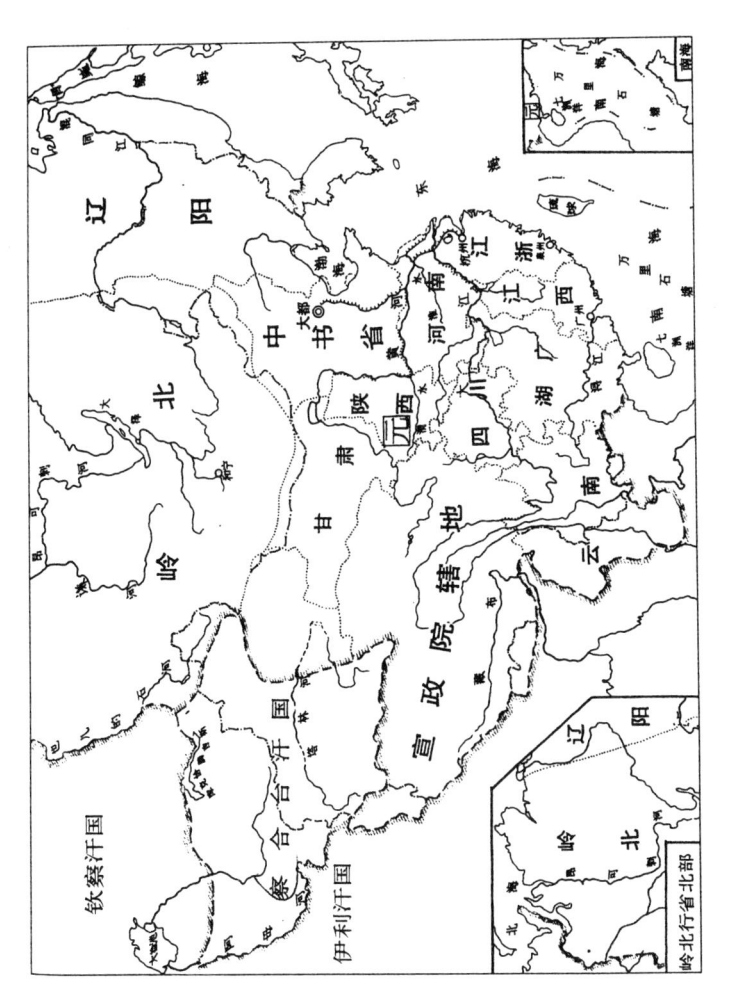

资料来源：葛剑雄：《我们的国家：疆域与人口》，上海：复旦大学出版社，2010年，第89页。

明疆域图

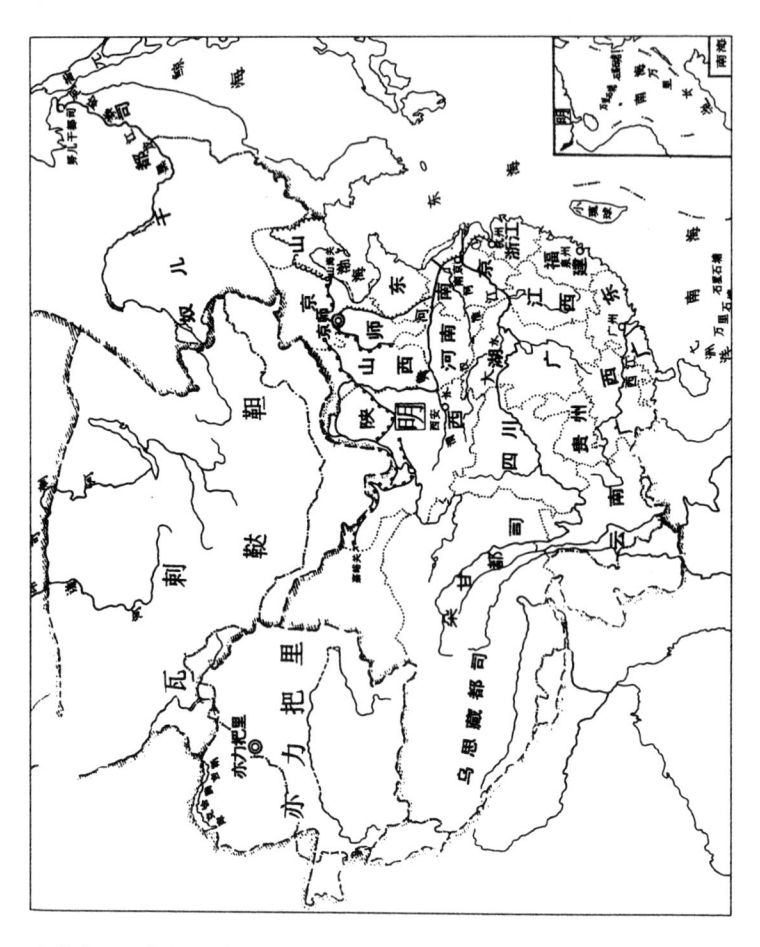

资料来源：葛剑雄：《我们的国家：疆域与人口》，上海：复旦大学出版社，2010年，第97页。

清疆域图

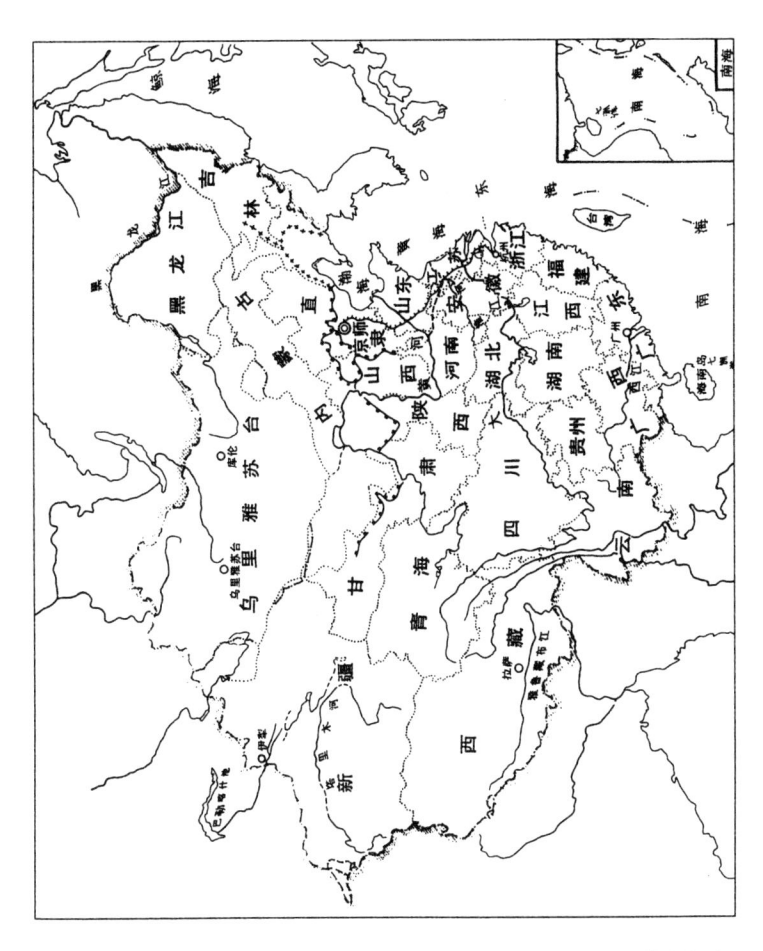

资料来源：葛剑雄：《我们的国家：疆域与人口》，上海：复旦大学出版社，2010年，第111页。

政区

秦郡图

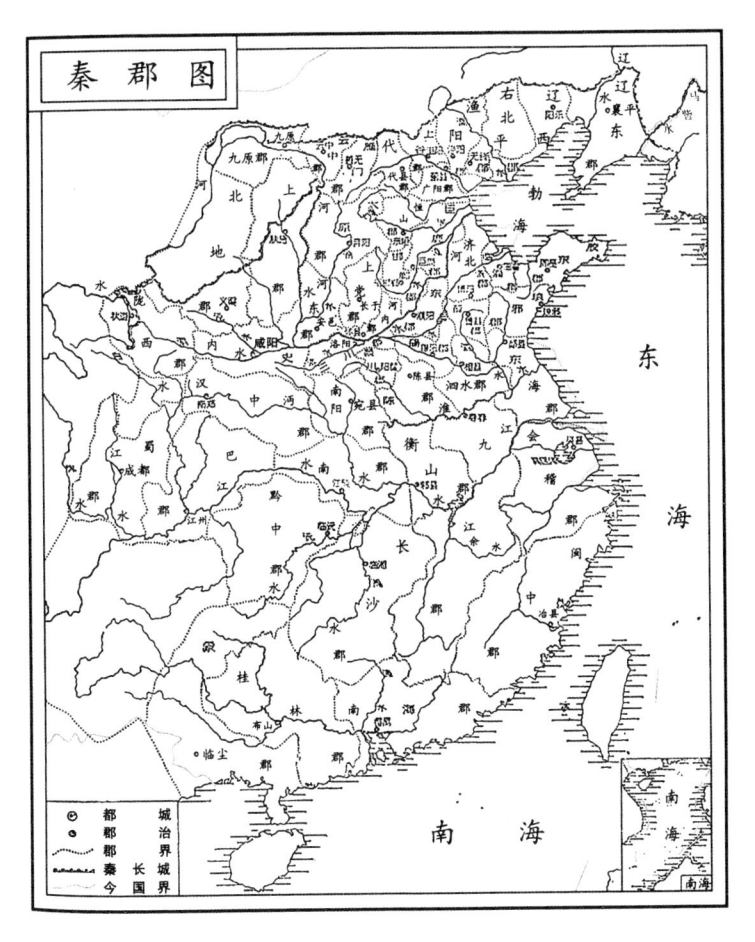

资料来源：谭其骧：《长水集》，北京：人民出版社，1987年，第12页。

东汉十三州部刺史图

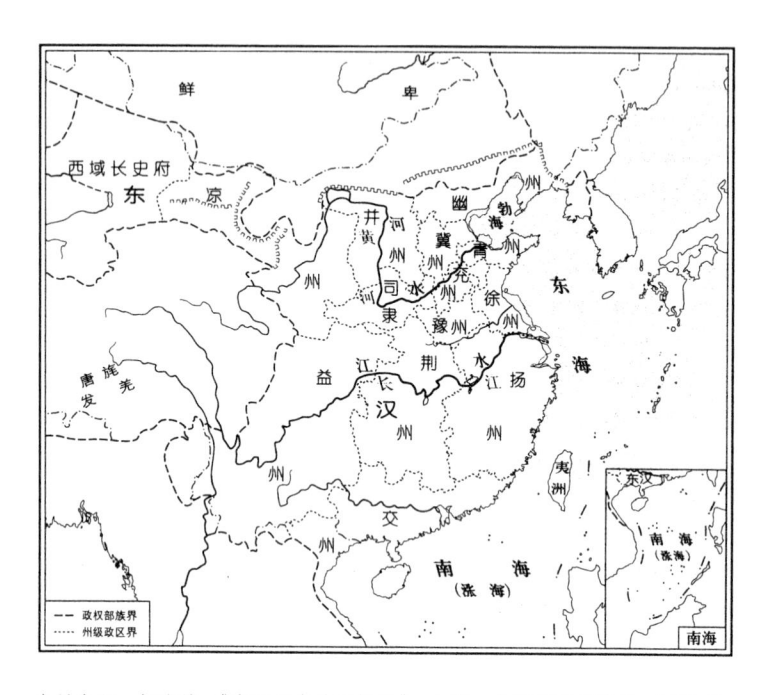

资料来源：邹逸麟：《中国历史地理概述》，上海：上海教育出版社，2005年，第179页。

唐十五道图

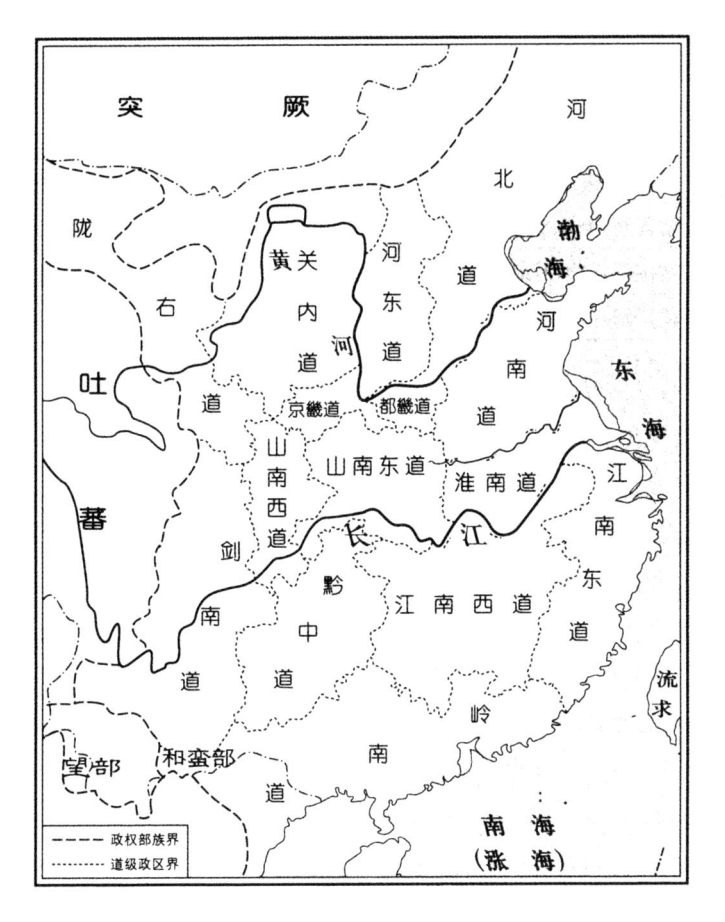

资料来源：邹逸麟：《中国历史地理概述》，上海：上海教育出版社，2005年，第184页。

北宋二十四路图

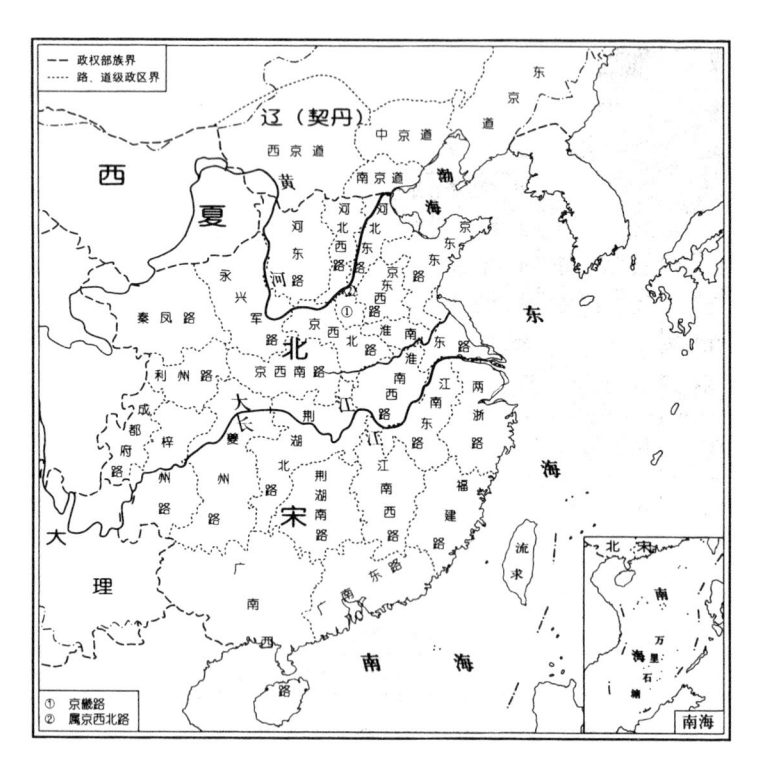

资料来源：邹逸麟：《中国历史地理概述》，上海：上海教育出版社，2005年，第189页。

元中书省和 10 行省图

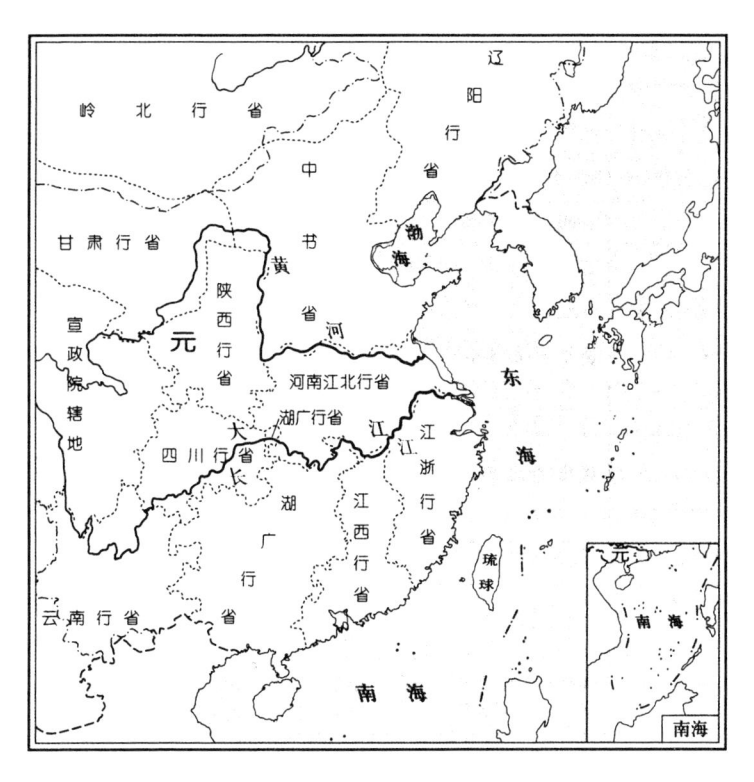

资料来源：邹逸麟：《中国历史地理概述》，上海：上海教育出版社，2005年，第 200 页。

明代政区图

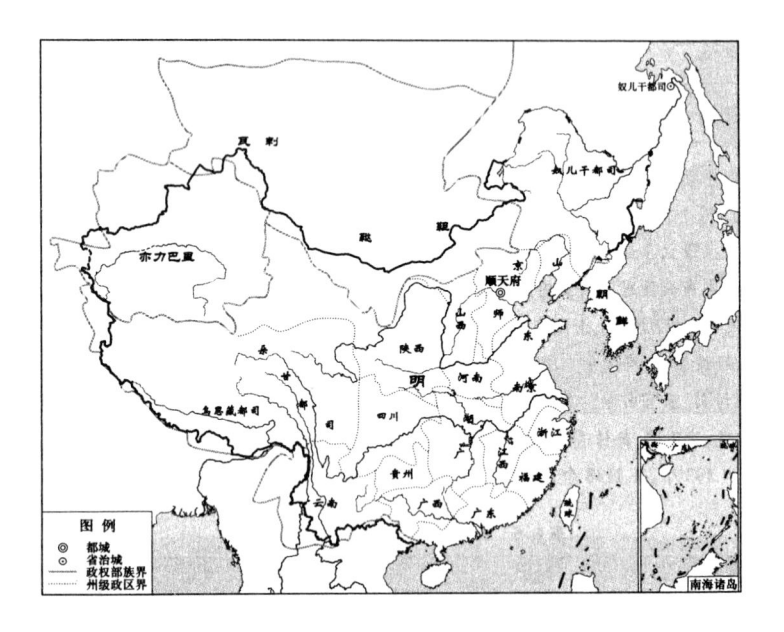

资料来源：蓝勇：《中国历史地理》，北京：高等教育出版社，2010年，第190页。

清代政区图

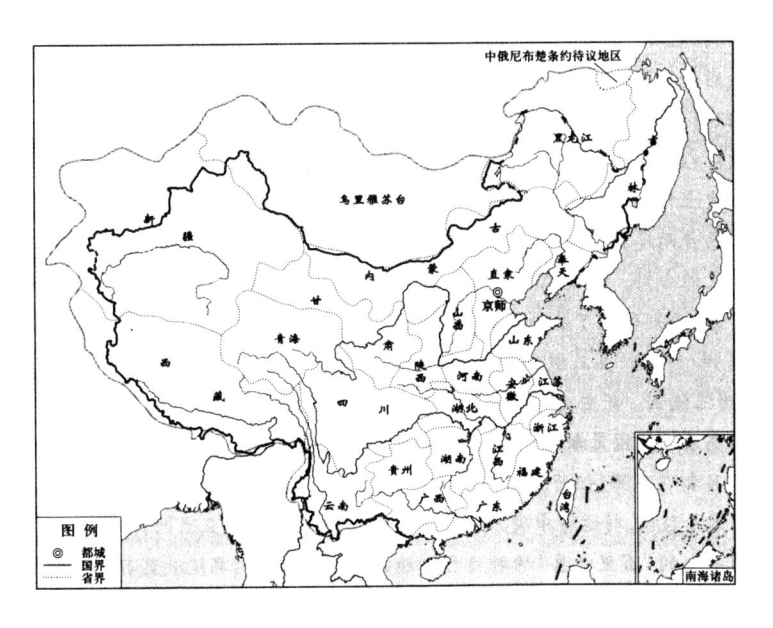

资料来源：蓝勇：《中国历史地理》，北京：高等教育出版社，2010年，第192页。

都城

战国至西汉主要都城分布图

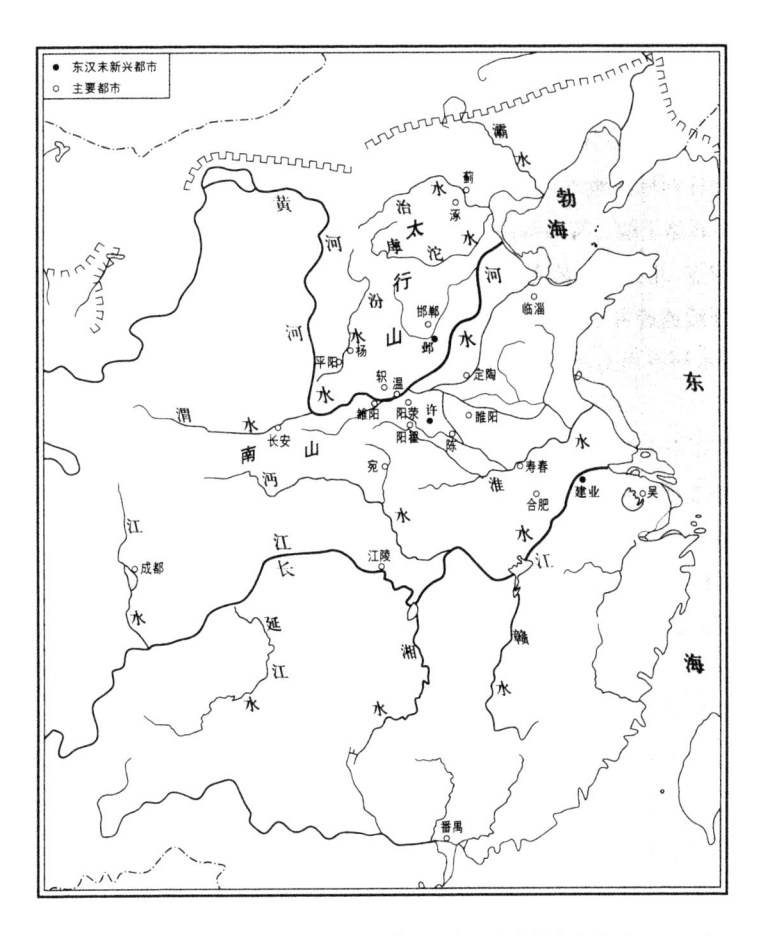

资料来源：邹逸麟：《中国历史地理概述》，上海：上海教育出版社，2005年，第332页。

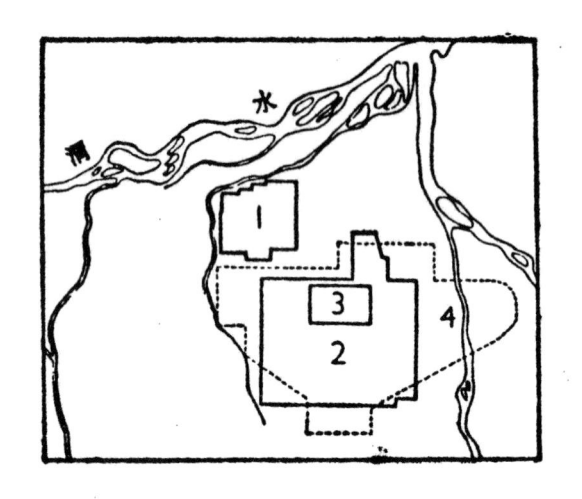

长安城变迁图

长安城变迁图

1. 汉城　　　　　　2. 隋唐城
3. 明西安城　　　　4. 今西安市区

资料来源：中国历史大辞典编纂委员会：《中国历史大辞典·历史地理》，上海：上海辞书出版社，1996年，第152页。

周秦汉唐都城变迁示意图

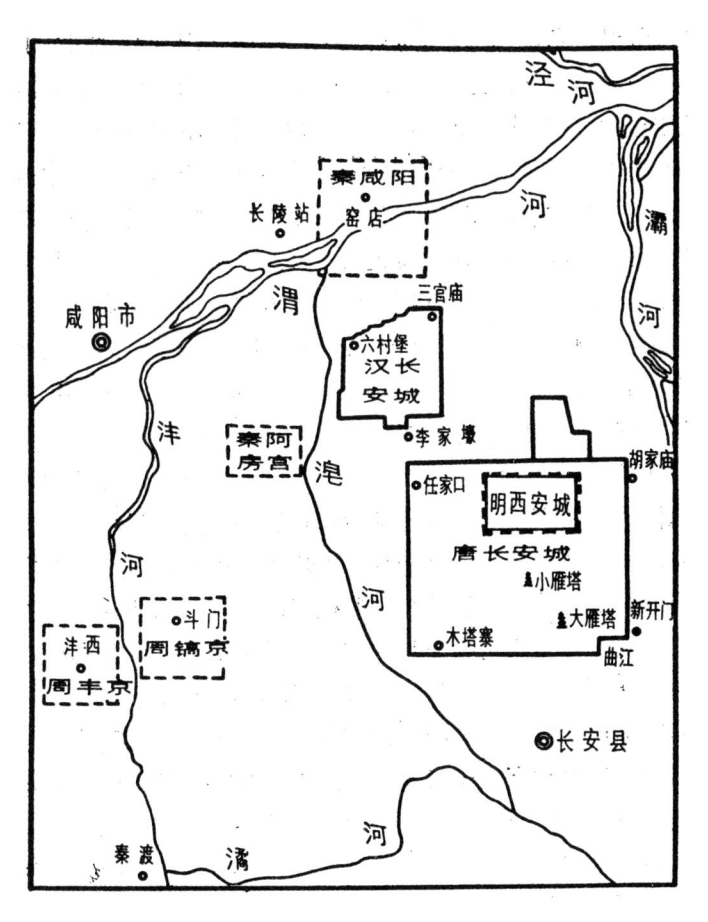

资料来源：陈桥驿主编：《中国六大古都》，北京：中国青年出版社，1984年，第85页。

汉长安城遗址示意图

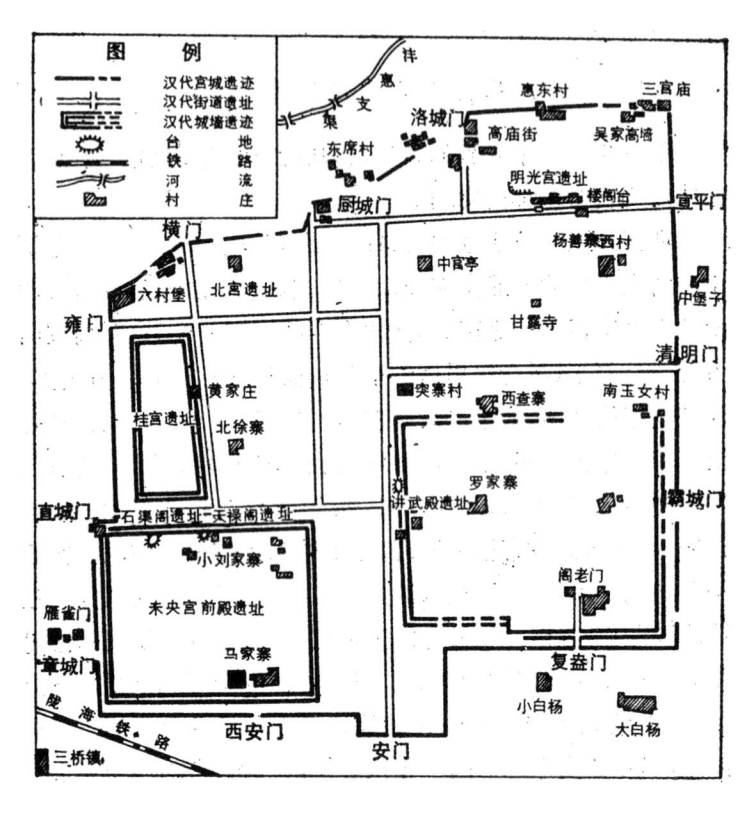

资料来源：陈桥驿主编：《中国六大古都》，北京：中国青年出版社，1984年，第92页。

历代洛阳形势示意图

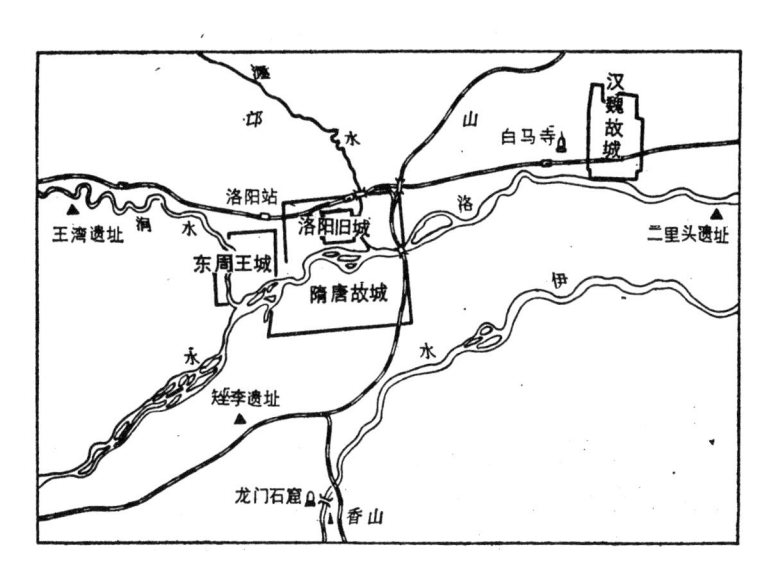

资料来源：陈桥驿主编：《中国六大古都》，北京：中国青年出版社，1984年，第126页。

东汉洛阳城市图

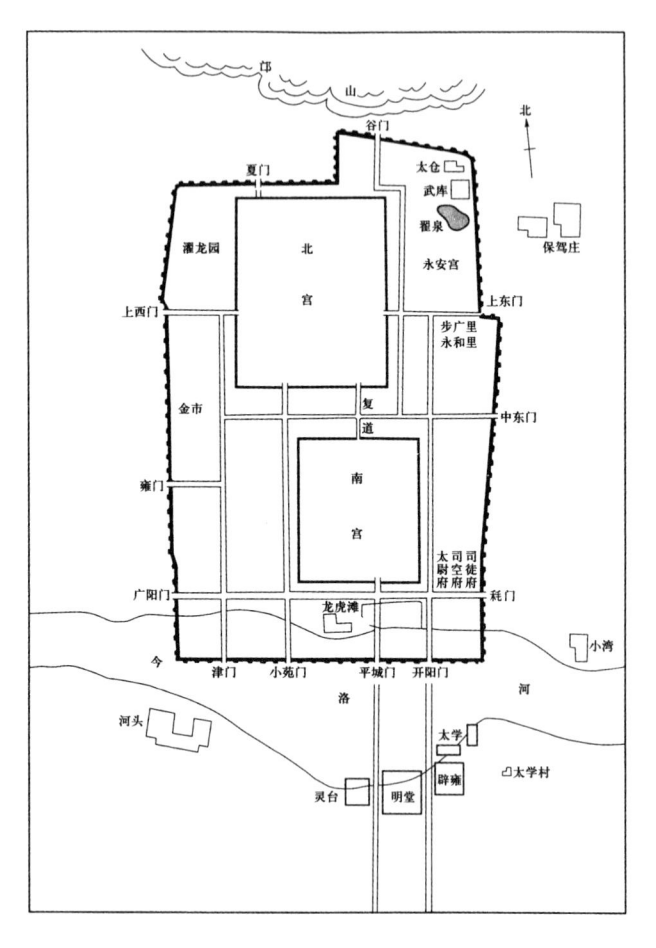

资料来源：蓝勇：《中国历史地理》，北京：高等教育出版社，2010年，第274页。

六朝时代的建业和建康示意图

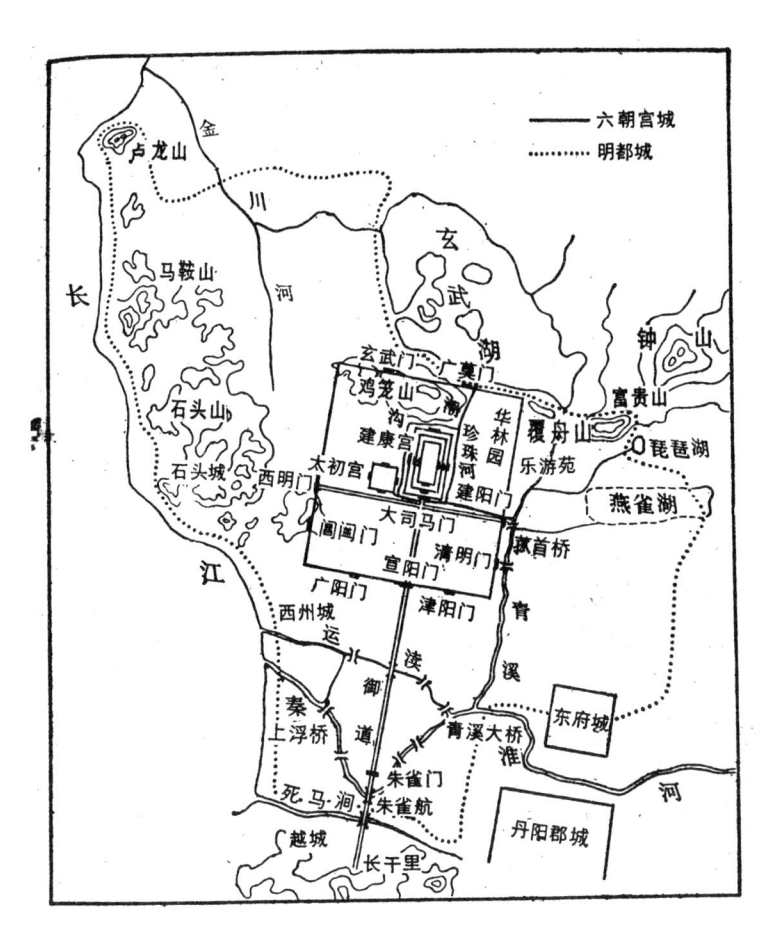

资料来源：陈桥驿主编：《中国六大古都》，北京：中国青年出版社，1984年，第221页。

隋唐洛阳城复原示意图

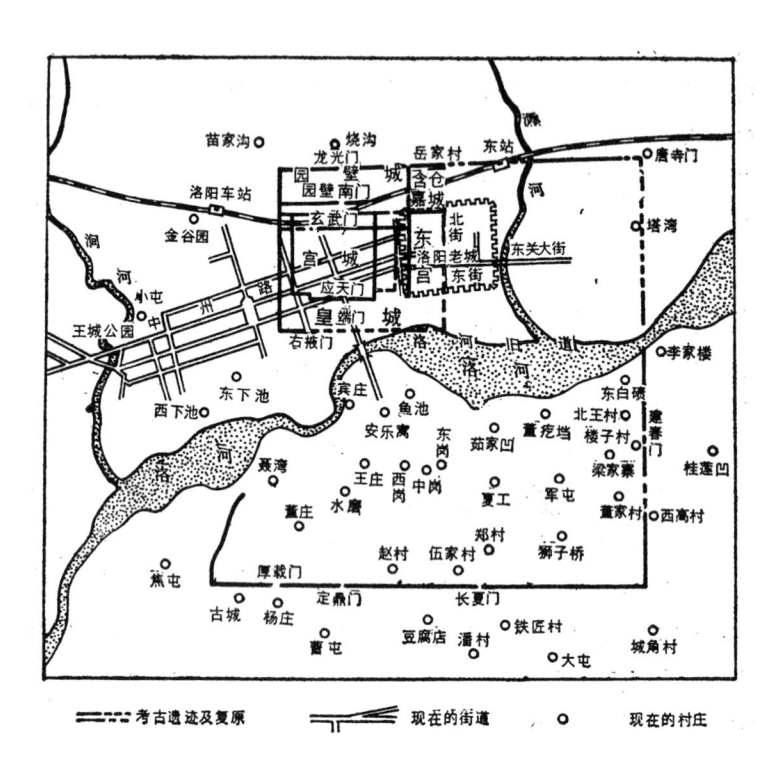

资料来源：陈桥驿主编：《中国六大古都》，北京：中国青年出版社，1984年，第147页。

唐代长安城市图

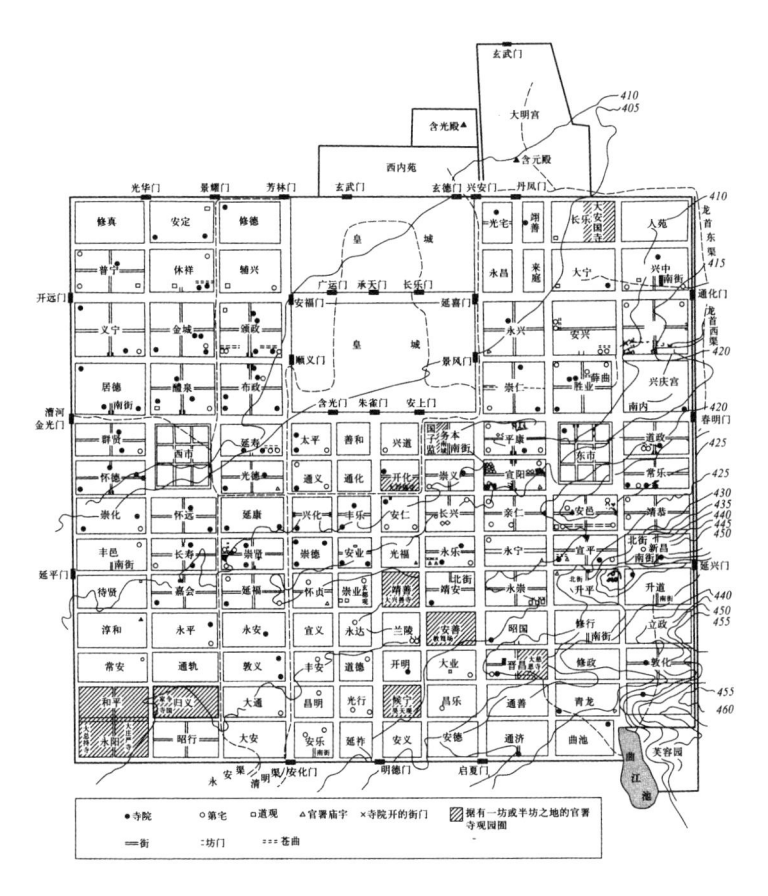

资料来源：蓝勇：《中国历史地理》，北京：高等教育出版社，2010年，第275页。

北宋开封城市图

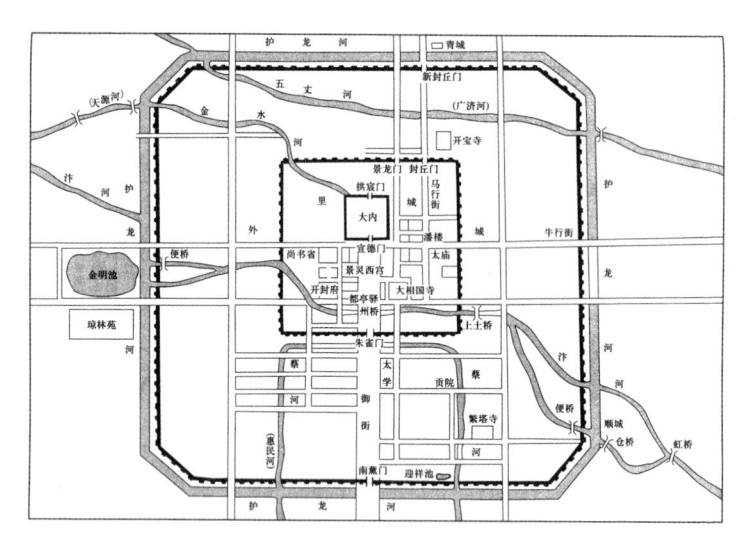

资料来源：蓝勇：《中国历史地理》，北京：高等教育出版社，2010年，第276页。

南宋杭州城市图

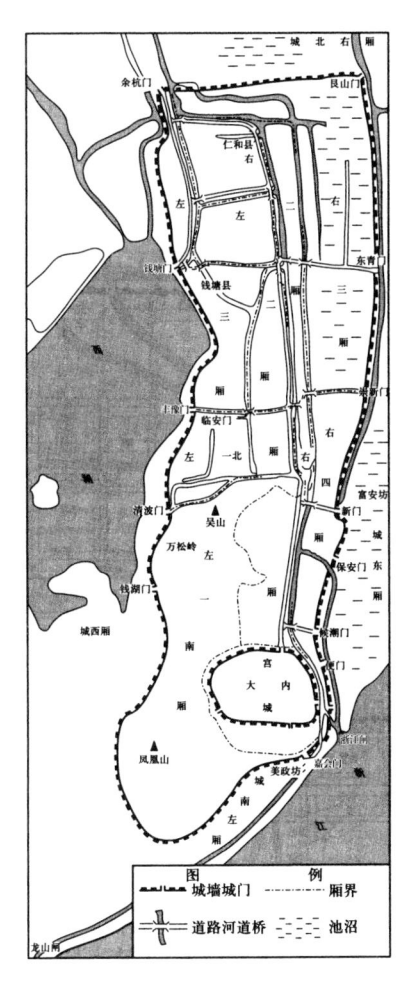

资料来源：蓝勇：《中国历史地理》，北京：高等教育出版社，2010年，第277页。

元代北京城市图

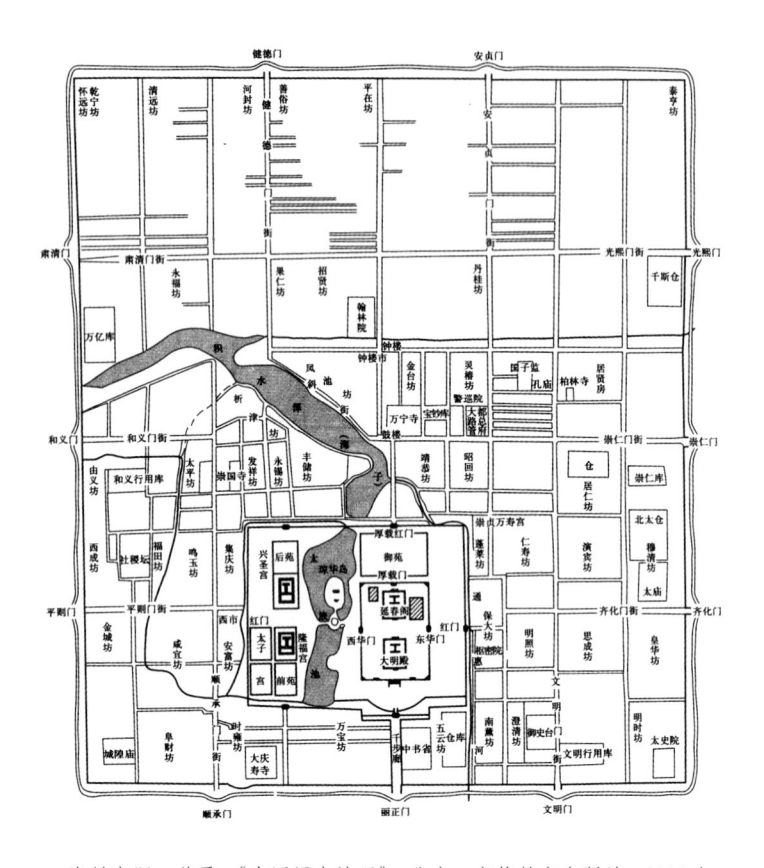

资料来源：蓝勇：《中国历史地理》，北京：高等教育出版社，2010年，第278页。

明代南京城市图

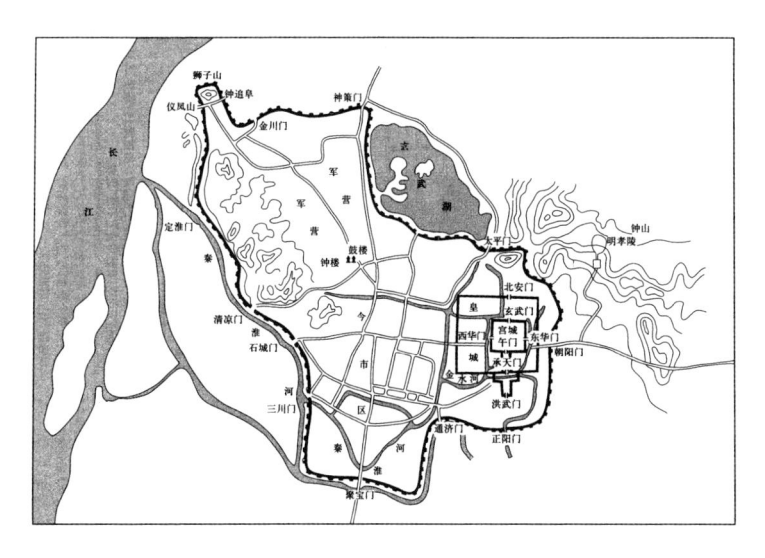

资料来源：蓝勇：《中国历史地理》，北京：高等教育出版社，2010年，第279页。

明代北京城市图

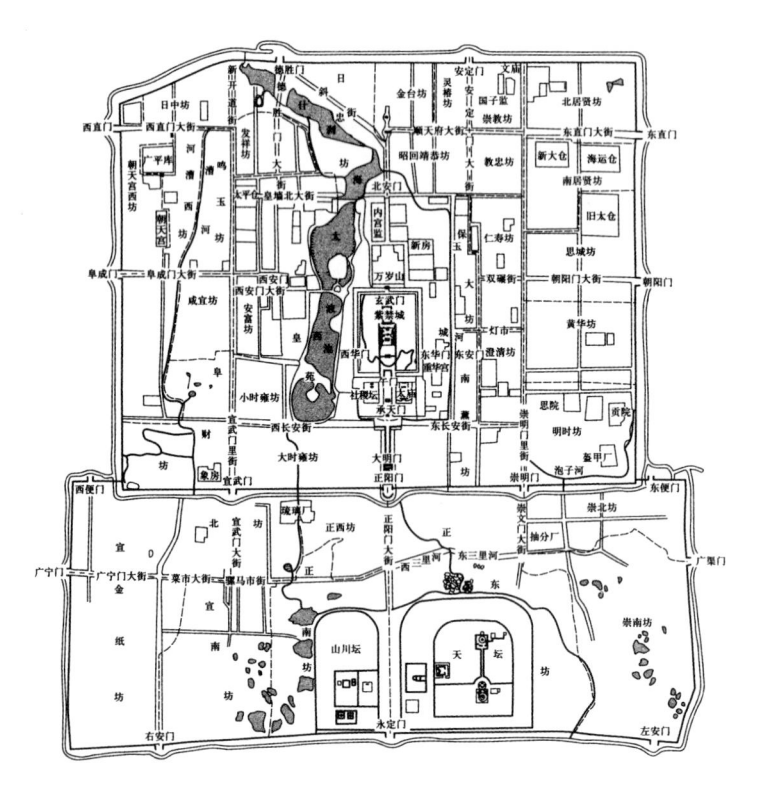

资料来源：蓝勇:《中国历史地理》，北京：高等教育出版社，2010年，第280页。

人口

西汉元始二年（公元2年）人口密度图

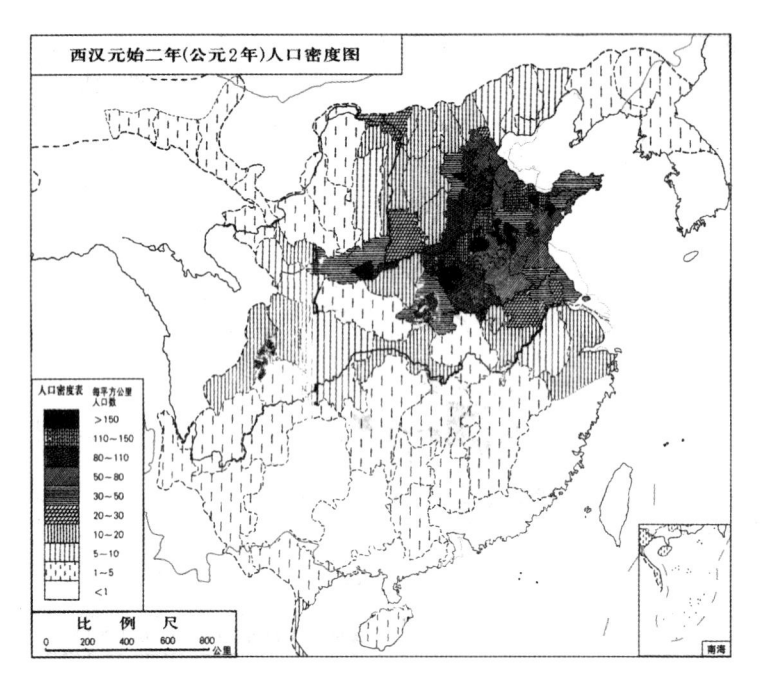

资料来源：蓝勇：《中国历史地理》，北京：高等教育出版社，2010年，第309页。

西汉末年（公元 2 年）户口统计范围

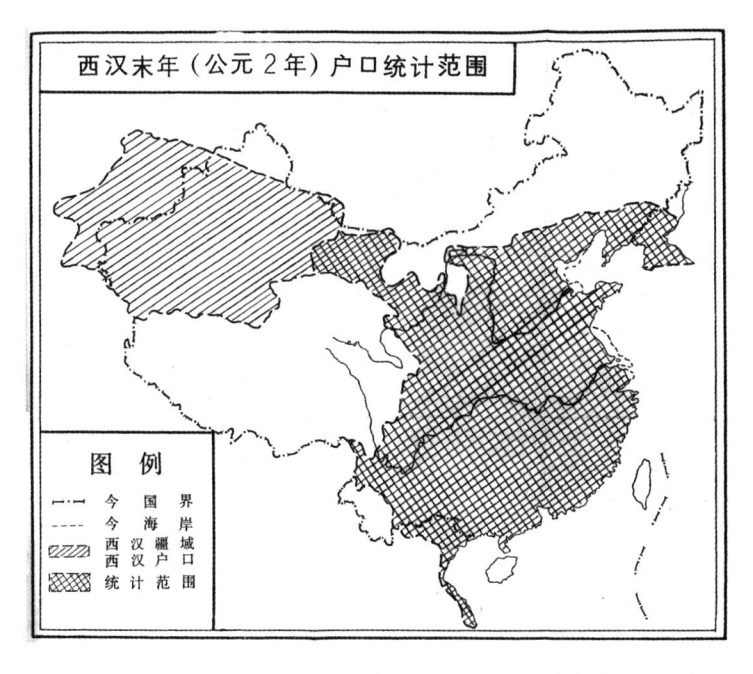

资料来源：葛剑雄：《中国人口发展史》，福州：福建人民出版社，1991 年。

东汉永和五年（公元140年）人口密度图

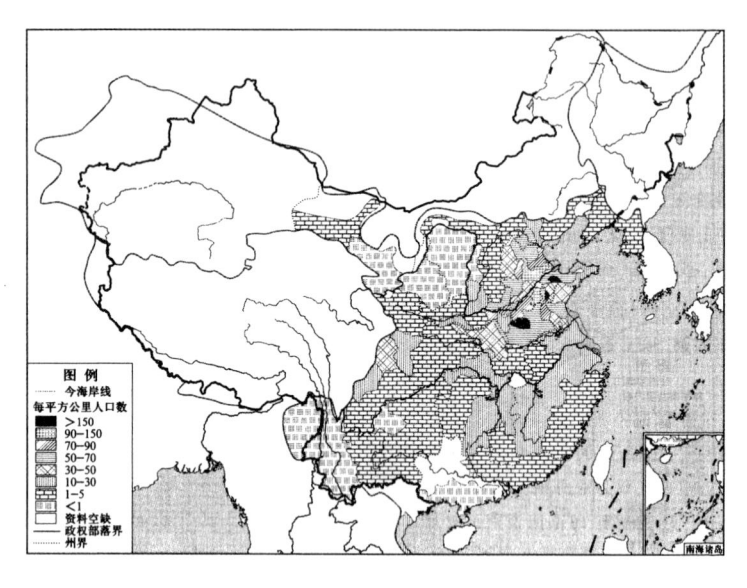

资料来源：蓝勇：《中国历史地理》，北京：高等教育出版社，2010年，第310页。

唐天宝元年人口密度图

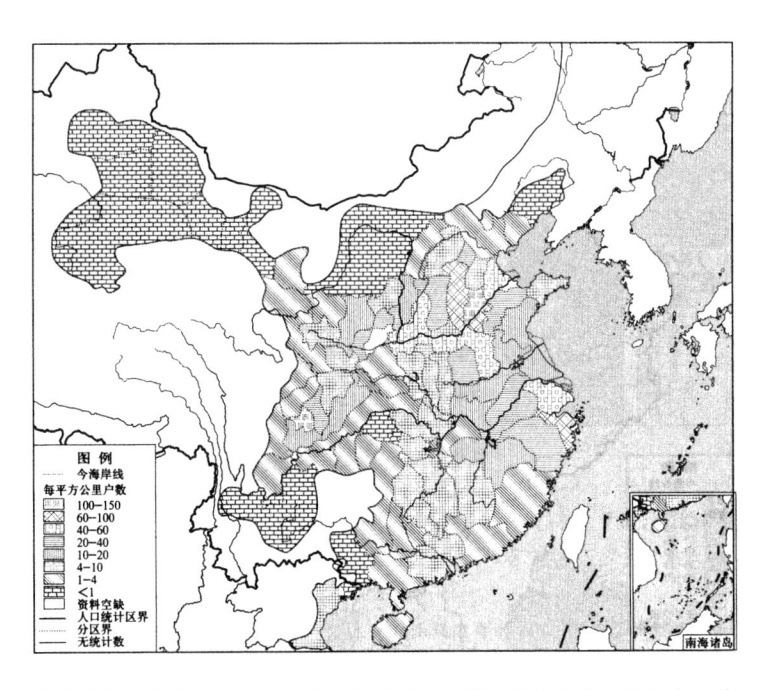

资料来源：蓝勇：《中国历史地理》，北京：高等教育出版社，2010年，第311页。

唐前期（公元742年）户口统计范围

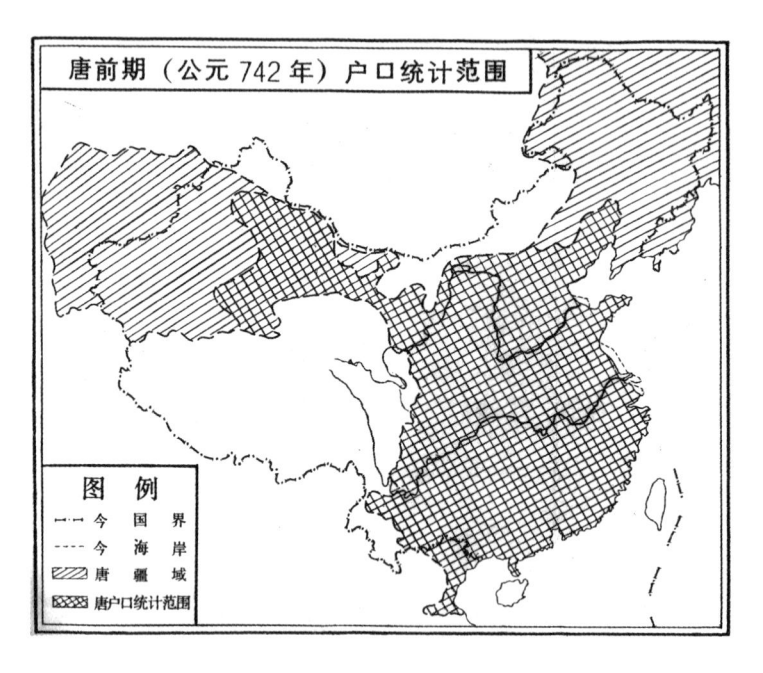

资料来源：葛剑雄：《中国人口发展史》，福州：福建人民出版社，1991年。

南宋嘉定十六年人口密度图

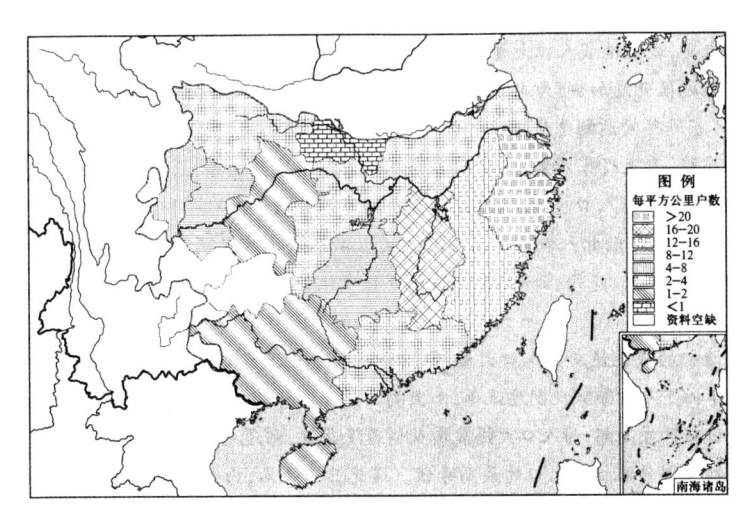

资料来源：蓝勇：《中国历史地理》，北京：高等教育出版社，2010年，第312页。

明洪武二十六年人口密度图

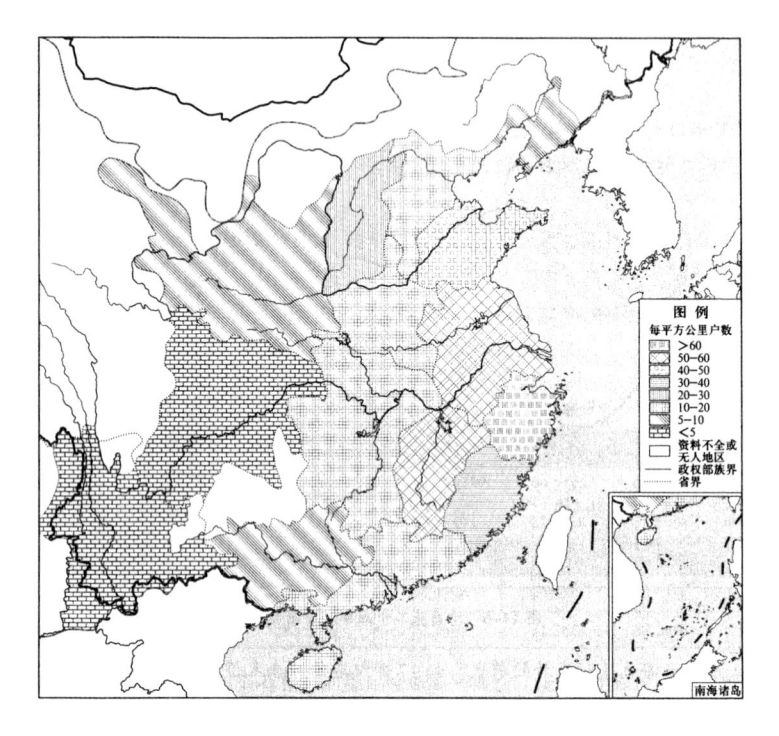

资料来源：蓝勇：《中国历史地理》，北京：高等教育出版社，2010年，第314页。

清嘉庆二十五年人口密度图

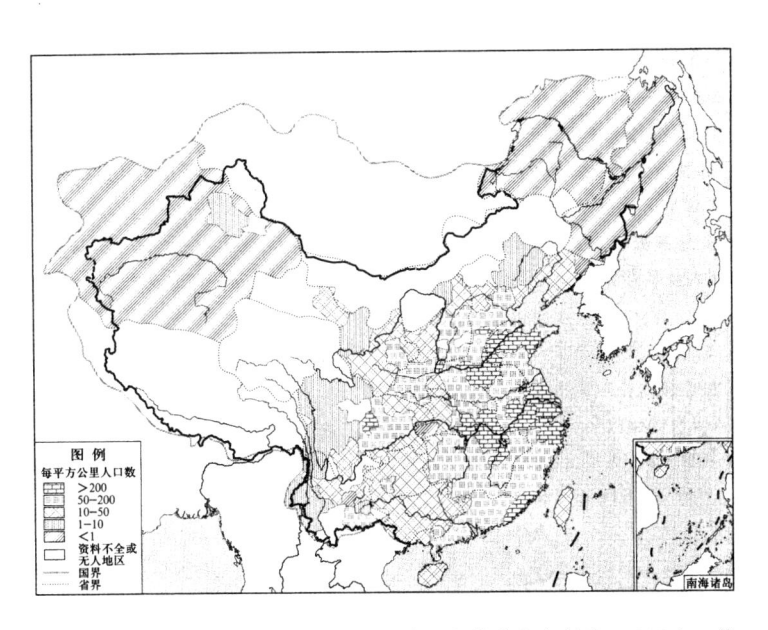

资料来源：蓝勇：《中国历史地理》，北京：高等教育出版社，2010年，第315页。

南宋初年人口南迁图

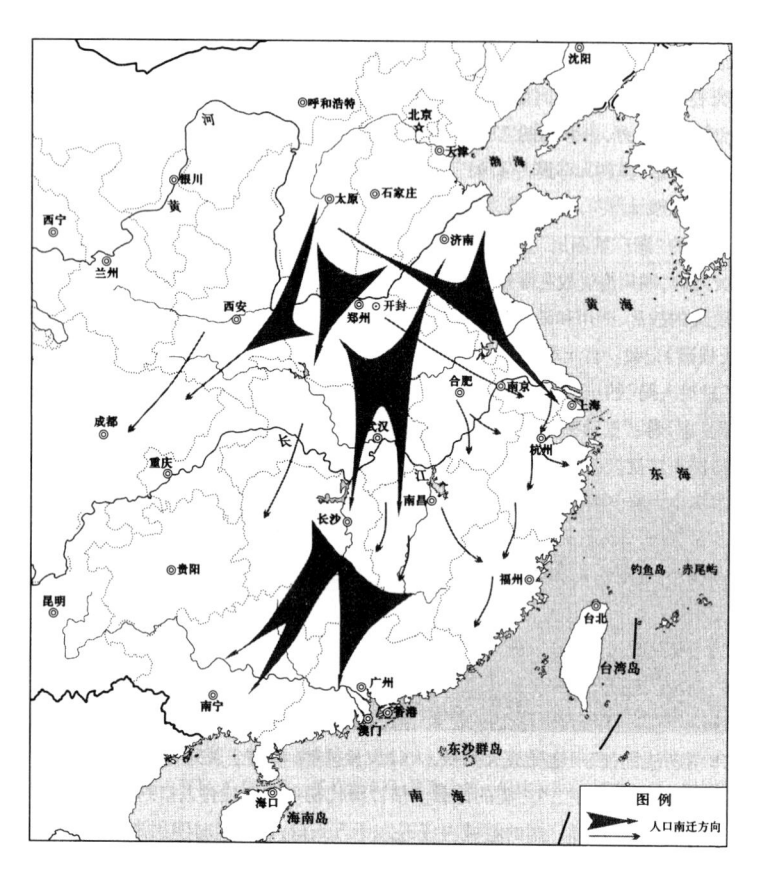

资料来源：蓝勇：《中国历史地理》，北京：高等教育出版社，2010年，第323页。

黄河

黄河下游变迁图

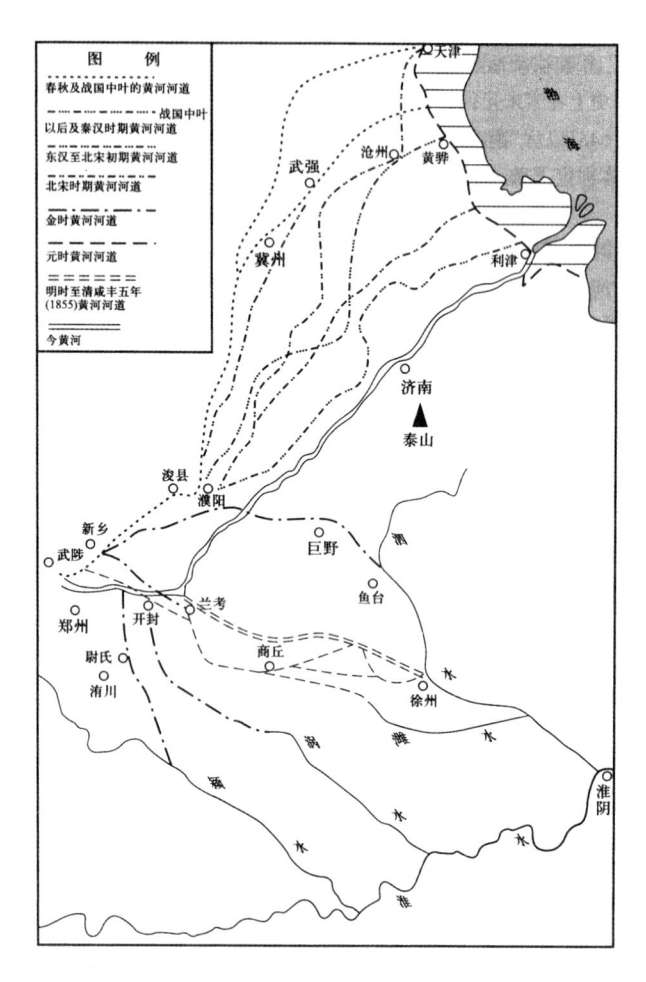

资料来源：蓝勇：《中国历史地理》，北京：高等教育出版社，2010年，第108页。

长江

古代云梦泽变迁图

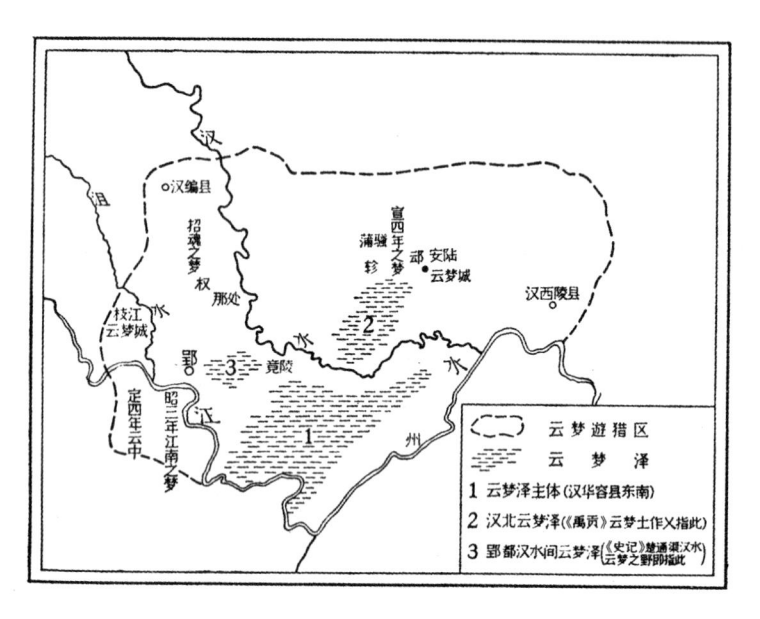

资料来源：蓝勇：《中国历史地理》，北京：高等教育出版社，2010年，第115页。

荆江河道变迁图

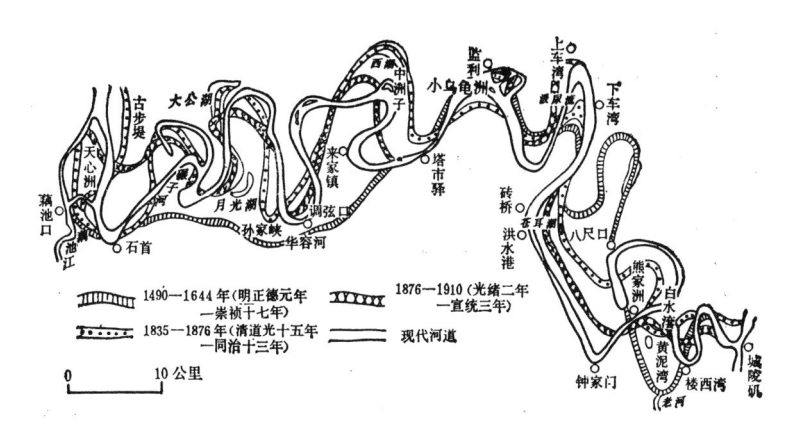

资料来源：蓝勇：《中国历史地理》，北京：高等教育出版社，2010年，第116页。

南朝时期洞庭湖水系图

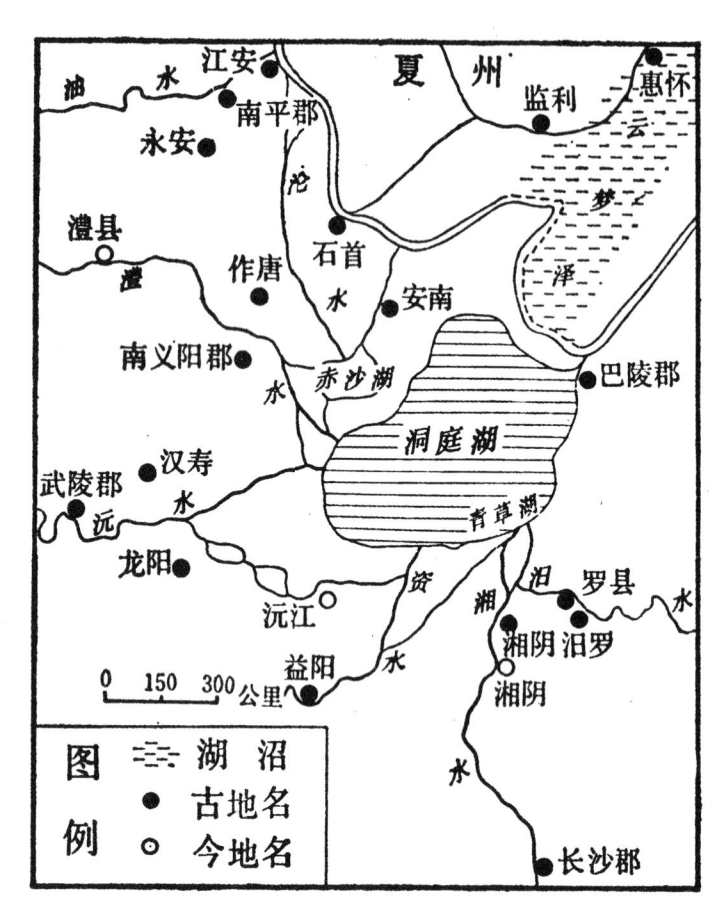

资料来源：中国科学院《中国自然地理》编纂委员会：《中国自然地理：历史自然地理》，北京：科学出版社，1982年，第105页。

十九世纪初洞庭湖水系图

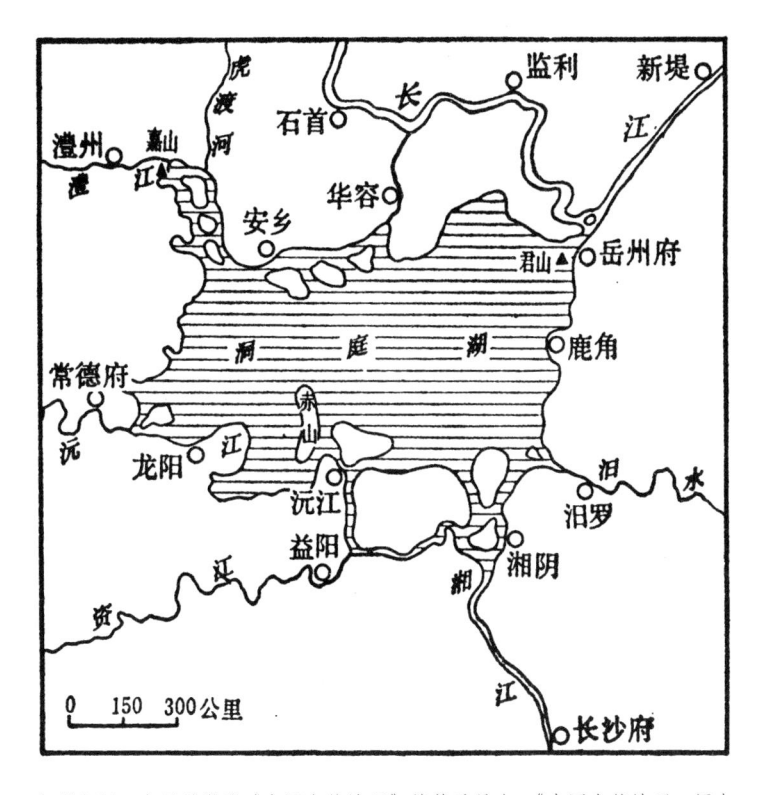

资料来源：中国科学院《中国自然地理》编纂委员会：《中国自然地理：历史自然地理》，北京：科学出版社，1982年，第106页。

二十世纪中期洞庭湖水系图

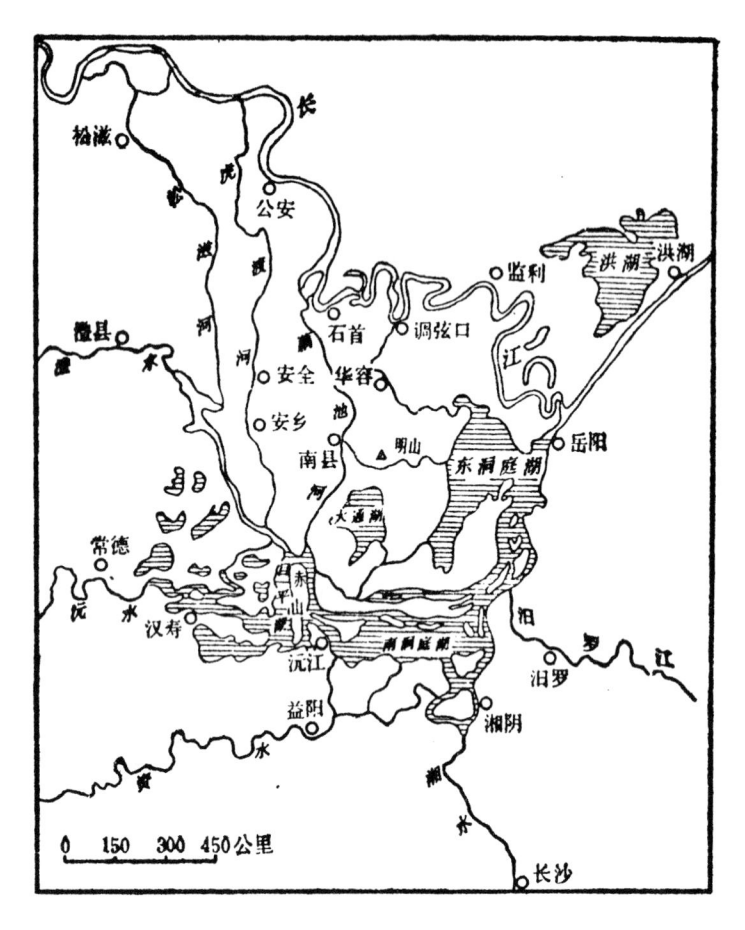

资料来源：中国科学院《中国自然地理》编纂委员会：《中国自然地理：历史自然地理》，北京：科学出版社，1982年，第109页。

先秦时期九江分流与彭蠡泽

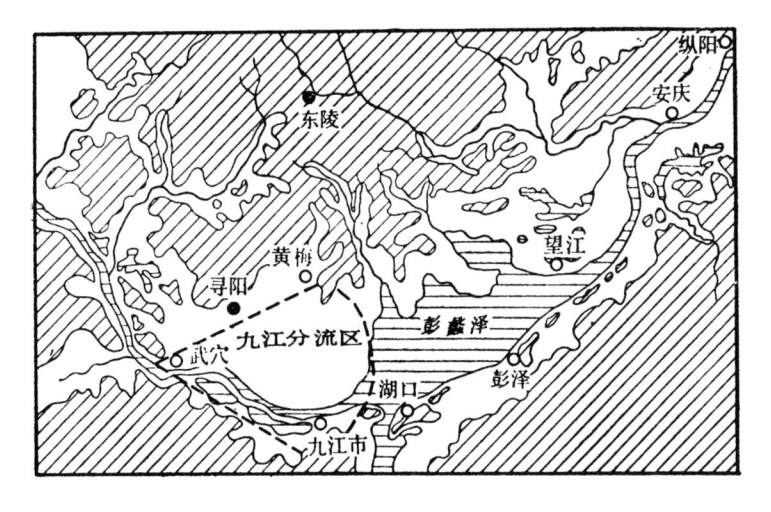

资料来源：邹逸麟：《中国历史地理概述》，上海：上海教育出版社，2005年，第51页。

汉晋时期彭蠡湖与鄡阳平原

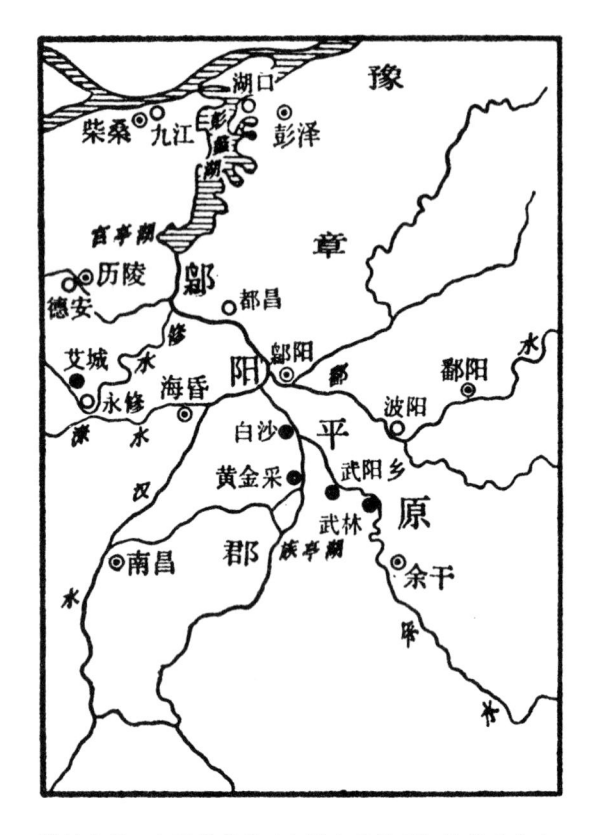

资料来源：中国科学院《中国自然地理》编纂委员会：《中国自然地理：历史自然地理》，北京：科学出版社，1982年，第129页。

宋元时期的鄱阳湖

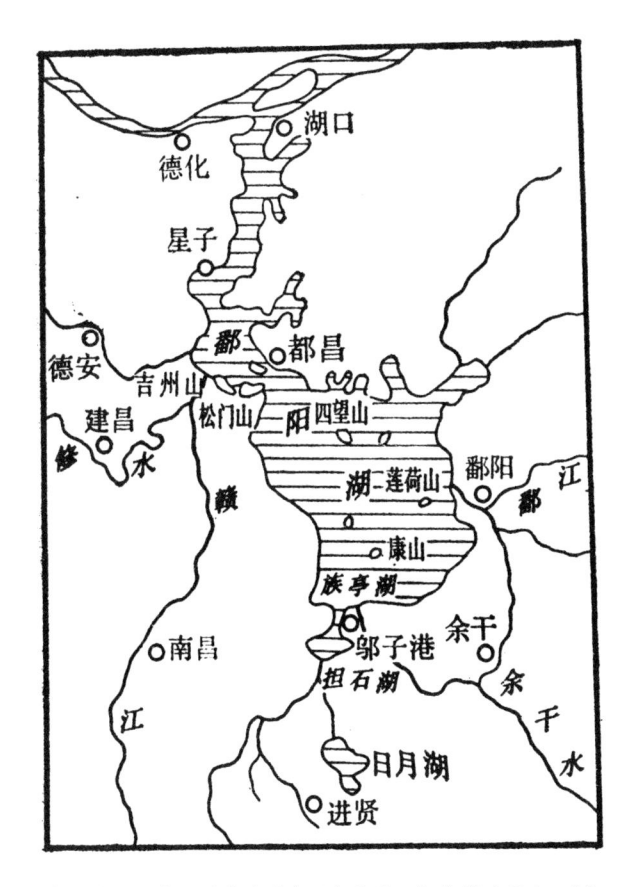

资料来源：中国科学院《中国自然地理》编纂委员会：《中国自然地理：历史自然地理》，北京：科学出版社，1982年，第130页。

9—11世纪太湖水系图

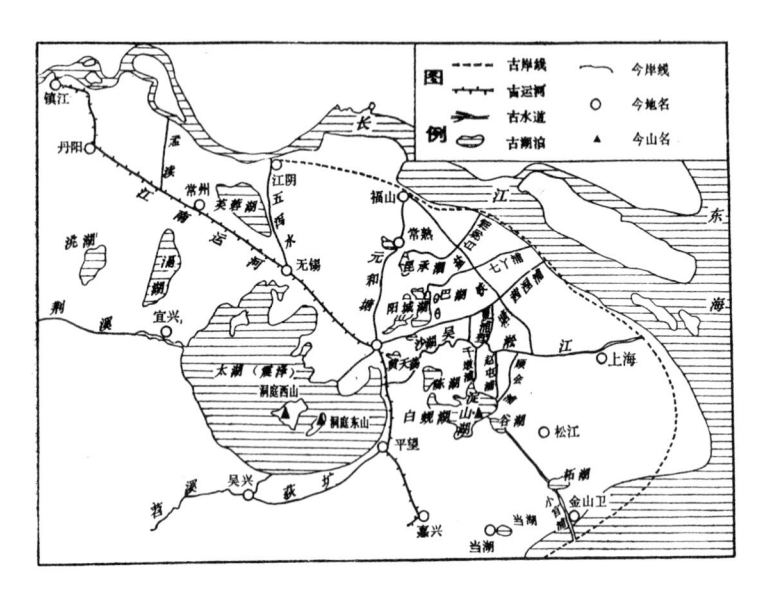

资料来源：蓝勇：《中国历史地理》，北京：高等教育出版社，2010年，第118页。

长城

战国楚长城

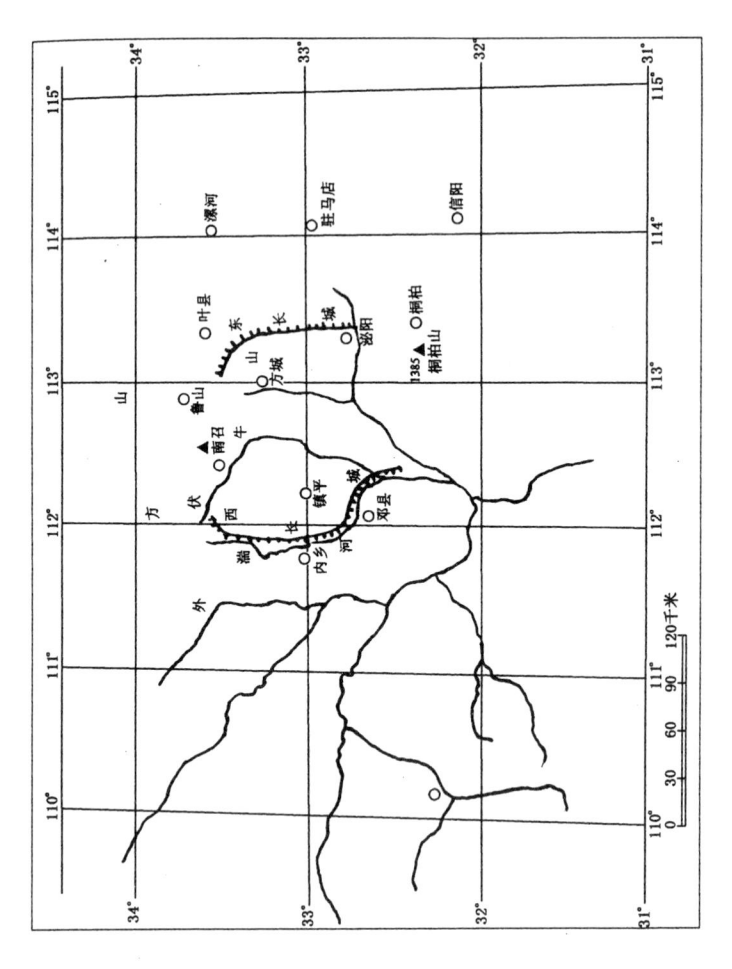

资料来源：景爱：《中国长城史》，上海：上海人民出版社，2006年，第85页。

战国楚长城

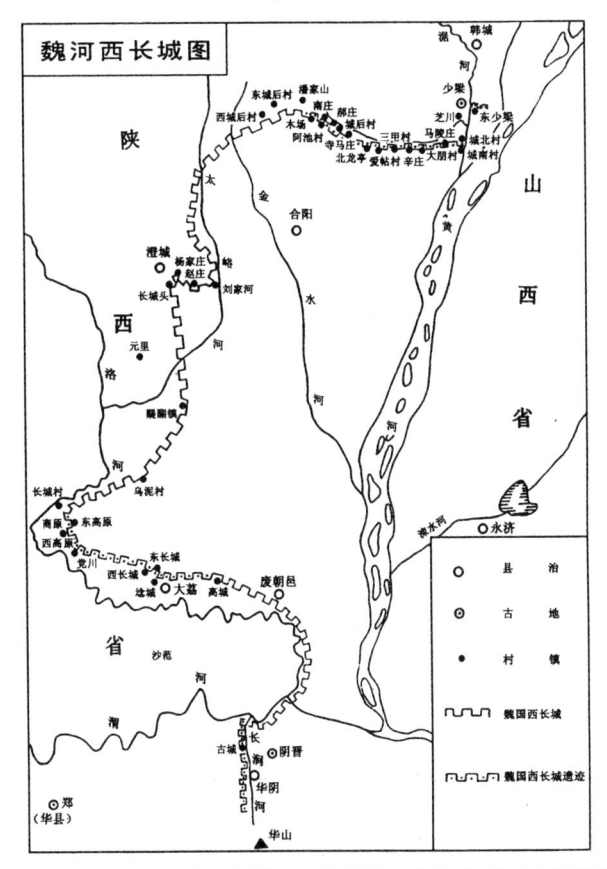

这是史念海据实地考察绘制的魏国河西长城图,图中对现存的长城遗址和文献记载的长城走向,用不同符号作了标志。他纠正了张筱衡《梁惠王西河长城示意图》中的一些失误,张图长城经大荔县城之南,史念海则改为经大荔县城之北。《中国历史地图集》中的魏河西长城,即据史念海图绘制。

资料来源:景爱:《中国长城史》,上海:上海人民出版社,2006年,第95页。

魏河北长城河南长城示意图

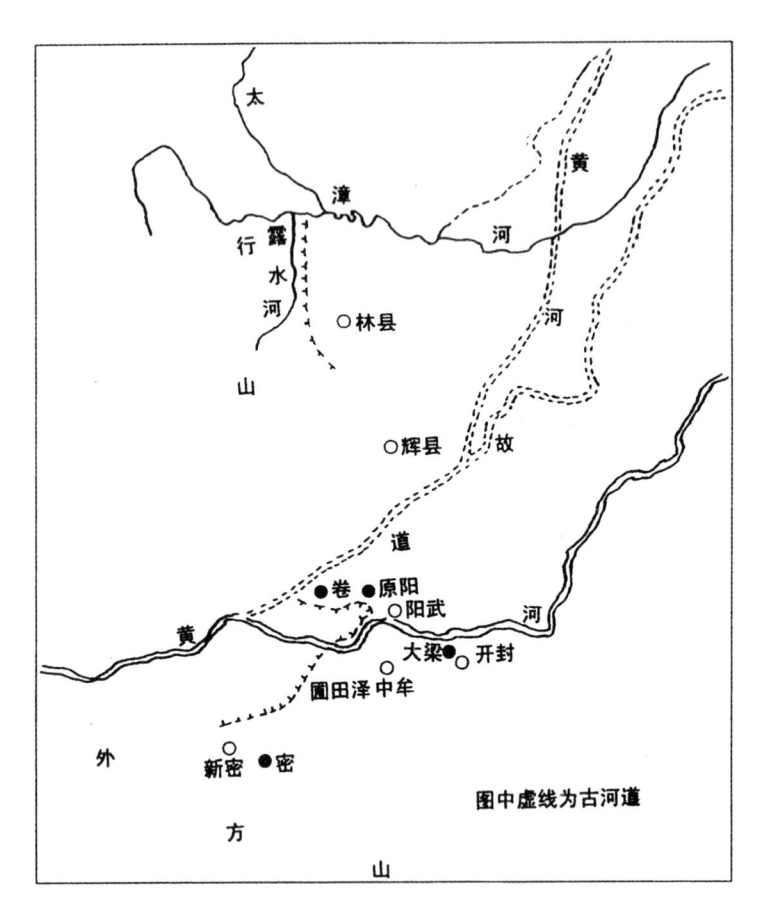

图中虚线为古河道

资料来源：景爱：《中国长城史》，上海：上海人民出版社，2006年，第104页。

易县燕长城图

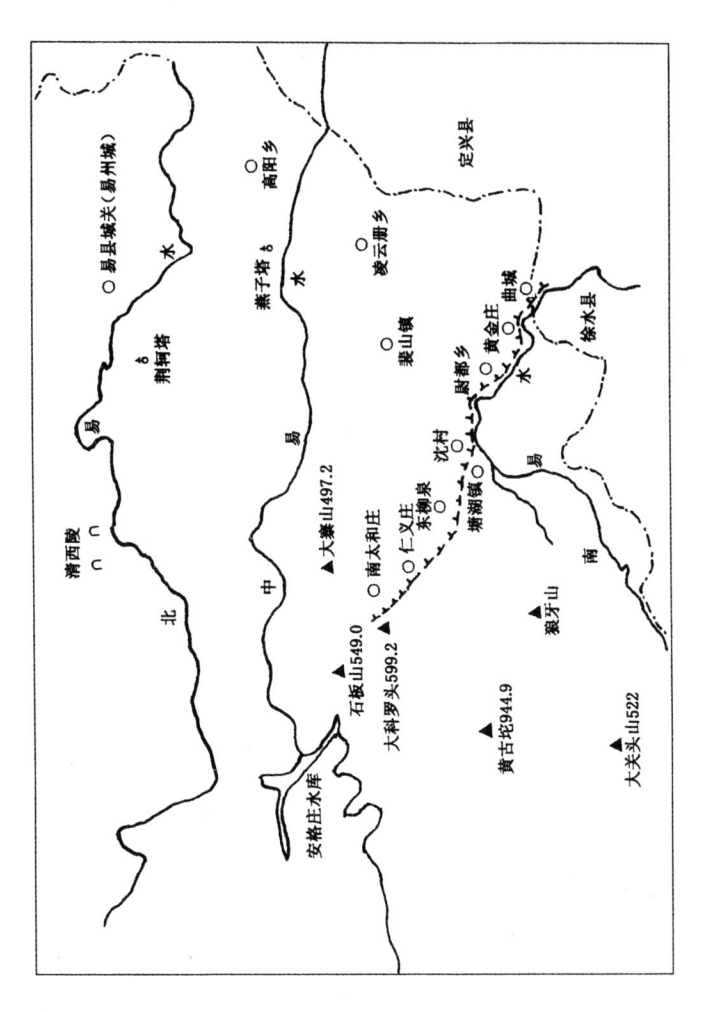

资料来源：景爱：《中国长城史》，上海：上海人民出版社，2006年，第134页。

燕北长城示意图

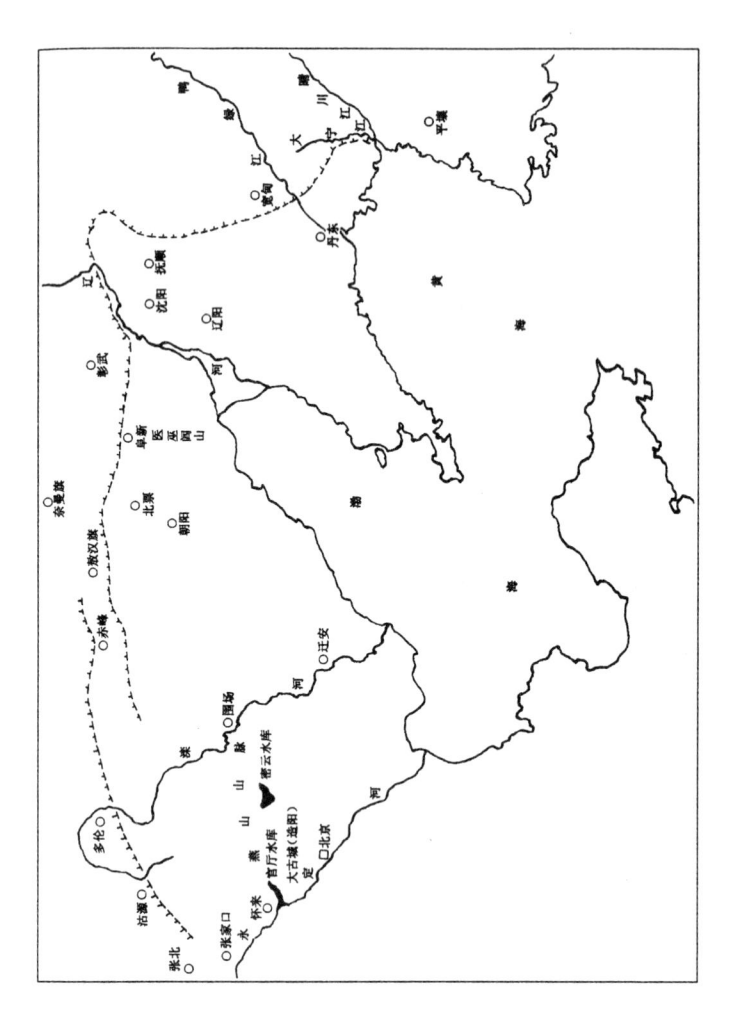

资料来源：景爱：《中国长城史》，上海：上海人民出版社，2006年，第139页。

赵武灵王长城示意图

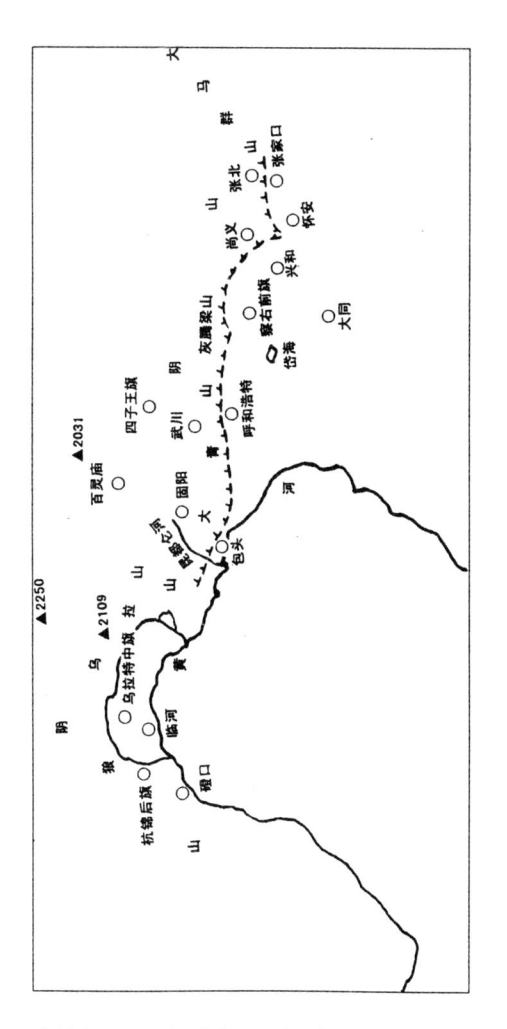

资料来源：景爱：《中国长城史》，上海：上海人民出版社，2006年，第122页。

中山长城

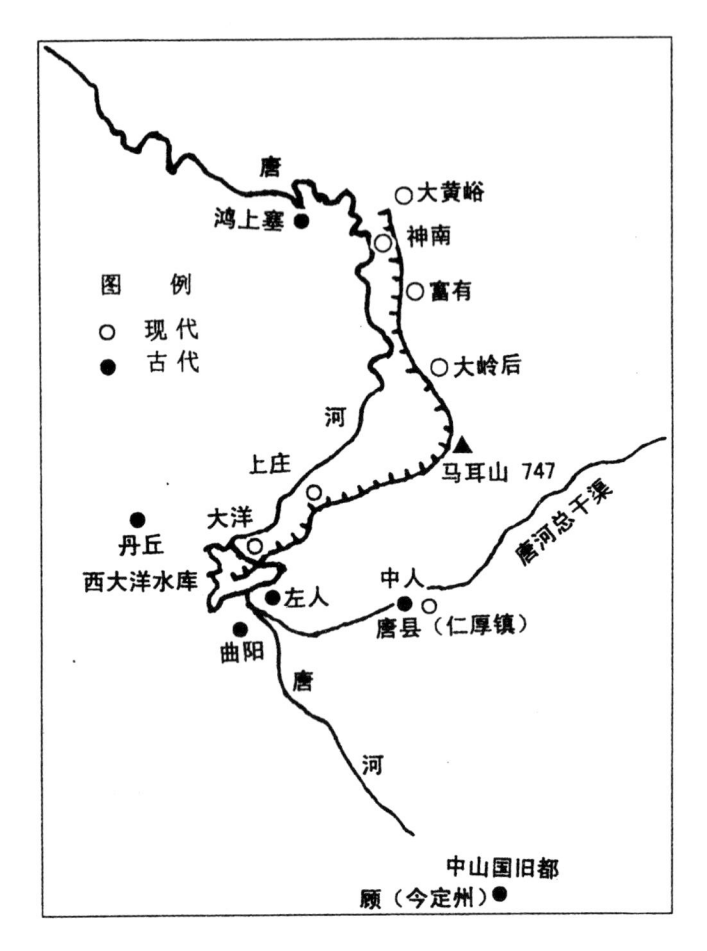

资料来源：景爱：《中国长城史》，上海：上海人民出版社，2006年，第129页。

秦昭王长城

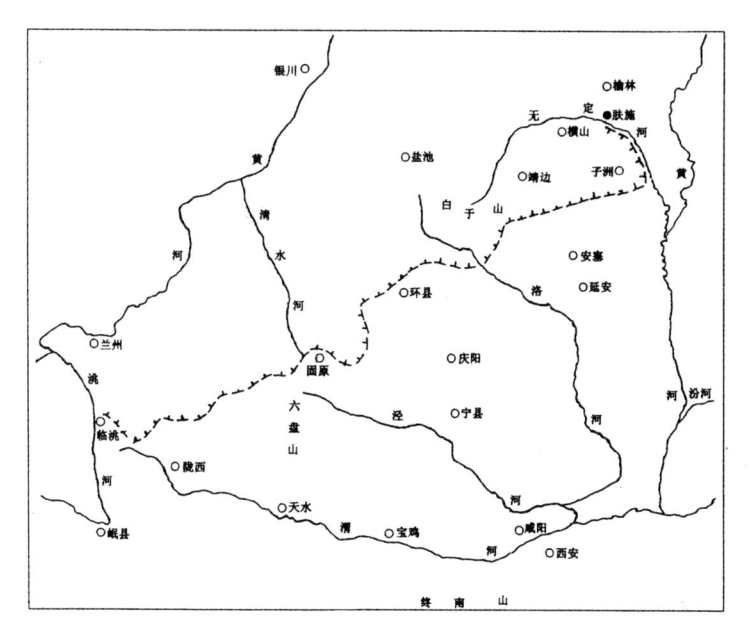

资料来源：景爱：《中国长城史》，上海：上海人民出版社，2006年，第150页。

秦始皇长城

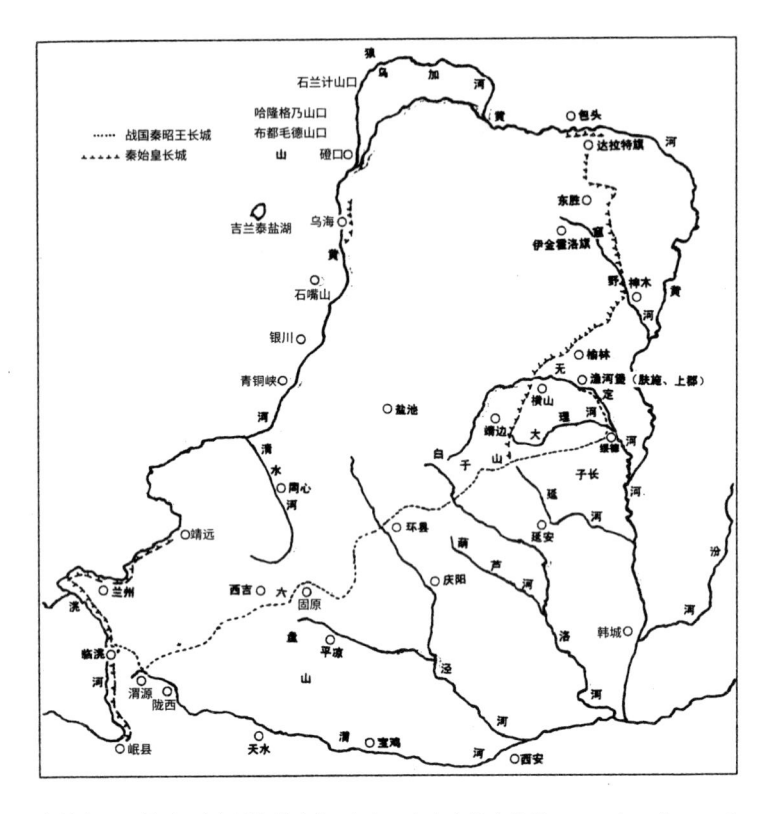

资料来源：景爱：《中国长城史》，上海：上海人民出版社，2006年，第165页。

汉长城和明长城图

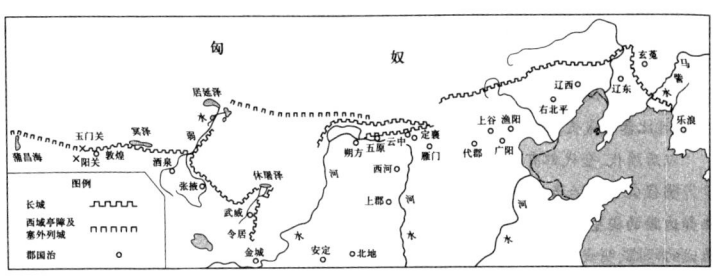

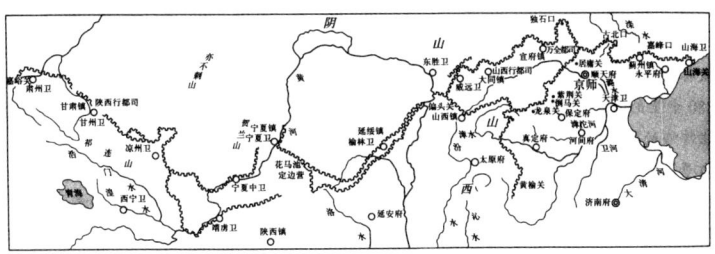

资料来源：蓝勇:《中国历史地理》，北京：高等教育出版社，2010年，第208页。

运河

春秋战国时运河图

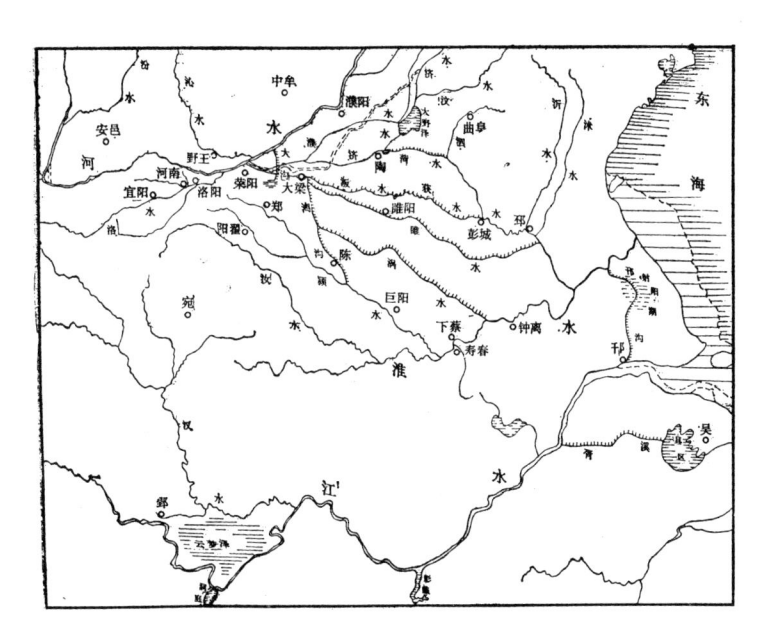

资料来源:中国科学院《中国自然地理》编纂委员会:《中国自然地理:历史自然地理》,北京:科学出版社,1982年,第218页。

鸿沟附近经济都会图

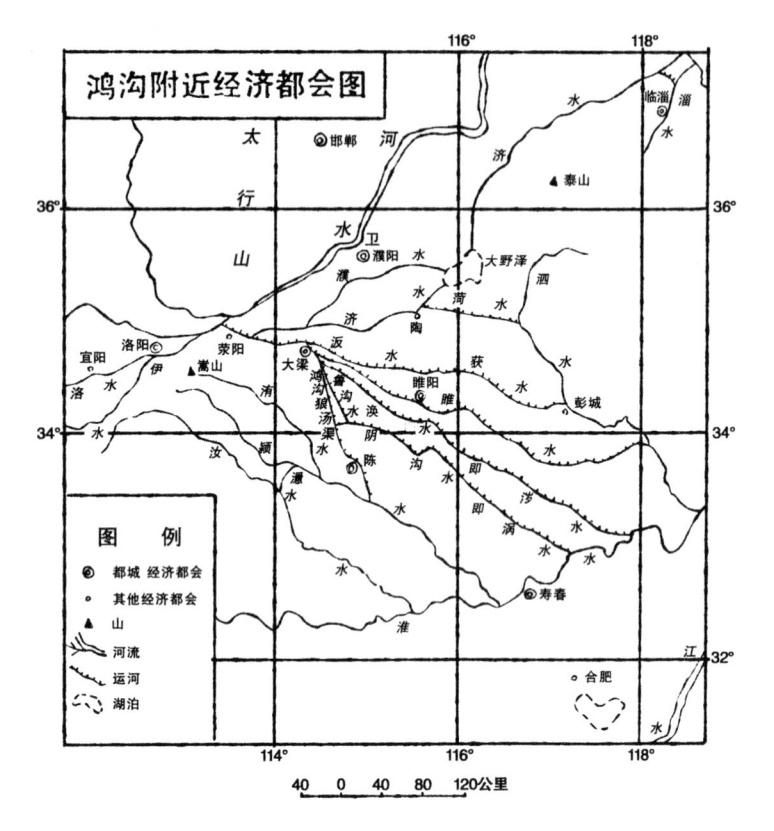

资料来源：史念海：《中国的运河》，西安：陕西人民出版社，1988年，第61页。

灵渠图

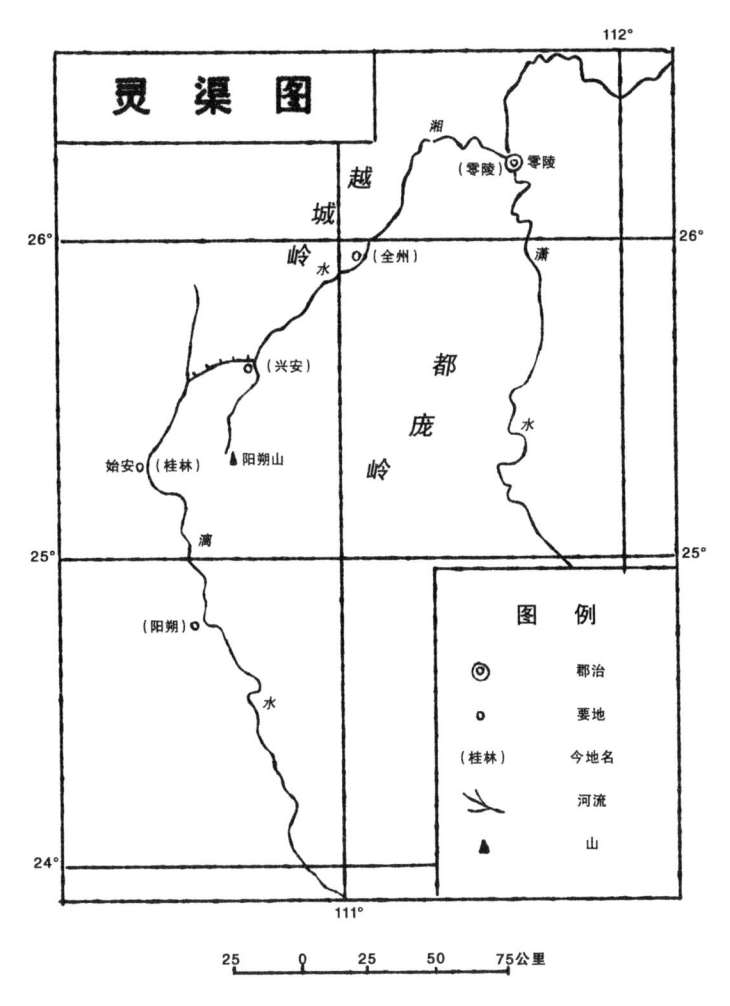

资料来源：史念海：《中国的运河》，西安：陕西人民出版社，1988年，第94页。

东汉阳渠图

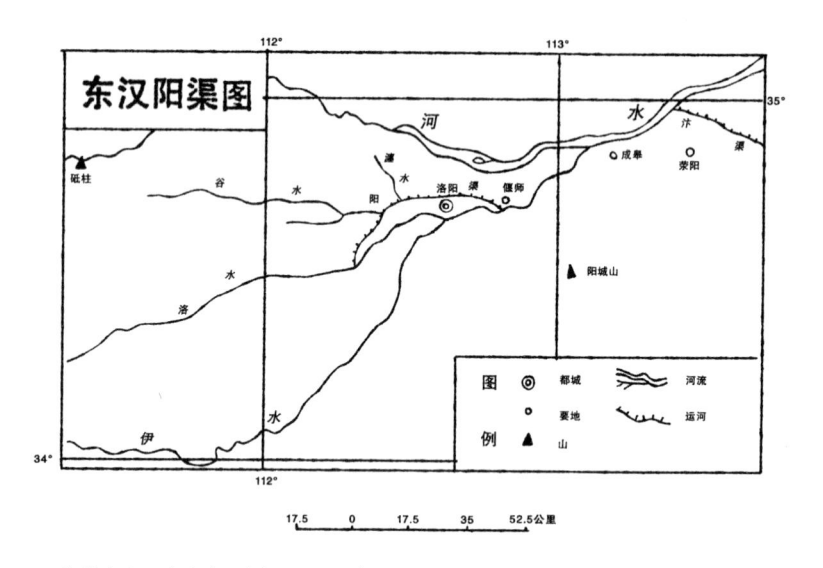

资料来源：史念海：《中国的运河》，西安：陕西人民出版社，1988年，第89页。

白沟和利漕渠图

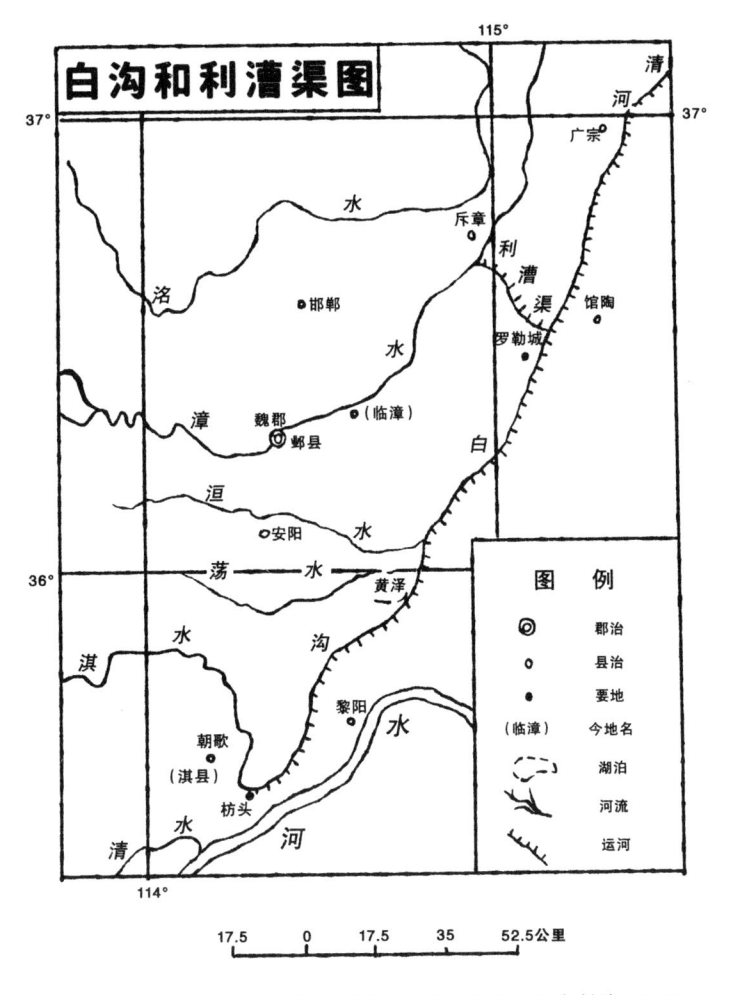

资料来源：史念海：《中国的运河》，西安：陕西人民出版社，1988年，第107页。

平虏渠图

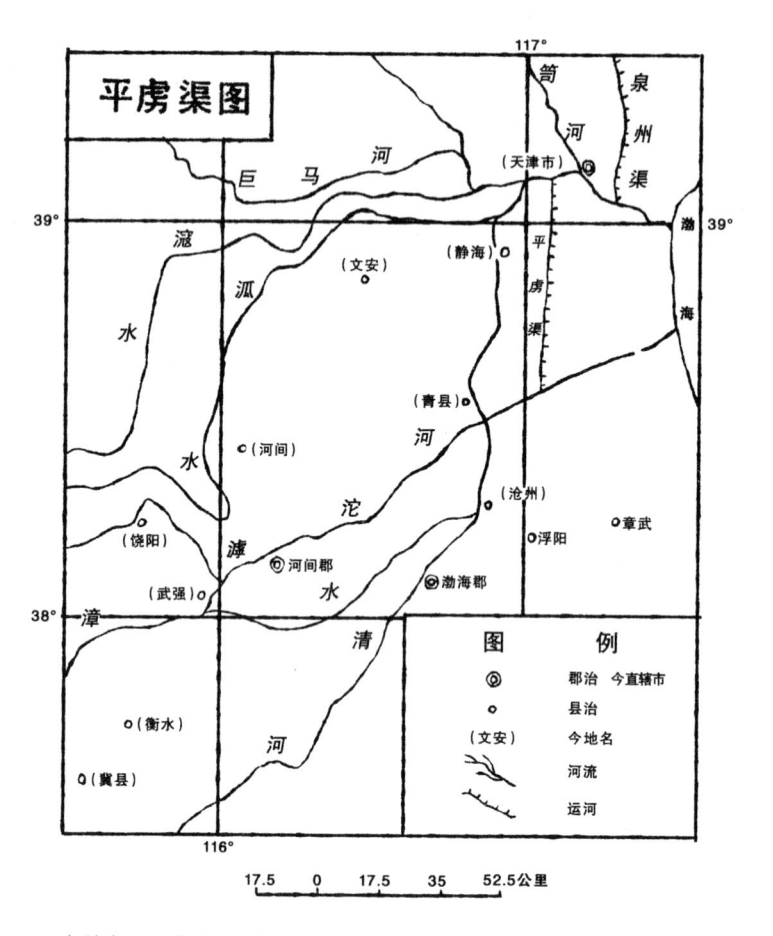

资料来源：史念海：《中国的运河》，西安：陕西人民出版社，1988年，第113页。

泉州渠和新河图

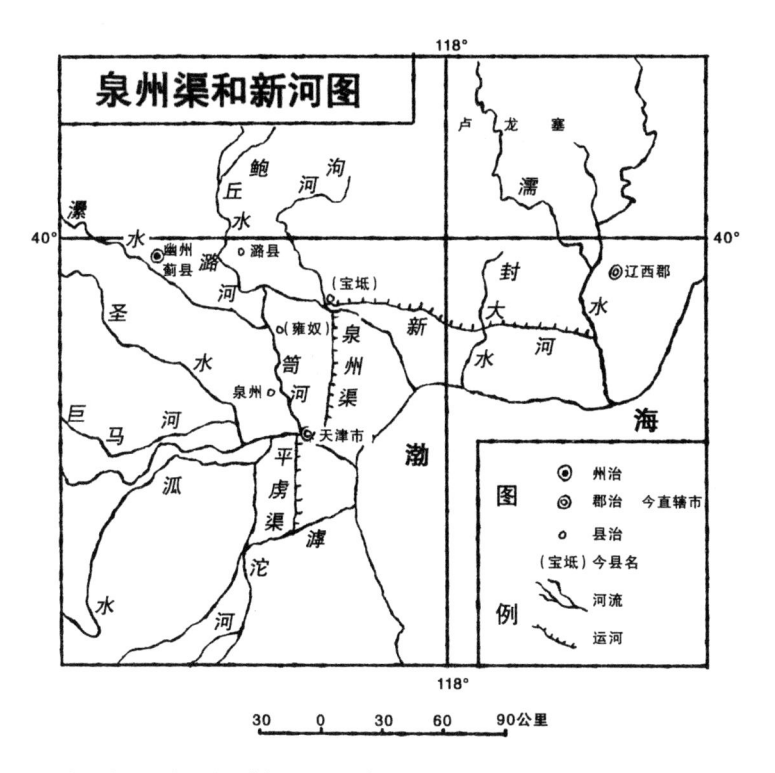

资料来源：史念海：《中国的运河》，西安：陕西人民出版社，1988年，第115页。

贾侯渠讨虏渠广漕渠图

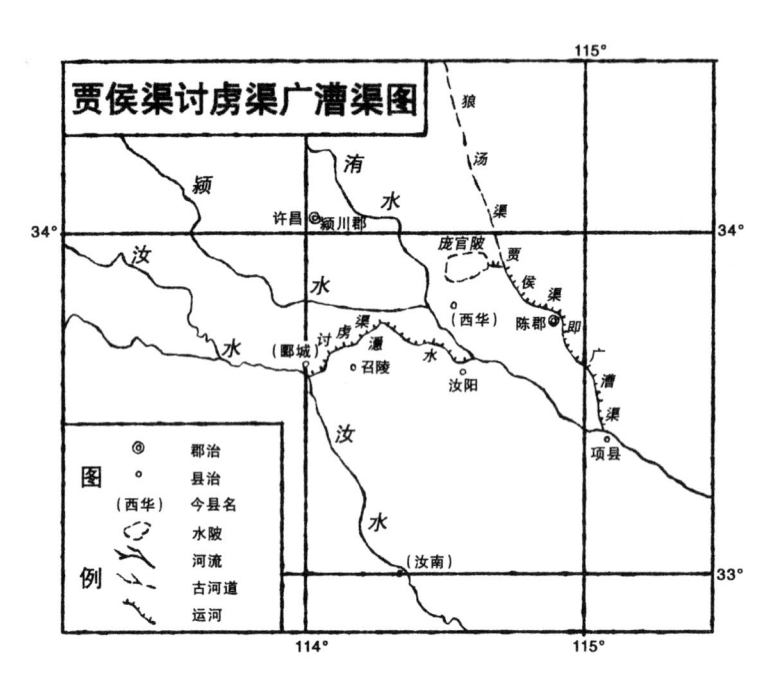

资料来源：史念海：《中国的运河》，西安：陕西人民出版社，1988年，第121页。

隋广通渠图

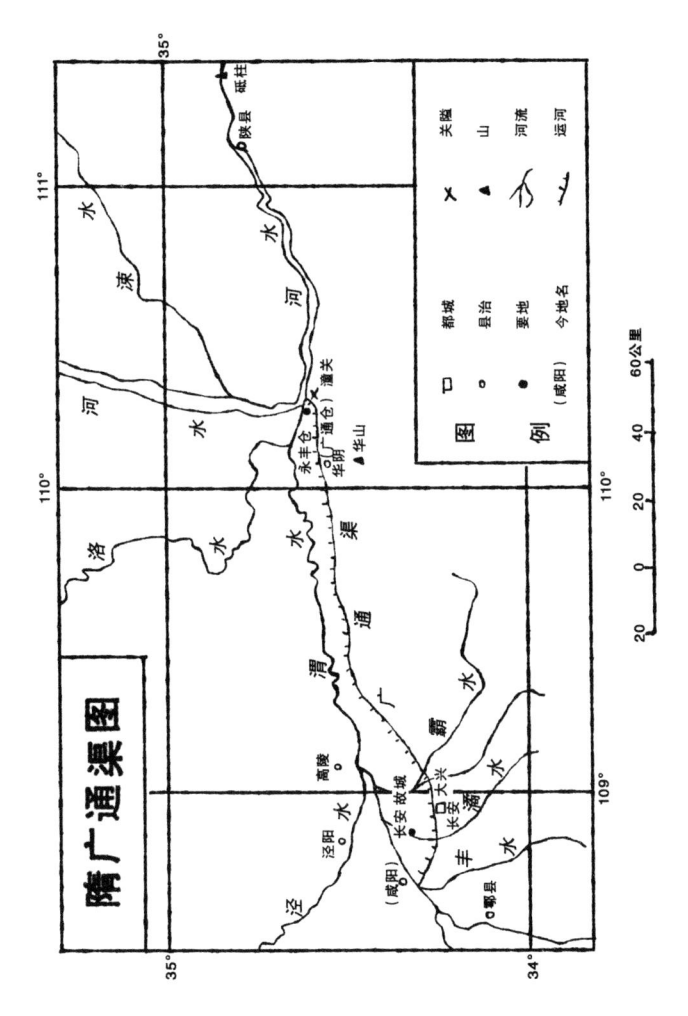

资料来源：史念海：《中国的运河》，西安：陕西人民出版社，1988年，第151页。

隋朝运河图

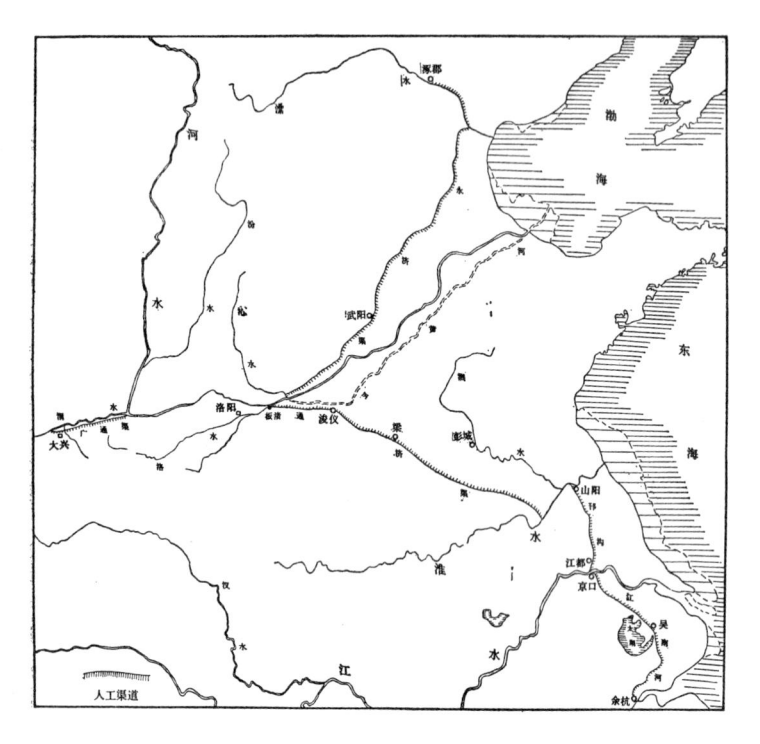

资料来源：中国科学院《中国自然地理》编纂委员会：《中国自然地理：历史自然地理》，北京：科学出版社，1982年，第221页。

漕运四河图

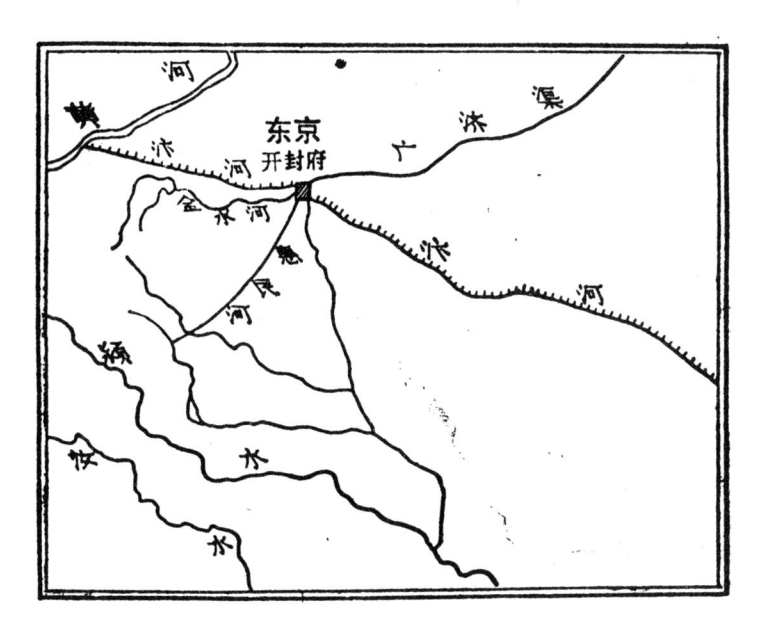

资料来源：中国历史大辞典编纂委员会：《中国历史大辞典·历史地理》，上海：上海辞书出版社，1996年，第987页。

宋太湖周围及浙东诸运河图

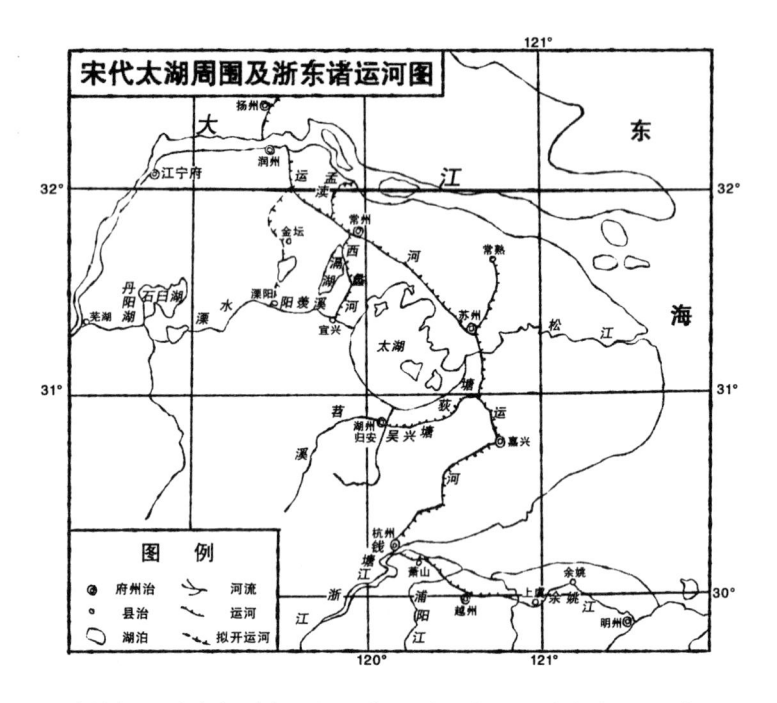

资料来源：史念海：《中国的运河》，西安：陕西人民出版社，1988年，第259页。

胶莱运河图

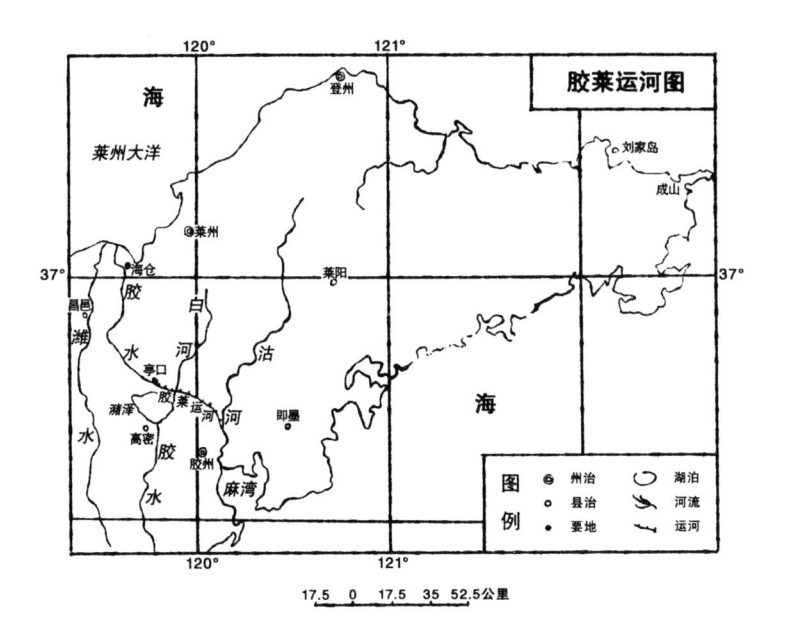

资料来源：史念海：《中国的运河》，西安：陕西人民出版社，1988年，第293页。

元代大运河图

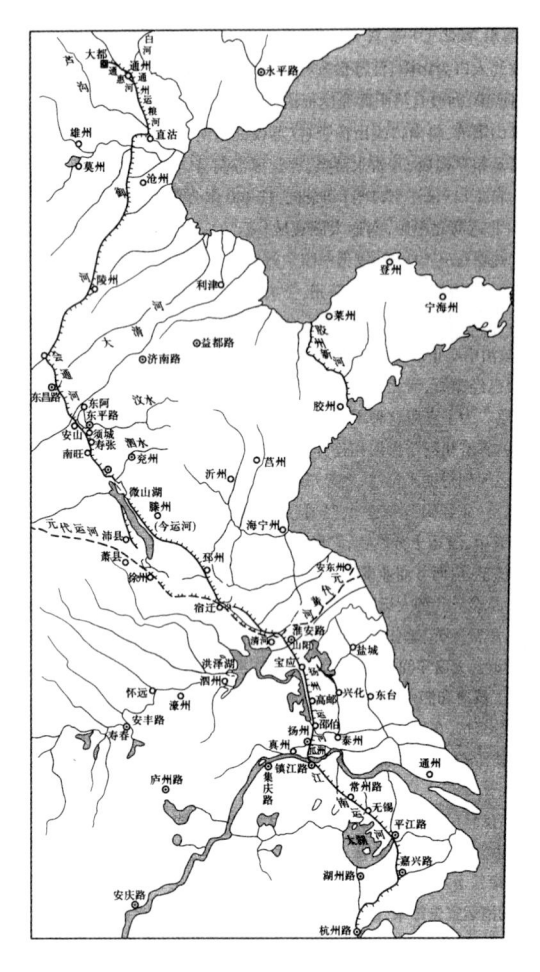

资料来源：蓝勇：《中国历史地理》，北京：高等教育出版社，2010年，第299页。

胭脂河图

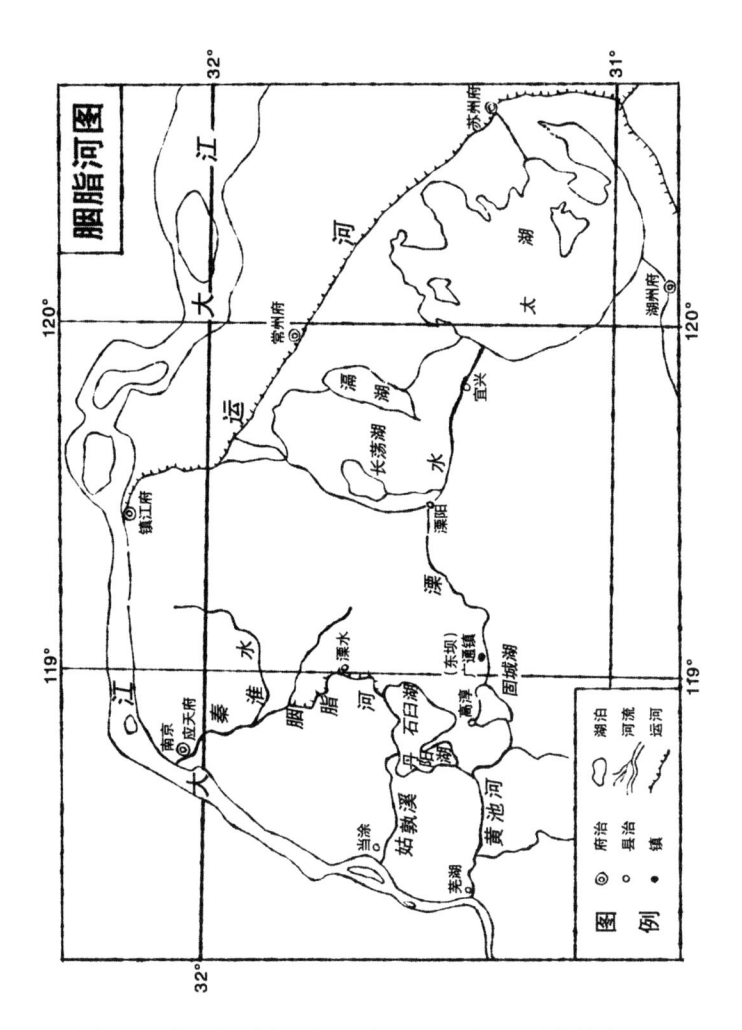

资料来源：史念海：《中国的运河》，西安：陕西人民出版社，1988年，第306页。

明清大运河地图

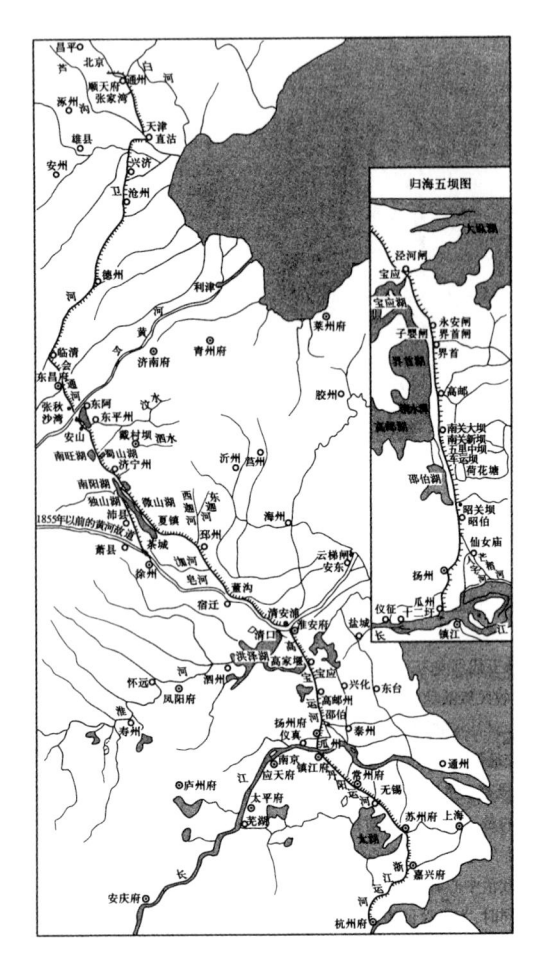

蓝勇:《中国历史地理》，北京：高等教育出版社，2010年，第300页。

丝路

汉唐丝绸之路路线图

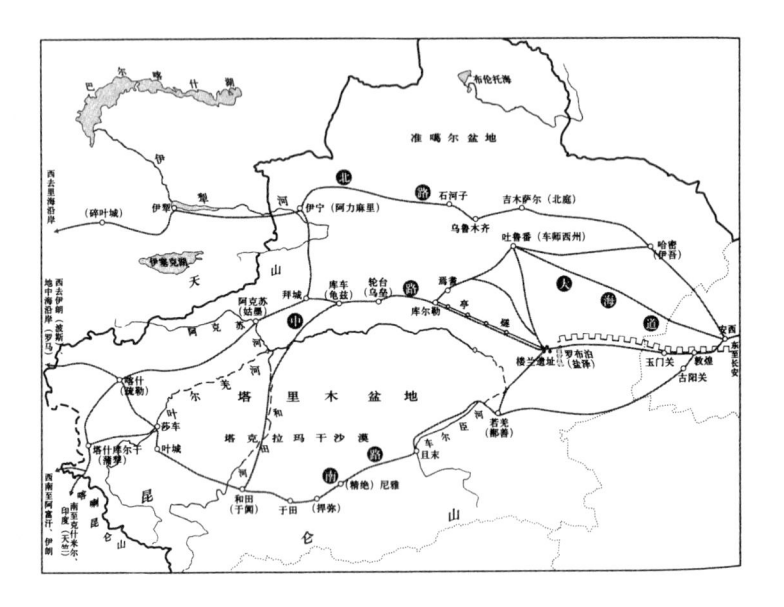

资料来源：蓝勇：《中国历史地理》，北京：高等教育出版社，2010年，第303页。

汉代三国海上丝绸之路

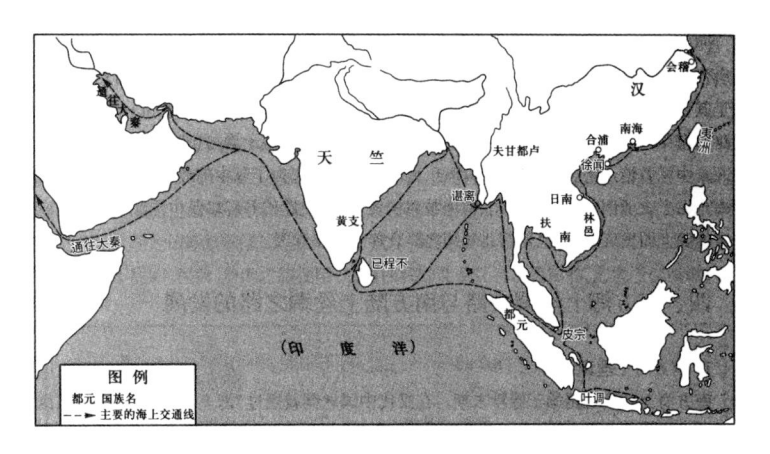

资料来源：蓝勇：《中国历史地理》，北京：高等教育出版社，2010年，第304页。

唐代海上丝绸之路

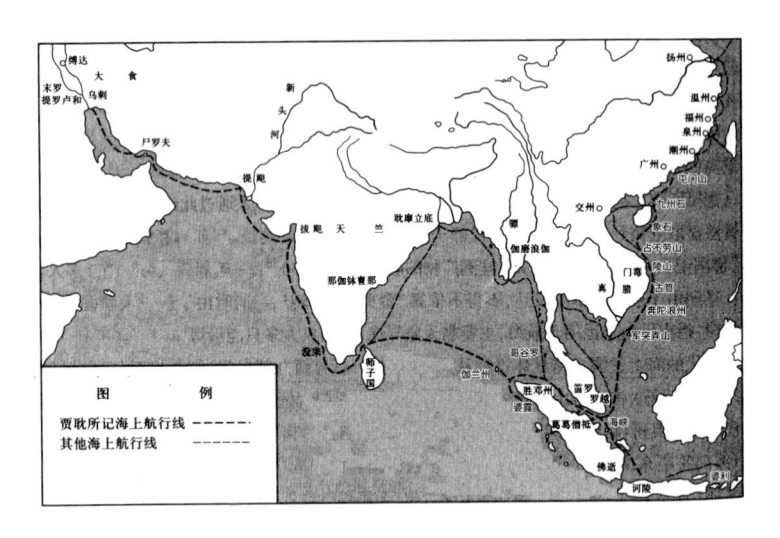

资料来源：蓝勇：《中国历史地理》，北京：高等教育出版社，2010年，第305页。